致良知

原文版

是一种伟大的力量（一）

【明】王阳明 著　　光明 编注

线装书局

图书在版编目（CIP）数据

致良知是一种伟大的力量 : 原文版. 一, 阳明先生
经典语录中包含的非凡智慧 /（明）王阳明著 ; 光明编
注. -- 北京 : 线装书局, 2021.5（2024.8 重印）
ISBN 978-7-5120-4485-2

Ⅰ. ①致… Ⅱ. ①王… ②光… Ⅲ. ①王守仁
（1472-1528）—文集 Ⅳ. ①B248.2-53

中国版本图书馆 CIP 数据核字(2021)第 092926 号

致良知是一种伟大的力量　原文版（一）：

ZHILIANGZHI SHI YI ZHONG WEIDA DE LILIANG YUANWENBAN YI

阳明经典语录中包含的非凡智慧

YANGMING JINGDIAN YULU ZHONG BAOHAN DE FEIFAN ZHIHUI

作　　者：（明）王阳明
编　　注：光　明
责任编辑：李　媛
出版发行：线装书局
　　　　　　地　　址：北京市丰台区方庄日月天地大厦 B 座 17 层（100078）
　　　　　　电　　话：010-58077126（发行部）010-58076938（总编室）
　　　　　　网　　址：www.zgxzsj.com
经　　销：新华书店
印　　制：艺堂印刷（天津）有限公司
开　　本：889mm×1194mm　1/16
印　　张：15.75
字　　数：320 千字
版　　次：2024 年 8 月第 1 版第 8 次印刷
印　　数：65001-75000

线装书局官方微信

定　　价：55.00 元

编辑说明

2012年11月，应企业家、经营者和管理者的要求，我们挑选了一批阳明先生的重要文献，整理成最初版的《致良知》一书。初版《致良知》仅供由这部分企业家、经营者和管理者组成的"致良知学习小组"学习使用。选编的时候，我们秉承一个原则，那就是，只与大家分享那些我们曾经为之感动的文献。这些文献所蕴含的良知的力量，对于物质泛滥但心力匮乏的当代社会，可谓弥足珍贵。经过几年的学习和磨炼，小组的学员，大多在心性层面都有一定的提升，经营、管理的水平也有了一定的拓展和提高。后根据大家学习的体会，我们对初版图书进行了较大调整，形成目前这一版的《致良知是一种伟大的力量》一书，希冀能对更多愿意"致良知"的朋友有点小小的助益。

本书共分为4个部分。按照文章篇目分成55篇，每篇文章的语意段落分别进行标记。用数字标号是为了让阅读条理更清晰，利于注释时引用。

第1部分是"年谱"。

常言道"身教重于言教"，因此我们把阳明先生年谱放到了本书的开篇。阳明先生身体力行致良知的经历都记录在年谱中，读来亲切可信。阳明先生的人生经历是一个示现，也给我们信心，"人人皆可为尧舜"，后生自当践行之。

第2部分是"文选"。

现有出版的与阳明先生有关的文集，大多数的编排是将"语录"放在"文选"之前。我们之所以将"文选"调到前边，基于以下两个原因。一是，从阅读体会来看，相比"文选"，初学者阅读"语录"的难度更大一些，因此我们根据"先易后难"的原则做了调整。二是，虽然语录短小生动，更加亲切，但是如果缺乏对特定语境的了解，仅凭只言片语，难以窥一斑而知全豹。徐爱在《传习录·序》中就说："门人有私录阳明先生之言者。先生闻之，谓之曰：'圣贤教人，如医用药。皆因病立方，酌其虚实、温凉、阴阳、内外而时时加减之，要在去病，初无定说。若拘执一方，鲜不杀人矣……若遂守为成训，他日误人误己，某之罪过，可复追赎乎？'"因此，我们将文意相对全面、系统表达的文章，放在语录之前。先读文选，对阳明先生的思想有了一个全貌的了解之后，再去看语录，就犹如见过全豹，再睹一斑，或可免生"拘执一方""守为成训"之病了。

关于"文选"部分，我们还做了以下几项工作：第一，放弃最初按文体分类的编排方式，将书信、公文、序言、杂文等统一按照写作时间进行排序。这个排序方法，是遵照了阳明先生本人的意见的。在《王阳明全集》的年谱中有记载："六年丁亥，先生五十六岁，在越。四月，邹守益刻《文录》于广德州。守益录先生文字请刻。先生自标年月，命德洪类次，且遗书曰：'所录以年月为次，不复分别体类，盖专以讲学明道为事，不在文辞体制间也。'"我们依据阳明先生的意见如此编排之后，恍然明白先生所言"讲学明道"的用意。41篇文章，从1506年的《乞宥言官去权奸以章圣德疏》至1528年的《答聂文蔚书·其二》，20多年的文章按照写作的时间顺序放到一起，你也会清晰地感受到先生的思想内在发展脉络，并且明白"吾道一以贯之"的真实内涵。第二，在大部分文章之前添加了"背景简介"。背景简介以文章写作当年的阳明先生的生平介绍为主，为该文提供一个阅读背景，便于理解文章所要传达的要义。这些背景简介顺序连缀下来，相当于一个小年谱，阳明先生的"人"与阳明先生的"文"的关系也空前地密切起来。在部分背景简介中，还引用了明代官员、学者施邦曜的点评，以帮助阅读理解。第三，根据目前能收集到的资料，在注释中，对文章中提及的阳明先生身边的人物做较为详细的介绍，比如聂文蔚、欧阳崇一、邹谦之、黄宗贤、诸用明、周道通、陆原静、马子莘、魏师说、黄诚甫、王纯甫等。读者通过注释，或许除了"身教、言教"，还能再体会到"境教"：穿越时空，回到500多年前，来到阳明先生和他的弟子身边，耳闻目睹他们的音容笑貌，用心体会他们的喜怒哀乐，感受到自己与他们一样，是"致良知"路上的同行者。

第3部分是"语录"。

"语录"部分共选编了徐爱等8人的9篇记录（其中黄直、黄以方为一人），由于是选编，因此与传统版本的内容稍有差异。另根据陈荣捷先生收集的散佚的《传习录》语录，并参考施邦曜辑评的《阳明先生集要》，增加了《语录拾遗》一篇。由此，语录部分共有10篇。语录部分虽然缺少阳明先生言说的时间记载，但大多可以根据语意与文选部分进行相互印证，加深理解。

第4部分是"附录"。

"附录"有3篇。第一篇是阳明先生的弟子钱德洪所著的《平濠反间遗事》。它记录了1519年阳明先生用兵如神，40多天就平定宁王朱宸濠叛乱的经过。后人常羡慕阳明先生用兵智慧，先生在此文里谈及"用兵"时却说："但圣人得位行志，自有消变未形之道，不须用此"，"可惜平生精神，俱用此等没紧要事上去了"。何谓"紧要事"，不可不深思。附录的另两篇为《大学》《中庸》的原文，阳明先生在文章、语录中曾大量引用，因为原文较短，故附在书后，便于查阅。

目录

语录

附录

年　谱

1. 阳明先生年谱[1]

　　王先生守仁，字伯安，其先晋右军将军羲之之后，世居山阴[2]。至二十三世，迪功郎[3]寿徙余姚[4]。国初有纲者，官广东参议，死苗难。其子彦达以羊革裹尸归，御史郭纯上其事，庙祀纲于增城[5]，纲盖先生之六世祖也。高祖与准，永乐间举遗逸[6]，不起，号"遁石翁"。曾祖世杰，以明经贡入太学，号"槐里子"。祖天叙，号竹轩，封翰林院修撰。自槐里子以下，两世皆赠嘉议大夫、礼部右侍郎，加赠新建伯。父华，号"龙山"，由进士及第第一人，仕至南京吏部尚书，封新建伯。龙山念山阴佳山水，又为先世故居，复自余姚徙越城[7]之光相坊。先生因筑室阳明洞，距越城东南二十里，故学者称为"阳明先生"。

1472 年

　　成化八年壬辰九月三十日[8]丁亥，先生生。

　　先生在娠十四月。生之夕，祖母岑梦神人绯玉，自云中鼓吹送儿来，惊寤，已闻啼声。竹轩翁因名先生"云"。而乡人遂指所生楼曰"瑞云楼"。

1　阳明先生年谱：选自施邦曜辑评的《阳明先生集要》一书中的年谱，增加了部分注解，并加了公元纪年。这个版本的年谱，对阳明先生的生平记录比较完整，也更精简，详细的年谱可以参照《王阳明全集》的年谱部分。

2　山阴：中国浙江省绍兴市的历史上的一个旧县名，得名于南部的会稽山。

3　迪功郎：古代官名，又称宣教郎，始于宋代。《宋史·职官志八》："迪功郎……为从九品。"

4　余姚：今浙江省余姚市。

5　增城：今广东省广州市增城区。

6　举遗逸：推举隐士，遗才。

7　越城：今浙江省绍兴市越城区。

8　成化八年壬辰九月三十日：1472 年 10 月 31 日。

1476 年

十二年丙申，先生五岁。

犹不言。有神僧过而目之曰："好个孩儿，可惜名字道破。"竹轩翁更以今名，曰"守仁"，即能言。尝暗自诵翁所读书，翁讶问之，曰："向闻祖读时，已默记矣。"

1481 年

十七年辛丑，先生十岁。

龙山公举进士。

1482 年

十八年壬寅，先生十一岁。

竹轩翁因龙山公迎养，携先生如京师，过登金山，与客赋诗，未就。先生从旁占一绝[1]。客大惊，复命赋蔽月山。先生又随口占一绝[2]（诗在集中）。

明年，就塾师于邸中。一日，与同学生走长安街，遇相者，曰："吾为尔相。尔须拂领，入圣境。须至上丹台，结圣胎。须至下丹台，圣果圆。"先生感其言，归问师曰："何为第一等事？"师曰："读书登第。"先生曰："恐未是，当读书做圣人耳。"

1484 年

二十年甲辰，先生十三岁。

太夫人郑氏卒。

1486 年

二十二年丙午，先生十五岁。

时石英、王勇乱畿内，石和尚、刘千金乱秦中。先生间行出居庸关，逐胡儿骑射，遍询夷落所以备御之策，经月始返。夜梦谒汉马将军援庙，赋诗一律[3]（诗在集中）。先生感慨时事，屡欲上书于朝，龙山公格而止之。

1　旁占一绝："金山一点大如拳，打破维扬水底天。醉倚妙高台上月，玉箫吹彻洞龙眠。"

2　又随口占一绝："山近月远觉月小，便道此山大于月。若人有眼大如天，还见山小月更阔。"

3　赋诗一律："卷甲归来马伏波，早年兵法鬓毛皤。云埋铜柱雷轰折，六字题文尚不磨。"

1488 年

弘治元年戊申，先生十七岁。

七月，自京师亲迎夫人诸氏于洪都[1]。时诸公养和[2]为江西参议，先生就委禽焉。合卺日偶行入铁柱宫，见道士趺跏，即而叩之，相与对坐忘归，诸公遣人遍索不得。明日，先生始还。署中有纸数箧，先生日学书皆尽，书法大进。先生尝曰："吾始模古帖，止得字形。后凝神静虑，拟形于心，久之，始通其法。及读明道[3]书曰：'吾作字甚敬，非要字好，只此是学。'既非要字好，又何学也？乃知古人随时随事只在心上学，此心精明，字好亦在其中矣。"后与学者论格物，多举此为证。

1489 年

二年己酉，先生十八岁。

十二月，以夫人诸氏归余姚，舟过广信[4]谒娄一斋谅[5]，语格物之学。先生甚喜，以谓圣人必可学而至也。后遍读考亭[6]遗书，思诸儒谓众物有表里精粗，一草一木皆具至理。因见竹，取而格之[7]，沉思不得，遂被疾。

1492 年

五年壬子，先生廿一岁。

---

1 洪都：今江西省南昌市。

2 诸公养和：即诸养和，阳明先生岳父，时任江西布政司参议。

3 明道：程颢（1032 — 1085），字伯淳，号明道，学者称明道先生。河南洛阳人，出生于湖北黄陂。北宋哲学家、教育家、诗人和北宋理学的奠基者。程颢提出"天者理也"和"只心便是天，尽之便知性"的命题，认为"仁者浑然与物同体，义礼知信皆仁也"，识得此理，便须"以诚敬存之"。程颢曾和其弟程颐学于周敦颐，世称"二程"，同为北宋理学的奠基者，其学说在理学发展史上占有重要地位，后来为朱熹所继承和发展，世称程朱学派。撰有《定性书》《识仁篇》等，后人集其言论所编的著述书籍《遗书》《文集》等，皆收入《二程全书》。

4 广信：即广信府，元末至清末的行政区划名，治所在今江西省上饶市信州区。

5 娄一斋谅：娄谅（1422 — 1491），明代著名理学家。字克贞，别号一斋，江西上饶人。

6 考亭：朱熹（1130 — 1200），字元晦，一字仲晦，号晦庵，晚称晦翁，又称考亭先生、云谷老人、沧洲病叟、逆翁，别号紫阳。南宋著名的理学家、思想家、哲学家、教育家、诗人、闽学派的代表人物，世称朱子，是孔子、孟子以来最杰出的弘扬儒学的大师。朱熹是理学的集大成者，博学多识，著述丰富，对中国思想文化有极大的影响。《朱子全书》共 27 册，约 1436 万字。

7 因见竹，取而格之：关于阳明先生"格竹"时间，有一定分歧。《王文成公全书》年谱中"格竹"之事列于"五年壬子，先生二十一岁，在越"条："是年为宋儒格物之学。先生始待龙山公于京师，遍求考亭遗书读之。一日思先儒谓'众物必有表里精粗，一草一木，皆涵至理'，官署中多竹，即取竹格之。沉思其理不得，遂遇疾。"

秋，举于乡。时闱中夜半见有二巨人者衣绯绿，东西立，大言曰："三人好作事。"已而，先生与孙中丞燧、胡尚书世宁同举。及宸濠之变[1]，胡发其奸，孙死其难，先生平之。

1493 年

六年癸丑，先生二十二岁。

春试，南宫[2]落第。宰相李西涯素器先生，戏曰："待汝作来科状元，试为《来科状元赋》。"先生拈笔而就。有忌者曰："此子取上第，目中无我辈矣。"及丙辰春试，竟为忌者所抑。同舍有以不第为耻者，先生笑曰："汝以不得第为耻，吾以不得第动心为耻。"

1497 年

十年丁巳，先生二十六岁。

寓京师。时边烽甚急，诏举将才，无以应。先生因精究兵法，每遇宾饮，聚果核，列阵势为戏。

1498 年

十一年戊午，先生二十七岁。

读考亭《上光宗疏》，有曰："居敬持志为读书之本，循序致精为读书之法。"乃悔前日用力虽勤而无所得者，欲速故也。因循序以求之。然物理吾心，终判为二，沉郁既久，旧疾复作。闻道士谈养生之说而悦焉。

1499 年

十二年己未，先生二十八岁。

春，举南宫第二人，赐二甲进士第七人，观政工部。

先生为诸生时，尝梦威宁伯王越[3]遗以弓剑。是秋，奉命督造威宁坟，驭役夫以什伍法，休食以时，暇则驱演"八阵图"。事竣，威宁家谢以金帛，不受。出威宁夙所佩剑以赠，受之，梦故也。时

1　宸濠之变：正德十四年（1519）六月，宁王朱宸濠，集兵号十万在南昌造反。43 天后，朱宸濠大败，与诸子、兄弟一起为阳明先生所俘。详见附录《平濠反间遗事》"宸濠之变"注释。

2　南宫：指"南宫试"，为礼部会试，即进士考试。

3　威宁伯王越：王越（1426 — 1499），字世昌，大名府浚县（今河南省鹤壁市浚县）人，明朝军事将领、威宁伯，进士出身。曾驻守明朝西北边陲，多次大败蒙古军队。

星变[1]，下诏求言，又鞑虏猖獗，先生疏论《边务八事》。

1500 年

十三年庚申，先生二十九岁。

授刑部云南司主事。

1501 年

十四年辛酉，先生三十岁。

奉命谳狱[2]江北。暇日游九华山，见道者蔡蓬头，问以仙术。蔡曰："尚未。"有顷，先生屏左右，再拜请问。蔡曰："尚未。"问至三。蔡曰："汝礼虽隆，终不忘官相。"大笑而别。

地藏洞有异人，坐卧松毛，不火食，先生历岩险访之。值其睡，先生默坐，良久方醒。问以第一义谛，不答。徐曰："周濂溪[3]、程明道，你儒家两个好秀才也。"语毕复睡。先生归。明日再往，不复见矣。

1502 年

十五年壬戌，先生三十一岁。

八月，予告[4]归越。筑室阳明洞，行道引术。友人王思舆[5]等来访，先生命仆迎之，且历语其来迹，似先知者。众惊异，以为得道。久之，先生悟曰："此簸弄精魄，非道也。"遂屏去其术。欲离家远遁，念祖母岑与龙山公在。一日悟曰："此念生于孩提，此念亡，是断灭种姓矣。"乃移居西湖，往来南屏、虎跑间。有僧禅坐三年，

1　星变：指星体出现异常现象。中国古代思想中认为天象与人事、政治密切相关。《史记·天官书》："日变修德，月变省刑，星变结和，凡天变过度乃占。"明代徐桢卿《异林》一书记载"弘治戊午（1498），温州泰顺县左，忽有一物，横飞曳空，状如箕尾，色杂粉紫，长数丈余，无首，吼若沉雷，从东北去修武县东岳祠，忽有黑气声如雷，隐隐堕地。村民李云，往视之得温石一枚，良久乃冷。"

2　谳狱：审理诉讼、审问案情。谳音 yàn。

3　周濂溪：周敦颐（1017—1073），字茂叔，号濂溪，宋营道楼田堡（今湖南道县）人，北宋官员、明理学派创始人。其学说是孔子、孟子之后儒学最重要的发展，在中国思想史上的影响深远。主要著作是《通书》《太极图说》。周敦颐首次将"无极"一词引入儒家理论，认为"无极而太极"，"太极"一动一静，产生阴阳万物。"万物生生而变化无穷焉，惟人也得其秀而最灵。"后又模仿"太极"建立"人极"。"人极"即"诚"，"诚"是"纯粹至善"的"五常之本，百行之源也"，是道德的最高境界，只有通过主静、无欲，才能达到这一境界。

4　予告：官员因老、病休假，退休。

5　王思舆：王文辕（生卒年不详），字司舆（又作"思舆"），号黄轝子，浙江山阴人。与阳明先生为莫逆之友。阳明先生弟子季本曾撰《王思舆传》："厉志力行，隐居独善，乡人慕其德者，皆乐亲之。少学为古文，级类庄、列，诗逼唐人，读书不牵章句，尝曰：'朱子注说，多不得经意。'成化、弘治间，学者守成说，不敢有私议朱子者，故不见信于时，惟阳明先师与之为友。"

不语不视，先生喝曰："这和尚，终日口巴巴说什么？终日眼睁睁看什么？"僧惊起。先生问其家，对曰："有母在。"曰："起念否？"对曰："不能不起念。"先生即指爱亲本性喻之，僧涕泣拜谢，挈钵而归。

1504 年

十七年甲子，先生三十三岁。

秋，主考山东乡试，试录皆先生笔也。

九月，改兵部武选司主事。

1505 年

十八年乙丑，先生三十四岁。

是年，识湛甘泉若水[1]，与盟，讲明圣学，门人始进。

1506 年

正德元年丙寅，先生三十五岁。

时奄瑾[2]擅政，南京科道戴铣[3]、薄彦徽等皆下狱。

二月，先生抗疏救之。触瑾，矫旨廷杖四十，谪贵州龙场驿[4]驿丞。

1507 年

二年丁卯，先生三十六岁。

夏，赴谪至钱塘，瑾遣人阴迹先生。先生惧，佯为自沉于江，密附商船往舟山，飓风一夕，飘堕闽界。比登岸，山行数十里，夜叩野寺，不纳。又趋野庙，倚香案卧，盖虎穴也。夜半，虎但绕廊吼，不敢入。黎明，寺僧来庙所，意先生必啖于虎，将收其橐[5]。此寺僧盖素借虎以御客者。见先生方睡醒，惊曰："非常人也。"邀至其寺，则向与先

1　湛甘泉若水：湛若水（1466—1560），明代哲学家、教育家、书法家。字元明，号甘泉，增城（今广东省广州市增城区）人。孝宗弘治间进士，选庶吉士擢编修。世宗嘉靖初，官南京祭酒、礼部侍郎。后历南京礼、吏、兵三部尚书。少师事陈献章，后与王阳明同时讲学，各立门户。王主讲"致良知"，湛主讲"随处体认天理"。

2　奄瑾：刘瑾（1451—1510），陕西兴平人，本姓谈，明武宗时的太监，人称九千岁，从正德元年到五年，操纵朝政，是明代为祸最严重的权宦之一。

3　戴铣：见张廷玉等编《明史·列传第七十六》："戴铣，字宝之，婺源人。弘治九年进士，改庶吉士，授兵科给事中，数有建白。久之，以便养调南京户科……既乃与给事中李光翰、徐蕃、牧相、任惠、徐暹及御史薄彦徽等连章奏留刘健、谢迁，且劾中官高凤。帝怒，逮系诏狱，廷杖除名。铣创甚，遂卒。世宗立，追赠光禄少卿。"

4　龙场驿：奢香夫人于明洪武十七年（1384）建。驿址在今贵州修文县城。

5　橐：口袋，音 tuó 。

生跌坐于铁柱宫之道士在焉。道士笑出袖中诗相示，有"二十年前曾见君，今来消息我先闻"之句。因问先生："尔欲安往？万一瑾怒，逮尔父，诬尔北走胡，南走粤，奈何？"先生愕然。卦之，得"明夷"[1]，乃决策返。别道士，留诗壁间[2]（诗在集中）。遂取间道，由武夷归，涉鄱阳，往省龙山公于建业。以十二月赴龙场驿。

时先生妹婿徐爱因先生将赴龙场，纳贽北面，奋然有志于学。

1508 年
三年戊辰，先生三十七岁。

春三月，至龙场驿。龙场在贵州万山中，蛇虺[3]蛊虫毕聚。夷人鴃舌[4]，不通语言，可与通语言者，仅中土亡命耳。时瑾憾未释，先生自计得失荣辱俱忘，惟生死一念尚在，乃凿石椁以俟命焉。会从者皆病，先生亲析薪取水，作糜饲之。又为歌诗，调越曲，杂诙笑，以相解慰。

因沉思圣人处此，更有何道，忽中夜大悟格物致知之旨，不觉呼跃而起，从者皆惊。始知圣人之道，吾性自足，向之求理于事物者误也。默记"五经"[5]之言证之，莫不吻合，著《五经臆说》。

夷人亦日来亲，见先生所栖卑湿，为构龙冈书院、寅宾堂、何陋轩、君子亭、玩易窝，以居先生。思州守遣人侮先生，诸夷不平，殴之。守怒，白于当道。当道令先生诣谢，先生不可，致书复之，守闻自失。水西安宣慰馈粱肉，给使令，重以金帛鞍马，先生俱不受。始朝廷议设军卫于水西，兼筑城廓[6]，既而止，然驿传尚存。安恶据其腹心，欲去之，以问先生。先生遗书，申朝廷令甲威信，安心乃折。有宋氏酋长曰阿贾、阿札者叛，宋氏作乱，先生复遗书讽喻安，安悚然，率所部平其难。

1509 年
四年己巳，先生三十八岁。

1　明夷：是《周易》六十四卦中第三十六卦。卦辞为"利艰贞"，卜问艰难之事则利。

2　留诗壁间："险夷原不滞胸中，何异浮云过太空？夜静海涛三万里，月明飞锡下天风。"

3　虺：古书上说的一种毒蛇，音 huǐ。

4　鴃舌：比喻语言难懂。"鴃"，音 jué。

5　五经：包括《诗经》《尚书》《周易》《礼记》和《春秋》。

6　廓：通"郭"。一般"城"指内城墙；"郭"指外城墙。

贵州提学副使席书聘先生主贵阳书院，身督诸生师先生。

是年，先生始论"知行合一"[1]，其说具《语录》中。

1510 年

五年庚午，先生三十九岁。

由龙场驿丞升庐陵县[2]知县。为政七月，不事威刑，选三老里正，谕民为善，多感化者。

冬十一月入觐，馆于兴隆寺。时黄宗贤绾[3]始见先生论学，先生喜，令与湛甘泉俱。

十二月，升南京刑部四川司主事。

1511 年

六年辛未，先生四十岁。

正月，调吏部验封司主事。始论晦庵[4]、象山[5]之学。有《答徐成之书》。时方献夫为郎，位在先生上，敬执贽先生。

二月，为会试同考试官。十月，升文选司员外郎。

1512 年

七年壬申，先生四十一岁。

二月，升考功司郎中。

十二月，升南京太仆寺少卿，便道归省。

是年，徐爱以祁州守迁南工部郎，与先生同舟归越，论《大学》宗旨，详《语录》。

1513 年

八年癸酉，先生四十二岁。

冬十月，至滁州，日与门人遨游琅琊、瀼泉[6]间。月夕，环龙潭而坐者数百人，歌声振山谷，旧学之士日益至。

---

1 知行合一：阳明心学重要命题之一，可参看【43.6】【47.5】等条。

2 庐陵县：今江西省吉安市。

3 黄宗贤绾：黄绾，字宗贤，又作叔贤，号久庵、石龙。浙江省温岭市人。"绾"，音 wǎn。详见本书 39.《与黄宗贤》一文"黄宗贤"注释。

4 晦庵：即朱熹，可参看 1.《阳明先生年谱》"1489 年"条"考亭"注释。

5 象山：陆九渊（1139—1193），号象山。可参看 22.《象山文集序》"象山"注释。

6 琅琊、瀼泉：均在今安徽省滁州市境内。

1514 年

九年甲戌，先生四十三岁。

四月，升南京鸿胪寺卿。

是年，始专以"致良知"[1]训学者。

1515 年

十年乙亥，先生四十四岁。

立从弟守信子正宪为后。时先生与诸弟守俭、守文、守章，皆未举子故也。

八月，拟《谏迎佛疏》。近侍言西域有僧，能知三生事，胡人谓之活佛。遣宦者刘允乘传往迎。以珠琲[2]为幡幢，黄金为供赐，赍巨万，敕允往返以十年期，得便宜行事。请盐七万引，为行李费。辅臣杨廷和执奏，不听。先生拟书欲上，后止。

1516 年

十一年丙子，先生四十五岁。

九月，升都察院左佥都御史，巡抚南、赣、汀、漳[3]等处，以兵部尚书王琼[4]举也。王思舆语季本[5]曰："阳明此行，必立事功，吾触之不动矣[6]。"

1517 年

十二年丁丑，先生四十六岁。

正月，至赣州。先经万安，有贼数百，沿途劫掠，商舟不敢进。

1　致良知：阳明心学重要命题，可参看 28.《与黄勉之书·其二》、35.《答欧阳崇一书》、38.《答聂文蔚书·其一》、39.《与黄宗贤》、42.《答聂文蔚书·其二》等文。

2　珠琲：珠串，琲，音 bèi 。

3　南、赣、汀、漳：大约在今江西大余县南安镇、江西赣州、福建长汀、福建漳州一带。

4　王琼（1459—1532）：字德华，号晋溪，别署双溪老人，山西太原（今太原市刘家堡）人。历事成化、弘治、正德和嘉靖四个皇帝，由工部主事六品之官，直做到户部、兵部和吏部尚书一品大员。

5　季本（1485—1563）：字明德，号彭山，会稽（今浙江绍兴）人。从王守仁学。武宗正德十二年（1517）登进士第。授建宁府推官，征为御史，以言事谪揭阳主簿，官至长沙知府。世宗嘉靖二十二年（1543）由长沙知府解职还乡，寓禹迹寺讲学。

6　触之不动矣：牟宗三先生在《王阳明学行简述》中说："本源莹彻，自作主宰。以全幅智勇以赴之，此之谓义理担当，非气魄担当，亦非偶发于天资本能之一时聪明所可语此……义理担当，触之不动，非刚愎执扭之不动也。世之讲良知者须于此三致意焉。"

先生令联商舰结为阵势，扬旗鸣鼓，若趋战者。贼惧，罗拜呼曰："饥荒流民，乞求赈济。"先生令人谕之曰："至赣后，即差官抚插，各安生理，毋作非为，自取戮灭。"贼皆散归。

先生入赣日，即选募民兵，行十家牌法。先是，赣人之在官府者，皆洞贼耳目，官府举动，贼必先闻。军门一老隶，作奸尤甚。先生知之，呼入密室，使自择生死。隶吐实，先生许以不死，试其言悉验。先生以是尽得贼情矣。

二月，平漳寇。

四月，班师。

五月，立兵符，奏设平和县治于河头，移小溪巡简司于枋头。

六月，请疏通盐法。

九月，改提督南、赣、汀、漳等处军务，钦给旗牌，得便宜行事。先是，先生《申明赏罚疏》，以旗牌便宜为请。有笑其迂者。独王公琼曰："朝廷此等权柄，不与此等人，又将与谁？"复疏，得旨，悉从之。江西镇守太监毕真谋于近倖，请监其军。琼奏以为兵法最忌遥制，若使南、赣用兵必待谋于省城，镇守败矣。惟省城有警，则听南、赣策应可也。真谋乃寝。以平漳寇功，升俸一级，赏银二十两，文绮四端。

十月，平横水、桶冈[1]诸寇，贼首谢志珊就擒。先生问之曰："汝何得党类之众若此？"志珊曰："亦不容易。平生见世上好汉，断不放过，必多方钩致之。或赴其难，或周其急，或逞其酒色嗜好，待其怀德，与之谋，无不应矣。"先生顾谓门人曰："吾侪求友之切，亦当如是。"

十二月，班师。奏设崇义县治于横水，增茶寮隘，上堡、铅厂、长龙三巡简司。

1518 年

十三年戊寅，先生四十七岁。

三月，平大帽[2]、浰头[3]诸寇。

四月，班师。举酒以酬诸门人曰："感诸君助我，以此相报。"

1　横水、桶冈：位于今江西省西南边陲的崇义县一带。

2　大帽：位于今福建漳州境内。

3　浰头：在今广东和平县浰源镇，位于和平县的西北部山区，北与江西省龙南县武当镇接壤，西与广东连平县上坪镇相毗邻，属二省三县交界处，因地处浰江水源头，故称"浰头"。

门人各瞿然问故。先生曰："始吾登堂，赏罚军事，尝恐误，有愧诸君，不敢不慎。及退对诸君，尚觉前之赏罚有未慊也。直至登堂行事，与诸君相对时，此心恰恰如一始安。此固诸君之所以助我矣。"

五月，奏设和平县治于和平峒，改和平巡简司于浰头。

六月，以平横水、桶冈功，升右副都御史，荫一子锦衣卫世袭百户。

七月，刻古本《大学》[1]，刻《朱子晚年定论》。

十一月，再请疏通盐法。

1519 年

十四年己卯，先生四十八岁。

正月，以平三浰功，荫一子锦衣卫，世袭副千户。

六月，奉敕勘处福建叛军。初九日，发赣州。十五日，至丰城，闻宁王宸濠反，趋还吉安，起义师。濠遣兵追先生，先生以计得脱。十九，至吉安，上疏告变。虑贼党顺流窥建业，犯京师，两都仓卒无备，思以计诒濠，使迟留旬月不出，乃万全。于是伪为两广军门机密火牌，伪为迎接京边官军公文，伪为李士实、刘养正内应书，伪为闵念四、凌十一投降状，令雷济、龙光先后设法，故闻于濠。濠乃疑惧犹豫，其详具《反间遗事》[2]中。二十一日，再上疏告变，以叛党方炽，恐前疏不得达也。同日，又疏乞省葬。

七月初五日，疏上宸濠谤讪檄榜。十三日，率伍文定等义师发吉安。十五日，大会于樟树，遣奉新县知县刘守绪，袭破濠伏兵于新旧坟厂。十九日，发市汊。二十日，拔南昌。二十四日，与贼战于鄱阳湖之黄家渡。二十五日，战于八字脑。二十六日，获濠于樵舍，江西平，而朝廷不知也。

当是时，始以南京都御史李克嗣飞章告急，集廷臣会议。廷臣犹观望，不敢斥言濠反，独兵部尚书王琼曰："竖子素行不义，今仓卒举乱，不足虑。王守仁据上游蹑之，成擒必矣。"但故事不得不命将，乃疏请下诏，削濠属籍，正贼名，请命将出师，趋南都[3]，命南和伯、方寿祥防江，都御史俞谏率兵翊南都，王守仁率南、赣兵由临、吉，都御史秦金率湖兵由荆、瑞会南昌，李克嗣镇镇江，许廷光镇浙江，丛兰镇仪真，遏贼冲。传檄江西诸路，但能倡义旅，

1　古本《大学》：可参看 17.《大学古本序》和附录 54.《大学》。

2　《反间遗事》：见附录《平濠反间遗事》一文。

3　南都：今南京。明初定都南京，永乐年间迁都北京，南京作为陪都，亦被称为南都。

擒反者封侯。时群小导上亲征,有旨:"不必命将,朕当亲率六师,奉天征讨。"假威武大将军、镇国公行事。命太监张永、张忠,安边伯许泰,都督刘晖率京边官军万余以从。给事中祝续、御史张纶随军纪功。

八月十六日,上疏谏止亲征,是日再乞省葬。

九月十一日,发南昌,献俘入京师。时忠、泰等忧上使人以威武大将军牌,取逆濠放还湖中,俟上亲与之战,而后获之以为功。及先生行至广信,忠、泰又使人邀还江西。先生不听,乘夜过玉山草坪驿。适张永候于杭,先生见永,谓曰:"江西之民,久遭濠毒,既经大乱,继以旱灾,又加以京边官军供应,困苦不支,必逃聚山谷为乱。昔助濠,尚胁从耳,今为穷迫所激,奸党群起,天下将成土崩之势。公素委心朝廷,得无念耶?"永曰:"然!吾之此出,为群小在侧,欲调护左右,以默辅圣躬,非为掩功来也。但皇上天性,顺其意犹可挽回万一,若逆之,徒激群小之怒,无救于天下之大计矣。"先生信其无他,以濠付之,而称病居西湖净慈寺。

十一月返南昌,以奉敕巡抚江西也。时忠、泰等在江西百计搜罗,续、纶又望风附会,肆为飞语。先生既还,北军肆坐慢骂,或故冲导起衅。先生一不为动,愈待以礼,密令居人移家于乡,而以老羸应门。将犒赏北军,忠、泰预禁其人,令勿受。先生传示内外,谕北军离家苦楚,居民当敦主客之礼。每出,遇北军丧,必停车唁慰,厚与之槟[1],嗟叹乃去。久之,北军咸感。会冬至节,先生令城市设酒脯以奠死于乱者,哭声昼夜不绝。北军闻之,无不思家泣下。忠、泰欲与先生较射,意先生不能,有以屈之。先生勉应,三发三中,北军在傍哄然,举手啧啧。忠、泰大惧,曰:"我军皆附王都耶。"乃班师,还南都。

是年十二月二十六日,上至南都。

1520 年

十五年庚辰,先生四十九岁。

上在南都。忠、泰既憾先生,每矫旨召先生,而先生不赴。乃密谮于上云:"王守仁必反。"上问:"以何为验?"对曰:"试召之,必不来!"

正月有诏召先生,张永使幕士钱秉忠密以报。先生闻命趋至,忠、

1　槟:棺木,音 chèn 。

泰复拒之于芜湖。先生入九华山，宴坐草庵中。上阴遣人觇之，曰："王守仁学道人也，安得反？"命还江西。过开先寺，刻石于读书台曰："正德己卯六月十四乙亥，宁藩濠以南昌叛，称兵向阙，破南康、九江，攻安庆，远近震动。七月十三辛亥，臣守仁以别郡之兵复南昌，宸濠擒，余党悉定。当此时，天子闻变赫怒，亲统六师临讨，遂俘宸濠以归。于赫皇威，神武不杀。如霆之震，靡击而折。神器有归，孰敢窥窃？天鉴于宸濠，式昭皇灵，嘉靖我邦国。"盖世宗龙飞之兆征于此矣，岂先生能前知乎[1]？

二月，观兵如九江。

三月，又疏乞省葬。

五月，江西大水，疏自劾。

六月，如赣。大阅士卒，教战法。江彬[2]遣人来觇，人皆为先生惧。先生作《啾啾吟》[3]解之曰："东家老翁防虎患，虎夜入室衔其头。西家儿童不识虎，执杆驱虎如驱牛。"门人陈九川等复以为忧。先生曰："吾昔在省城，处权竖枪锋剑芒间，吾心帖然。今公等何多虑也？"有言万安多武士，命参随往录之。谕曰："但多臂力，不问武艺。"得三百人。龙光问："宸濠既平，录此何为？"先生笑曰："交趾有内难，出其不意捣之，亦一机会也。"盖是时上在南都，宸濠尚未伏法，而彬谋叵测，故有牛首夜惊[4]之事，只畏先生，不敢动耳。先生之所以观兵九江，校士赣州，录万安武力者，其意旨皆以此，固难为众人道矣。

七月，重上《江西捷音疏》。时群党欲自献俘袭功。张永曰："不可，昔我等未出京时，宸濠已擒，王都堂献俘北上，过玉山，渡钱塘，经人耳目，不可假也。"于是以大将军钧帖，令先生重上捷音。先生乃节略前奏，入诸人名于疏内，再上之。

1　岂先生能前知乎：指明武宗正德皇帝朱厚照于1521年驾崩，明世宗朱厚熜继位，第二年改年号为"嘉靖"。

2　江彬（？—1521）：字文宜，明代宣府前卫（今张家口市宣化区）人。明朝武宗时期，对宦官佞臣宠信有加，致使朝政混乱。先是大宦官刘瑾专权，刘瑾被诛后，又出现了江彬专权的局面。张廷玉等编《明史》将其列入佞幸传。

3　《啾啾吟》：全诗如下："知者不惑仁不忧，君胡戚戚眉双愁？信步行来皆坦道，凭天判下非人谋。用之则行舍即休，此身浩荡浮虚舟。丈夫落落掀天地，岂顾束缚如穷囚！千金之珠弹鸟雀，掘土何烦用镉镂？君不见东家老翁防虎患，虎夜入室衔其头。西家儿童不识虎，执竿驱虎如驱牛。痴人惩噎遂废食，愚者畏溺先自投。人生达命自洒落，忧谗避毁徒啾啾！"

4　牛首夜惊：据张廷玉等编《明史·列传第一百九十五·佞幸》载："十五年六月幸牛首山。诸军夜惊，言彬欲为逆，久之乃定。"

八月，咨部院雪理冀元亨[1]冤状。

闰八月初八日，上在南京受俘。十二日，上自南京旋跸。霍韬[2]曰："是役也，罪人已执，犹动众出师。地方已宁，乃杀民奏捷，误先朝于过举，摇国是于将危。盖忠、泰之攘功贼义，厥罪滔天，而续、纶之诡随败类，其党恶不才，亦甚矣。"

九月，自赣州还南昌。时泰州王银服古冠服，执木简，以二诗来见先生。先生异其人，降阶，延之上坐。问："何冠？"曰："有虞氏冠。"问："何服？"曰："老莱子服"。问："学老莱子乎？"曰："然。"曰："将止学服其服，抑学其上堂诈跌也？"银心动，坐渐侧，及论格物致知之旨，言下豁然。明日，易服执弟子礼。

十二月初三日，上在通州赐宸濠死。初八日，上还京。

1521 年

十六年辛巳，先生五十岁。

三月十四日，上崩于豹房。

四月，世宗登极。

八月，召先生驰驿来京。二十日，发南昌，辅臣沮之，升南京兵部尚书，参赞机务。先生行至钱塘，上疏，仍乞便道省葬归越。

十二月，制封新建伯，诏至日，适龙山公诞辰，先生捧觞为寿。公蹙然曰："向宁濠之变，皆以汝为死矣，而不死。皆以事难平矣，而卒平。谗构朋兴，祸机四发，前后二年，岌乎几不免矣。天开日月，显忠遂良，父子滥冒封赏，穹官高爵，复相见于一室，岂非幸欤？然盛者衰之始，福者祸之基，虽可幸，亦可惧也。"先生洗爵而跪曰："大人之教，儿所日夜切心者也。"

1522 年

嘉靖元年壬午，先生五十一岁。

正月初十日，疏辞封爵，不允。

二月，龙山公卒，先生哭踊几绝，戒家人斋食百日。未几，又

1　冀元亨（1482—1521）：字惟乾，今湖南省常德市人。正德十一年，冀元亨乡试中举，其一直从学阳明先生。正德十四年六月，宁王朱宸濠叛乱事败被阳明先生擒获，太监张忠、佞臣许泰为了争功，诬陷阳明先生与其私通，朱宸濠并没有承认，但称曾经与冀元亨论学。张忠遂逮捕冀元亨，并用炮烙严刑拷问，冀元亨始终不承认，后逮捕入京师下诏狱。明世宗即位后，言臣均称其冤，其出狱后五日内去世。

2　霍韬（1487—1540）：字渭先，号兀崖，今广东省佛山市石湾区澜石镇人。为进士出身，明朝中期重臣，官至礼部尚书。

令弟侄辈稍进干肉，曰："诸子豢养习久，强其不能，是恣其作伪也。不如稍宽之，使各求自尽可矣。"先生久哭暂辍，有吊客至，侍者云宜哭。先生曰："哭发于心，若以客至而始哭，则以客退而不哭矣。世人饰情行诈已久，故于父母亦然。"

七月，再疏辞封爵，不报。时御史程启充、给事中毛玉承宰相意，倡为异说劾先生，门人刑部主事陆澄上疏，为六辩以折之，先生闻而止之。

九月，葬龙山公于石泉山。

1523 年

二年癸未，先生五十二岁。

二月，南宫策士以心学为问，阴辟先生。门人徐珊不答而出[1]。门人钱德洪下第归，见先生，先生喜而接之，曰："圣学从兹大明矣。"德洪曰："时事如此，此学何由得明？"先生曰："吾学恶得遍语天下，今会试录出，虽穷乡深谷，无不见矣。吾学既非，天下必有起而求真是者。"

九月，改葬龙山公于天柱峰，郑太夫人于徐山。因石泉有水患也。

十一月，与张元冲[2]论二氏之学。元冲曰："二氏作用，亦有功于吾儒者，不知亦当兼取否？"先生曰："说兼取便不是了。圣人尽性至命，何物不具，何待兼取？二氏之学皆我之学，即吾尽性至命中，完养此身谓之仙，不染世累谓之佛。后世儒者不见圣学之全，故与二氏成二见耳。辟之厅堂三间，共为一室，儒者见佛氏则割左边一间与之，见老氏则割右边一间与之，而己则自处于中间，皆举一而废百也。"

1524 年

三年甲申，先生五十三岁。

正月，越郡守南大吉[3]见先生，自陈其临政多过。问先生："何无一言教我？"先生曰："吾已言之久矣。"大吉未解。先生问曰："吾

1　门人徐珊不答而出：可参看 26.《书徐汝佩卷》一文。

2　张元冲（生卒年不详）：字叔谦，号浮峰，山阴（今浙江绍兴）人。嘉靖进士，授中书舍人，改吏科给事中，迁工科都给事中。后出为江西参政、广东按察使、江西左右布政使，升右副都御史，巡抚江西。受学于阳明先生，属王门浙中学派。

3　南大吉：字元善，号瑞泉，陕西渭南人。正德辛未进士。授户部主事，历员外郎、郎中。详见 34.《答南元善》一文中"南大吉"注释。

不言，汝何以知？"对曰："此某之良知[1]也。"先生曰："良知非我常言而何？"大吉笑谢而去。越数日，再来，请曰："某过后甚悔，虽亟思改图，然不若得人预言，不犯为佳。"先生曰："人言不如自悔真切。"越数日，又来请："身过可勉，心过奈何？"先生曰："昔镜未开明，可以藏垢。今镜明矣，一尘之落，亦难住脚，此入圣之机也。勉之。"

八月十五日，宴门人于天泉桥。是夜，月白如昼。门人百余人，酒酣，各歌诗、投壶、击鼓、荡舟为乐。先生见诸生兴剧，退而作诗云："铿然舍瑟春风里，点也虽狂得我情。"明日，诸生入谢。先生曰："昔孔子在陈，思鲁之狂士，以学者没溺富贵，如拘如囚而莫之省，有高明脱落者，知一切俗缘皆非性体，然不加实践，以入于精微，则渐有轻灭世故，阔略伦物之病。虽比世之庸琐者不同，其为未得于道，一也。故孔子思归以裁之。今诸君已见此意，正好精诣力造，以求至于道，无以一见自足，而终止于狂也。"

钱德洪、德周，魏良政、良器，读书城南，游禹穴诸胜，忘返。钱父问二魏曰："得无妨课业乎？"二魏答曰："触处皆举子业也。"对曰："朱说亦须理会否？"二魏曰："以吾良知求晦翁之说，譬之打蛇得七寸，又何忧不得耶？"钱父疑未释，进问先生。先生曰："譬之治家，学圣贤者，其产业、第宅、服食、器物，皆所自置。欲请客，出所有以享之。客去，其物具在，还以自享，终身用之无穷也。学举业者，专以假贷为功。与请客，自厅事以至供具百物，莫不遍借。客来，虽一时丰裕可观，客去，则尽以还人，一物非所有也。若请客不至，则时过气衰，借贷亦不备，终身奔劳，作一窭人[2]而已。是求无益于得，求在外也。"明年乙酉，魏良政发解[3]。钱父闻之，笑曰："打蛇得七寸矣。"时大礼议[4]起，霍兀厓、席元山、黄宗贤、宗明问先生，先生皆不答。

1　良知：语出《孟子·尽心上》："人之所不学而能者，其良能也。所不虑而知者，其良知也。"

2　窭人：穷困之人。窭，音 jù。

3　发解：乡试第一名。

4　大礼议：明朝嘉靖年间由于明世宗生父称号问题引起的一场政治斗争，发生于明世宗嘉靖皇帝登基不久之时。当时，世宗与杨廷和、毛澄为首的武宗旧臣们之间关于以谁为世宗皇考（即宗法意义上的父亲），以及世宗生父尊号的皇统问题发生了争议和斗争。大礼议历时整整三年（1521—1524），以明世宗朱厚熜一方施加强权压迫获胜而告终。嘉靖十七年（1538）九月，廷议追尊朱祐杬为睿宗，祔于太庙，并改其陵墓名为显陵。反对一方的官员被悉数削职致仕（退休）。

1525 年

四年乙酉，先生五十四岁。

正月，夫人诸氏卒。

四月，祔葬于徐山。

六月，先生服阕[1]。礼部尚书席书[2]特疏荐曰："生在臣前者见一人，曰杨一清[3]；生在臣后者见一人，曰王守仁。"

1526 年

五年丙戌，先生五十五岁。

聂豹[4]以御史巡按福建，渡钱塘，来见先生，书谓："思、孟、周、程，无意相遭于千载之下。"然豹是时尚以宾客礼见也。后六年，豹出守苏州，先生以下世四年矣。语钱德洪、王畿曰："吾学诚得先生开发，冀再见执赘，不及矣。兹以二君为证。"具香案，拜先生，称门人。

十二月庚申，正亿生。

1527 年

六年丁亥，先生五十六岁。

五月，起总督两广、江西、湖广军务，征思、田[5]。

九月，发越。

十月，过南昌。先是，先生舟次广信。门人徐樾[6]方自白鹿洞学趺坐而来，有禅定意。登舟，先生目而得之，令举似。曰："不是。"已而，稍变前语。曰："不是此体，岂有方所？譬之此烛，光无不在，不可以烛上为光。"因指舟中曰："此亦是光，此亦是光。"指舟

1　服阕：守丧期满除服。阕，终了。

2　席书（1461—1527）：字文同，号元山，明四川潼川州遂宁县吉祥乡（今遂宁市蓬溪县吉祥镇）人。明代学者、官员。弘治进士，官至光禄大夫、柱国少保兼太子太保、礼部尚书加武英殿大学士，赠太傅，谥文襄。撰有《漕船志》《大礼集议》《元山文集》等。

3　杨一清（1454—1530）：字应宁，号邃庵，别号石淙，生于云南安宁，长于湖南巴陵，老于江南镇江，因此晚年自号"三南居士"。他一生历官五十余年，官至华盖殿大学士、内阁首辅，为明代中叶著名的政治家。可参看25.《寄杨邃庵阁老书》一文。

4　聂豹（1487—1563）：字文蔚，号双江，江西永丰县人，为阳明心学正统传人。著有《困辨录》《双江集》等。详见本书38.《答聂文蔚书·其一》一文中"聂文蔚"注释。

5　思、田：地名，思即思恩，今广西武鸣县北。田即田州，今广西田阳县北。

6　徐樾（？—1551）：字子直，号波石。江西贵溪人，进士，先后任礼部侍郎、云南布政使。受业于阳明先生弟子王艮门下。

外水面曰："此亦是光。"樾唯唯。明日，至南浦，百姓迎者欢呼塞途，至不能行。父老争顶舆，递入都司。先生命就谒者东入西出，有不舍者，出且复入，自辰至未始散，始举有司常仪。有诸生唐尧臣者，素不信先生讲学，至是惊曰："三代以下，安得有此气象耶？"明日，谒文庙，讲《大学》于明伦堂。诸生屏拥，多不得闻。尧臣诈为献茶者，得上堂傍听，大喜自庆。

十一月至梧州，上《谢恩遂陈肤见疏》。

1528 年

七年戊子，先生五十七岁 [1]。

二月，平思、田。

七月，平八寨、断藤峡。上《经略思田及八寨断藤峡事宜》。

九月，以平思、田功，赏银五十两，纻丝四袭。

十月，以疾，疏请告，不报。谒汉马伏波将军庙于乌蛮滩 [2]，宛然少时梦中所见也，识二诗于其壁 [3]。谒增城先庙，先生之六世祖纲，以参议死苗难者是也。

十一月班师，至大庾岭 [4]，先生疾已剧，谓布政使王大用曰："尔知孔明之所以托姜维乎？"大用遂拥兵护卫，且为敦匠事。二十五日，至南安，门人推官周积来见。二十八日，泊青龙浦。明日，召积入，开目视曰："吾去矣。"积泣下，问何遗言。先生微哂曰："此心光光地，更有何言？"有顷，瞑目而逝。门人赣州兵备张思聪迎入南野驿，沐浴襚敛如礼。

十二月初三日，思聪与官属设祭入棺。明日，舆榇登舟，士民远近遮道，哭声震地。至赣，士民沿途拥哭如南安。至南昌，门人巡按御史储良才、提学副使赵渊请改岁行，士民昕夕哭奠。

1 　七年戊子，先生五十七岁：嘉靖七年戊子年跨了公历的两年，始于 1528 年 1 月下旬，年中还有个闰十月，终于 1529 年 2 月上旬。阳明先生生于成化八年壬辰九月三十日（1472 年 10 月 31 日），卒于嘉靖七年戊子十一月二十九日（1529 年 1 月 9 日），以公历计算，享年不足 57 周岁。

2 　乌蛮滩：位于今广西南宁横县云表镇。

3 　识二诗于其壁：题写的两首诗。其一曰："四十年前梦里诗，此行天定岂人为？徂征敢倚风云阵，所过如同时雨师。尚喜远人知向望，却惭无术救疮痍。从来胜算归廊庙，耻说兵戈定四夷。"其二曰："楼船金鼓宿乌蛮，鱼丽群舟夜上滩。月绕旌旗千嶂静，风传铃木九溪寒。荒夷未必先声服，神武由来不杀难。想见虞廷新气象，两阶干羽五云端。"

4 　大庾岭：位于江西、广东两省的边境，一向是广东与江西的交通咽喉。

1529 年

八年己丑正月，丧发南昌。时连日逆风，舟不能行。赵渊祝于柩曰："公岂为南昌士民留耶？越中子弟门人来候久矣。"忽变西风。六日直至弋阳。

二月庚午，丧至越。时朝中有异议，爵荫赠谥诸典皆不行。方下诏禁伪学。

詹事黄绾上疏曰："忠臣事君，义不苟同。君子立身，道无阿比。臣昔为都事，今少保桂萼时为举人，臣取其大节，与之交友。及臣为南京都察院经历，见大礼不明，相与论列。从此与萼二十余年，始终无间。昨臣荐新建伯王守仁，堪以辅导圣德，萼与守仁不合，因不谓然。小人乘间构隙，然臣终不以此废萼平生也。但臣于事君之义，师友之道，则有不得不明者。夫臣之所以深知守仁，以其功与学耳。然功高而人忌，学古而人不识，此守仁之所以不容于世也。盖守仁之大功有四：其一，宸濠不轨，谋非一日。内臣如魏彬等，嬖幸如钱宁、江彬等，文臣如陆完等为之内应，镇守如毕真、刘朗等为之外应。故当时中外之臣，多怀观望。若非守仁忠义自许，不顾赤族之祸，身任讨贼之事，则天下安危，未可知矣。今乃皆以伍文定之功，是轻发纵而重走狗也。其二，大帽、茶寮、浰头、桶冈诸贼寨，势连四省，兵积累岁，守仁临镇，次第底定。其三，田州、思恩，构衅有年，事不得息，民不得安，故起守仁以往，使庐、王之徒，崩角来降，感泣受杖，遂平一方之难。其四，自来八寨为两广腹心之疾，其间守戍官军与贼为党，莫可奈何，守仁假永顺回兵，卢、王降卒，袭而歼之，易若拉朽。凡此守仁之功，皆除大患，卒又以死勤事，而宁可泯灭之乎？其学之大有三：一曰'致良知'，致知出于孔子，而良知出于孟子，何可异也？一曰'亲民'，即百姓不亲之亲，而凡亲贤乐利，与民同其好恶，而为絜矩之道者是也，亦非创为之说也。一曰'知行合一'，盖亦《大易》所谓'知至至之，知终终之'。只一事也。守仁发此，欲人言行相顾，勿事空言。是守仁之学，正接孔孟之学，而庸可非訾之乎？今萼以此诋守仁，遂致陛下失此良弼，使守仁不获致君尧舜，谁之过与？故臣不敢以此为萼是也。夫以守仁之学之正如此，其功之高又如此，乃赏典不及，削罚有加，废褒忠之旧恩，倡伪学之新禁，萼之所以辅明主者为何如哉？今守仁客死，妻子孱弱，家童载骨，藁埋空山，鬼神有知，当为恻然，况于人乎？况于圣人乎？假使守仁生于异世，陛下犹当追崇之，何至亲见其人而失之也？臣昔与守仁友二十年，一日愤寡过之不能，守仁从而觉之，忽有深省，遂师事之。是臣于守仁，实非苟然相信，如世俗师友者也。臣于君父之前，处师友之间，既有所怀，不敢不尽。昔莘为小人所谗，臣为之愤，既而得白，臣为之喜，故非臣之私也。守仁今日之抱冤，亦犹莘向日之负屈，伏愿扩一识之仁，特敕所司，优以恤典赠谥，仍与世袭，并开学禁，以昭圣德。若此事不明，则莘与臣终不能忘。故臣敢直言如此，所以尽事陛下之忠，且以补莘之过也。"疏入，不报。

十一月，葬先生于洪溪。洪溪去越城三十里，入兰亭五里，先生所亲择也。先是，后溪入怀，与左溪会，冲啮右麓，术者心嫌之。夜有梦神人绯袍玉带立于溪上曰："吾欲还溪故道。"明日，雷雨大作，溪泛，忽从南岸明堂，周阔数百尺，遂定穴。时门人会哭者千余人，四方来观者，皆涕泣叹息。

1567 年

隆庆元年丁卯五月，诏赠先生为新建侯，谥"文成"。

1568 年

二年戊辰六月，先生嗣子正亿袭封新建伯。

文选

2. 乞宥[1]言官去权奸以章圣德疏 丙寅（1506年）

[背景简介] 1506年，武宗正德元年丙寅，阳明先生三十五岁，在京师，时任兵部武选清吏司主事。当时宦官刘瑾专权，南京科道戴铣、薄彦徽等人因触怒刘瑾而下狱。阳明先生向正德皇帝（武宗朱厚照）上疏救之，也因此得罪刘瑾和皇上，下旨廷杖四十，谪贵州龙场驿驿丞。

【2.1】"臣闻君仁则臣直"[2]。大舜之所以圣，以能隐恶而扬善也。臣迩者窃见陛下以南京户科给事中戴铣[3]等上言时事，特敕锦衣卫差官校拿解赴京。臣不知所言之当理与否，意其间必有触冒忌讳，上干雷霆之怒者。但铣等职居谏司，以言为责。其言而善，自宜嘉纳施行；如其未善，亦宜包容隐覆，以开忠谠[4]之路。乃今赫然下令，远事拘囚，在陛下之心，不过少示惩创，使其后日不敢轻率妄有论列，非果有意怒绝之也。下民无知，妄生疑惧，臣切惜之！

【2.2】今在廷之臣，莫不以此举为非宜，然而莫敢为陛下言者，岂其无忧国爱君之心哉？惧陛下复以罪铣等者罪之，则非惟无补于国事，而徒足以增陛下之过举耳。然则自是而后，虽有上关宗社危疑不制之事，陛下孰从而闻之？陛下聪明超绝，苟念及此，宁不寒心！况今天时冻沍[5]，万一差去官校督束过严，铣等在道或致失所，

1　乞宥：请求宽恕。宥，音 yòu。

2　臣闻君仁则臣直：出自《资治通鉴·周纪一》："魏文侯使乐羊伐中山，克之，以封其子击。文侯问于群臣曰：'我何如主？'皆曰：'仁君。'任座曰：'君得中山，不以封君之弟而以封君之子，何谓仁君？'文侯怒，任座趋出。次问翟璜，对曰：'仁君。'文侯曰：'何以知之？'对曰：'臣闻君仁则臣直。向者任座之言直，臣是以知之。'文侯悦，使翟璜召任座而反之，亲下堂迎之，以为上客。"

3　戴铣：可参见本书 1.《阳明先生年谱》"1506年"条注释。

4　忠谠：忠诚正直。谠，音 dǎng。

5　冻沍：天寒地冻。沍，音 hù。

遂填沟壑，使陛下有杀谏臣之名，兴群臣纷纷之议，其时陛下必将追咎左右莫有言者，则既晚矣。伏愿陛下追收前旨，使铣等仍旧供职，扩大公无我之仁，明改过不吝之勇。圣德昭布远迩，人民胥悦，岂不休[1]哉！

【2.3】臣又惟"君者，元首也；臣者，耳目手足也"。陛下思耳目之不可使壅塞，手足之不可使痿痹，必将恻然而有所不忍。臣承乏[2]下僚，僭言实罪。伏睹陛下明旨有"政事得失，许诸人直言无隐"之条，故敢昧死为陛下一言。伏惟俯垂宥察，不胜干冒[3]战栗之至！

1　休：吉庆、美善。
2　承乏：暂任某职。
3　干冒：触犯，冒犯。

3. 教条示龙场诸生 戊辰（1508 年）

[背景简介] 1508 年，正德三年戊辰，阳明先生三十七岁，在贵州。时任贵州龙场驿驿丞。龙场在贵州西北万山丛棘中，环境艰苦，言语不通。可通语者，仅有一些北方逃命之人。一开始没有像样的居所，先生便教人范土架木以居。当时宦官刘瑾的加害之心未亡，阳明先生自计得失荣辱皆能超脱，惟生死一念尚觉未化，乃凿石椁自誓曰："吾惟俟命而已！"日夜端居澄默，以求静一，久之，胸中洒洒。而从者皆病，先生劈柴取水，作糜饲之，又恐其怀抑郁，又为歌诗，调越曲，杂诙笑，以相解慰。因沉思圣人处此，更有何道，忽中夜大悟格物致知之旨，不觉呼跃而起，从者皆惊。始知圣人之道，吾性自足；向之求理于事物者误也。这便是阳明心学中的大事件——"龙场悟道"。当地人与先生也日益亲近，见先生所栖卑湿，为构龙冈书院、寅宾堂、何陋轩、君子亭、玩易窝，以居先生。本篇文章就是为当时龙冈书院的学生所书。

明代官员、学者施邦曜在《阳明先生集要》一书中就此文有评曰："不独可为初学规则，夫人而立志不渝也，好学不倦也，改过不吝也，嗜善若不及也。作圣之功，尽于此矣。当书以置左右。"

【3.1】诸生相从，于此甚盛。恐无能为助也，以四事相规，聊以答诸生之意：一曰立志；二曰勤学；三曰改过；四曰责善。其慎听毋忽！

【3.2】立志

志不立，天下无可成之事。虽百工技艺，未有不本于志者。今学者旷废隳惰，玩岁愒时[1]，而百无所成，皆由于志之未立耳。故立志而圣，则圣矣；立志而贤，则贤矣。志不立，如无舵之舟，无衔之马，漂荡奔逸，终亦何所底乎？昔人有言："使为善，而父母怒之，

1　玩岁愒时：贪图安逸，旷废时日。愒，音 kài，意为荒废。

兄弟怨之，宗族乡党贱恶之，如此而不为善，可也；为善则父母爱之，兄弟悦之，宗族乡党敬信之，何苦而不为善、为君子？使为恶而父母爱之，兄弟悦之，宗族乡党敬信之，如此而为恶，可也；为恶则父母怒之，兄弟怨之，宗族乡党贱恶之，何苦而必为恶、为小人？"诸生念此，亦可以知所立志矣。

【3.3】勤学

已立志为君子，自当从事于学，凡学之不勤，必其志之尚未笃也。从吾游者，不以聪慧警捷为高，而以勤确[1]谦抑为上。诸生试观侪辈之中，苟有"虚而为盈，无而为有"，讳己之不能，忌人之有善，自矜自是，大言欺人者，使其人资禀虽甚超迈，侪辈之中，有弗疾恶之者乎？有弗鄙贱之者乎？彼固将以欺人，人果遂为所欺，有弗窃笑之者乎？苟有谦默自持，无能自处，笃志力行，勤学好问，称人之善，而咎己之失，从人之长，而明己之短，忠信乐易，表里一致者，使其人资禀虽甚鲁钝，侪辈之中，有弗称慕之者乎？彼固以无能自处，而不求上人，人果遂以彼为无能，有弗敬尚之者乎？诸生观此，亦可以知所从事于学矣。

【3.4】改过

夫过者，自大贤所不免，然不害其卒为大贤者，为其能改也。故不贵于无过，而贵于能改过。诸生自思，平日亦有缺于廉耻忠信之行者乎？亦有薄于孝友之道，陷于狡诈偷刻[2]之习者乎？诸生殆不至于此。不幸或有之，皆其不知而误蹈，素无师友之讲习规饬[3]也。诸生试内省，万一有近于是者，固亦不可以不痛自悔咎，然亦不当以此自歉，遂馁于改过从善之心。但能一旦脱然洗涤旧染，虽昔为寇盗，今日不害为君子矣。若曰吾昔已如此，今虽改过而从善，将人不信我，且无赎于前过，反怀羞涩凝沮，而甘心于污浊终焉，则吾亦绝望尔矣。

【3.5】责善

"责善，朋友之道"[4]，然须"忠告而善道之"[5]。悉其忠爱，致其婉曲，使彼闻之而可从，绎之而可改，有所感而无所怒，乃为善耳。

1　确：坚实。

2　偷刻：刻薄。

3　规饬：规正过失，正言劝诫。饬，音 chì。

4　责善，朋友之道：语出《孟子·离娄下》："夫章子，子父责善而不相遇也。责善，朋友之道也。父子责善，贼恩之大者。"

5　忠告而善道：语出《论语·颜渊》："子贡问友。子曰：'忠告而善道之，不可则止，毋自辱焉。'"道，音 dǎo，意为引导。

若先暴白其过恶，痛毁极诋，使无所容，彼将发其愧耻愤恨之心，虽欲降以相从，而势有所不能，是激之而使为恶矣。故凡讦人之短，攻发人之阴私以沽直[1]者，皆不可以言责善。虽然我以是而施于人不可也，人以是而加诸我，凡攻我之失者，皆我师也，安可以不乐受而心感之乎？

某于道未有所得，其学卤莽耳，谬为诸生相从于此。每终夜以思，恶且未免，况于过乎？人谓"事师无犯无隐"，而遂谓师无可谏，非也。谏师之道，直不至于犯，而婉不至于隐耳。使吾而是也，因得以明其是；吾而非也，因得以去其非，盖教学相长也。诸生责善，当自吾始。

1　"故凡"句：揭发别人的短处，攻击别人的隐私，换得心直口快的名声。讦，音 jié。

4. 与辰[1]中诸生书 己巳（1509 年）

[背景简介] 1509 年，正德四年己巳，阳明先生三十八岁。提学副使席书聘先生主贵阳书院，是年先生始论"知行合一"。正德元年（1506）因得罪当朝权宦刘瑾，阳明先生被贬谪贵州龙场任驿丞。赴龙场途中随地讲授，路过辰州时曾在此讲学。1509 年于赴任江西庐陵任知县途中，再过辰州，与诸生相会。《王阳明全集·年谱一》载："及归，过常德、辰州，见门人冀元亨、蒋信、刘观时辈俱能卓立，喜曰：'谪居两年，无可与语者，归途乃幸得诸友！悔昔在贵阳举知行合一之教，纷纷异同，罔知所入。兹来乃与诸生静坐僧寺，使自悟性体，顾恍恍若有可即者。'"别过后，又于途中寄本书，叮嘱笃实用功，并阐明寺中静坐之意。

施邦曜在《阳明先生集要》一书中就此文有评曰："'不求异于人，而求同于理'，此是圣贤真学问。洛、蜀、关、闽诸君子，其殆未解此欤？大凡求异于人者，意见多起。求同与人，人不能卓然自立。求不愧于己，遂依附标榜，树一门户，自诧于人，曰异于时流。不知君子中立而不倚，正不须此也。此病沿留至今日，竟成积习。学问事功，一坏尽坏，有志学道者，当三复斯言。"

【4.1】谪居两年，无可与语者。归途乃得诸友，何幸何幸！方以为喜，又遽尔别去，极怏怏也。

绝学[2]之余，求道者少；一齐众楚[3]，最易摇夺。自非豪杰，鲜有卓然不变者。诸友宜相砥砺夹持，务期有成。近世士夫亦有稍知求

1　辰：即辰州，位于今湖南省怀化市沅陵县。

2　绝学：丧失传承的儒家圣学。宋代大儒张载曾有名句："为往圣继绝学，为万世开太平。"

3　一齐众楚：来源于"一傅众咻"。由"一齐人傅之，众楚人咻之"简化而来。原指一人教诲时，众人在旁喧扰。后喻学习或做事时受扰，不能有所成就，或环境于人之影响甚大。

道者，皆因实德未成而先揭标榜，以来世俗之谤，是以往往隳堕[1]无立，反为斯道之梗。诸友宜以是为鉴，刊落声华，务于切己处着实用力。

【4.2】前在寺[2]中所云静坐事，非欲坐禅入定。盖因吾辈平日为事物纷拿，未知为己，欲以此补小学"收放心"[3]一段功夫耳。明道云："才学便须知有着力处，既学便须知有得力处。"[4]诸友宜于此处着力，方有进步，异时始有得力处也。"学要鞭辟近里着己"[5]"君子之道，暗然而日章"[6]"为名与为利，虽清浊不同，然其利心则一""谦受益""不求异于人，而求同于理"，此数语宜书之壁间，常目在之。举业不患妨功，惟患夺志[7]。只如前日所约，循循为之，亦自两无相碍。所谓知得"洒扫应对"[8]，便是"精义入神"[9]也。

1　隳堕：失败。隳，音 huī，意毁坏。

2　寺：阳明先生曾讲学的湖南沅陵龙兴寺。

3　收放心：收拾外驰之心，令其有个安顿之处。出自《孟子·告子上》："学问之道无他，求其放心而已矣。"

4　才学便须知有着力处，既学便须知有得力处：出自程颢的《二程遗书·卷第十二·明道先生语二》。

5　学要鞭辟近里着己：学问要探求透彻，深入精微，在自己心上用功。出自《二程遗书·卷第十一·明道先生语一》："学只要鞭辟近里，著己而已。"

6　君子之道，暗然而日章：出自《中庸》："故君子之道，暗然而日章；小人之道，的然而日亡。"可参看附录55.《中庸》【55.39】条。

7　举业不患妨功，惟患夺志：出自朱熹、吕祖谦编《近思录·卷七》："故科举之事，不患妨功，惟患夺志。"

8　洒扫应对：洒水扫地，酬答宾客。朱熹《〈大学章句〉序》："人生八岁，则自王公以下，至于庶人之子弟，皆入小学，而教之以洒扫应对进退之节，礼乐射御书数之文。"

9　精义入神：精通事物的微义，达到神妙的境地。出自《易·系辞下》："精义入神，以致用也。"

5. 寄诸用明[1] 书 辛未（1511年）

[背景简介] 1511年，正德六年辛未，阳明先生四十岁，在京师。正月，调吏部验封清吏司主事。二月，为会试同考试官。十月，升文选清吏司员外郎。1510年冬入觐时，开始在京师兴隆寺讲学。收黄宗贤为弟子，并与湛甘泉相约共学。钱德洪在年谱中说："按：先生立教皆经实践，故所言恳笃若此。自揭良知宗旨后，吾党又觉领悟太易，认虚见为真得，无复向里着己之功矣。故吾党颖悟承速者，往往多无成，甚可忧也。"本书中6.《送宗伯乔白岩序》也写于此年。

施邦曜在《阳明先生集要》一书中就此文有评曰："近时父兄之课子弟，甫句读，辄恨其不能早作文应试，俱以少年登第为第一美事。举世原止办得一副富贵利达心肠，学问事功，安得不尽坏？"

【5.1】得书，足知迩来学力之长，甚喜！君子惟患学业之不修，科第迟速，所不论也。况吾平日所望于贤弟，固有大于此者，不识亦尝有意于此否耶？便中时报知之。

【5.2】阶、阳诸侄[2]闻去岁皆出投试，非不喜其年少有志，然私心切不以为然。不幸遂至于得志，岂不误却此生耶？凡后生美质，须令晦养厚积。天道不翕聚，则不能发散，况人乎？花之千叶者无实，为其华美太发露耳。诸贤侄不以吾言为迂，便当有进步处矣。

1 　诸用明：阳明先生妻弟。嘉靖六年丁亥（1527），阳明先生有《为善最乐文》曰："妻弟诸用明积德励善，有可用之才而不求仕。人曰：'子独不乐仕乎？'用明曰：'为善最乐也。'因以四字扁其退居之轩，率二子阶、阳日与乡之俊彦读书讲学于其中。已而二子学日有成，登贤荐秀。乡人啧啧，皆曰：'此亦为善最乐之效矣！'用明笑曰：'为善之乐，大行不加，穷居不损，岂顾于得失荣辱之间而论之？'闻者心服。仆夫治圃，得一镜，以献于用明。刮土而视之，背亦适有'为善最乐'四字。坐客叹异，皆曰：'此用明为善之符，诚若亦不偶然者也。'相与咏其事，而来请于予以书之，用以训其子孙，遂以劝夫乡之后进。"

2 　阶、阳诸侄：诸阶、诸阳皆诸用明之子。诸阳，字伯复，嘉靖元年（1522）举人。

【5.3】书来劝吾仕，吾亦非洁身者，所以汲汲于是，非独以时当敛晦，亦以吾学未成。岁月不待，再过数年，精神益弊，虽欲勉进而有所不能，则将终于无成。皆吾所以势有不容已也。但老祖而下，意皆不悦，今亦岂能决然行之？徒付之浩叹而已！

6. 送宗伯乔白岩[1]序 辛未（1511年）

[背景简介] 可参看本书 5.《寄诸用明书》一文介绍。

【6.1】大宗伯[2]白岩乔先生将之南都，过阳明子而论学。

【6.2】阳明子曰："学贵专。"

先生曰："然。予少而好弈，食忘味，寝忘寐，目无改观，耳无改听。盖一年而诎[3]乡之人，三年而国中莫有予当者。学贵专哉！"

阳明子曰："学贵精。"

先生曰："然。予长而好文词，字字而求焉，句句而鸠[4]焉，研众史，核[5]百氏。盖始而希迹于宋、唐，终焉浸入于汉、魏。学贵精哉！"

阳明子曰："学贵正。"

先生曰："然。予中年而好圣贤之道。弈吾悔焉，文词吾愧焉，吾无所容心矣。子以为奚若？"

阳明子曰："可哉！学弈则谓之学，学文词则谓之学，学道则谓之学，然而其归，远也。道，大路也。外是，荆棘之蹊，鲜克达矣。是故专于道，斯谓之专；精于道，斯谓之精。专于弈而不专于道，其专溺也；精于文词而不精于道，其精僻也。夫道广矣、大矣，文词技能于是乎出。而以文词技能为者，去道远矣。是故非专则不能

1　乔白岩：乔宇（1457—1524），字希大，号白岩山人，乐平（今山西昔阳）人。成化二十年（1484）进士，历户部左、右侍郎，拜南京礼部尚书，后改兵部尚书，参赞机务。世宗即位，召为吏部尚书，因直谏君过，被迫去职回籍，卒谥庄简。

2　大宗伯：礼部尚书之别称。

3　诎：通"屈"，折服，音 qū。

4　鸠：通"究"，穷究之意。

5　核：稽核，核查。

以精；非精则不能以明；非明则不能以诚。故曰'惟精惟一'[1]。精，'精'也；专，'一'也。精则明矣，明则诚矣。是故，明，精之为也；诚，一之基也。一，天下之大本也；精，天下之大用也。知天地之化育，而况于文词技能之末乎？"

【6.3】先生曰："然哉！予将终身焉，而悔其晚也。"

阳明子曰："岂易哉？公卿之不讲学也，久矣。昔者卫武公年九十而犹诏于国人曰：'毋以老耄而弃予。'先生之年半于武公，而功可倍之也。先生其不愧于武公哉？某也敢忘国士之交警！"[2]

1　惟精惟一：精纯无杂，专一不二。又称为"精一"，该词是从"尧舜十六字心法"提炼出来的。可参看本书【18.2】条注释。

2　"昔者卫武公"一段："卫武公"，姓姬名和，西周时人。"交警"，交相儆戒。本段话出自《国语·楚语上》："左史倚相廷见申公子亹，子亹不出，左史谤之，举伯以告。子亹怒而出，曰：'女无亦谓我老耄而舍我，而又谤我！'左史倚相曰：'惟子老耄，故欲见以交儆子。若子方壮，能经营百事，倚相将奔走承序，于是不给，而何暇得见？昔卫武公年数九十有五矣，犹箴儆于国，曰：自卿以下至于师长士，苟在朝者，无谓我老耄而舍我，必恭恪于朝，朝夕以交戒我；闻一二之言，必诵志而纳之，以训导我。……子实不睿圣，于倚向何害？……文王犹不敢骄。今子老楚国而欲自安也，以御数者，王将何为？若常如此，楚其难哉！'子亹惧，曰：'老之过也。'乃骤见左史。"

7. 与王纯甫[1]书 其一 壬申（1512年）

[背景简介] 正德七年壬申（1512），阳明先生四十一岁，在京师。三月，升考功清吏司郎中。《王文成公全书》年谱载："按《同志考》，是年穆孔晖、顾应祥、郑一初、方献科、王道、梁谷、万潮、陈鼎、唐鹏、路迎、孙瑚、魏廷霖、萧鸣凤、林达、陈洸及黄绾、应良、朱节、蔡宗兖、徐爱同受业。"十二月，升南京太仆寺少卿，便道归省，与徐爱同舟归越，论《大学》宗旨（可参看语录部分"徐爱录"）。本书中 8.《寄希渊书》也写作于此年。

施邦曜在《阳明先生集要》一书中就此文有评曰："君子惟有得于己，故当安常处顺，而不忘忧勤惕励之念。当困穷拂逆而不失求自得之常，所以能常变一致，不为境遇所动摇。若只以偃蹇贫贱自奇，便落轻世傲物之习。"

【7.1】别后，有人自武城来，云纯甫始到家，尊翁颇不喜，归计[2]尚多牴牾。始闻而惋然，已而复大喜。久之，又有人自南都来者，云"纯甫已莅任，上下多不相能"。始闻而惋然，已而复大喜。吾之惋然者，世俗之私情；所为大喜者，纯甫当自知之。吾安能小不忍于纯甫，不使动心忍性[3]，以大其所就乎？譬之金之在冶，经烈焰，受钳锤，当此之时，为金者甚苦。然自他人视之，方喜金之益精炼，而惟恐火力锤煅之不至。既其出冶，金亦自喜其挫折煅炼之有成矣。

1　王纯甫：黄宗羲在《明儒学案卷四十二·甘泉学案六》有载："王道，字纯甫，号顺渠，山东之武城人。正德辛未进士，选庶吉士。山东盗起，欲奉祖母避地江南，疏改应天教授，召为吏部主事，历考功文选郎中。大学士方献夫荐其学行淳正，可任宫僚，擢春坊左谕德，引疾辞归。嘉靖十二年起南京祭酒，明年回籍。二十五年起南太常寺卿，寻升南户部右侍郎，改礼部，掌国子监事，又改吏部而卒。赠礼部尚书，谥文定。"王道早年师从阳明，后转师湛甘泉，对阳明心学多有怀疑批评。《明儒学案卷二十九·北方王门学案》中说："王道字纯甫者，受业阳明之门，阳明言其'自以为是，无求益之心'，其后趋向果异，不可列之王门。"

2　归计：回乡的计划。王道入仕后，曾多次告归故里。

3　动心忍性：出自《孟子·告子下》："故天将降大任于是人也，必先苦其心志，劳其筋骨，饿其体肤，空乏其身，行拂乱其所为，所以动心忍性，曾益其所不能。"

【7.2】某平日亦每有傲视行辈、轻忽世故之心，后虽稍知惩创，亦惟支持抵塞于外而已。及谪贵州三年，百难备尝，然后能有所见，始信孟氏"生于忧患"之言非欺我也。尝以为"君子素其位而行，不愿乎其外。素富贵，行乎富贵；素贫贱，行乎贫贱；素患难，行乎患难，故无入而不自得"。[1]后之君子，亦当"素其位而学，不愿乎其外。"素富贵，学处乎富贵；素贫贱患难，学处乎贫贱患难，则亦可以无入而不自得。向尝为纯甫言之，纯甫深以为然，不审迩来用力却如何耳？近日相与讲学者，宗贤之外，亦复数人，每相聚辄叹纯甫之高明。今复遭时磨励若此，其进益不可量，纯甫勉之！

【7.3】汪景颜[2]近亦出宰大名[3]，临行请益，某告以变化气质[4]。居常无所见，惟当利害，经变故，遭屈辱，平时愤怒者到此能不愤怒，忧惶失措者到此能不忧惶失措，始是能有得力处，亦便是用力处。天下事虽万变，吾所以应之不出乎"喜、怒、哀、乐"四者。此为学之要，而为政亦在其中矣。景颜闻之，跃然如有所得也。甘泉近有书来，已卜居[5]萧山之湘湖，去阳明洞方数十里耳。书屋亦将落成，闻之喜极。诚得良友相聚会，共进此道，人间更复有何乐！区区在外之荣辱得丧，又足挂之齿牙间哉？

---

1 "君子素其位而行"一段：大意为君子内心安于当下的身份而行事，不妄自外求。无论处在什么角色、地位，内心都怡然自得，合于天理。出自《中庸》，可参看附录55.《中庸》【55.13】条。

2 汪景颜：汪渊（生卒年不详），字景颜，今江西上饶横峰县人，正德辛未（1511）进士，同年出任大名县知县。后任山东沂水知县。历广西道监察御史，巡按直隶、河南、广西，升大理寺右丞。以直忤当道，弃官归里。

3 大名：今河北邯郸大名县。

4 变化气质：出自宋张载《语录钞》："为学大益，在自求变化气质。"张载把"人性"分为两个层次，即"气质之性"和"天地之性"。"气质之性"是善恶混杂的低层次状态，"天地之性"是久大永恒的完美状态。要达到理想的人性就应该从"变化气质"出发，不断祛除"气质之性"中的恶，使"天地之性"充分发展。

5 卜居：择地居住。

8. 寄希渊[1] 书 其一 壬申（1512 年）

[背景简介] 可参看本书中 7.《与王纯甫书》一文介绍。蔡希渊生性孤介，不为当道所喜，常思弃职离去。阳明先生此信，告知希渊处世的圣贤之道。希渊与阳明先生的问答、从游可参看【45.5】【45.35】【50.51】条。

所遇如此，希渊归计[2] 良是，但稍伤急迫。若再迟二三月，托疾而行，彼此形迹泯然，既不激怒于人，亦不失己之介矣。圣贤处末世，待人应物，有时而委曲，其道未尝不直也。若己为君子，而使人为小人，亦非仁人忠恕恻怛之心。

希渊必以区区此说为太周旋，然道理实如此也。区区叨厚禄，有地方之责，欲脱身潜逃固难。若希渊所处，自宜进退绰然，今亦牵制若此，乃知古人挂冠解绶，其时亦不易值也。

1　希渊（生卒年不详）：蔡宗兖，字希渊。浙江山阴（今绍兴）人。正德十二年（1517）进士，官至四川提学金事。任过庐山白鹿洞书院洞主，曾邀请阳明先生到白鹿洞书院讲学。

2　归计：见【7.1】条注释。

9. 与黄诚甫[1]书 癸酉（1513年）

[背景简介] 1513年，正德八年癸酉，阳明先生四十二岁，任南京太仆寺少卿。是年冬十月，至滁州，钱德洪《年谱》载："滁山水佳胜，先生督马政，地僻官闲，日与门人遨游琅琊、瀼泉间。月夕则环龙潭而坐者数百人，歌声振山谷。诸生随地请正，踊跃歌舞。旧学之士皆日来臻。于是从游之众自滁始。"这段时间阳明先生见诸生多务知解，口耳异同，无益于得，姑教之静坐。可参看本书中【50.3】条注释。

施邦曜在《阳明先生集要》一书中就此文有评曰："余以富贵非尽累人之物，人自为富贵累耳。若有志于道德，则轩冕亦行道立德之场。千古以下，未闻许巢、由[2]而议伊、吕[3]也。苟无志于道德，则虽甘穷约以终身，亦只为寠人子耳。学者其务辨志哉！"

立志之说，已近烦渎，然为知己言，竟亦不能舍是也。

志于道德者，功名不足以累其心；志于功名者，富贵不足以累其心。但近世所谓道德，功名而已；所谓功名，富贵而已。"仁人者，

1　黄诚甫（生卒年不详）：黄宗明，字诚甫，今浙江省宁波市人。正德九年进士，授南京兵部主事，后晋升员外郎。宁王朱宸濠谋反，曾经呈上江防三策。明武宗南征时，曾经上疏劝阻，后被罢免归乡。嘉靖二年，起用为南京刑部郎中。大礼议中，因支持明世宗立生父为皇考，后升任吉安府知府及福建盐运使。嘉靖六年，召修《明伦大典》，因母丧丁忧。除服后，召拜为光禄寺卿。嘉靖十一年，升任兵部右侍郎。同年冬，翰林院编修杨名因弹劾汪𬭎下诏狱，世宗下诏书责察主谋者，恰逢黄宗明上疏劝阻，引起世宗大怒，并被称为主谋，下诏狱。后贬为福建右参政。之后，世宗因念及其在大礼议中功劳，次年召回升为礼部右侍郎。此后转为左侍郎，死于任上。黄宗羲《明儒学案·卷十四·浙中王门学案四》载："先生受学于阳明，阳明谓'诚甫自当一日千里，任重道远，吾非诚甫谁望耶！'则其属意亦至矣。"

2　巢、由：巢父和许由，相传皆为尧时隐士，尧让位于二人，皆不受。

3　伊、吕：商朝伊尹、周朝吕尚，皆为开国名相。

正其谊不谋其利，明其道不计其功。"[1]一有谋计之心，则虽"正谊明道"，亦功利耳。

诸友既索居，曰仁[2]又将远别，会中须时相警发，庶不就弛靡。诚甫之足，自当一日千里，任重道远，吾非诚甫谁望邪！临别数语，彼此暗然，终能不忘，乃为深爱。

1　"仁人者，正其谊"句：大意为：仁爱的人，行事合乎大义而不谋私利，深明大道而不计较功利。"谊"，通"义"。出自《汉书·董仲舒传》："夫仁人者，正其谊不谋其利，明其道不计其功，是以仲尼之门，五尺之童，羞称五霸，为其先诈力，而后仁义也。"

2　曰仁：徐爱（1487—1518），字曰仁，号横山，浙江余姚马堰人。明朝哲学家、官员，为阳明先生最早的入室弟子之一，阳明先生妹婿。曾任祁州知州，南京兵部员外郎，南京工部郎中等职务。

10. 寿汤云谷序 甲戌（1514年）

[背景简介] 1514年，正德九年甲戌，阳明先生四十三岁，在滁州。四月，升南京鸿胪寺卿。五月，至南京。《王文成公全书》年谱载："客有道自滁游学之士多放言高论，亦有渐背师教者。先生曰：'吾年来欲惩末俗之卑污，引接学者多就高明一路，以救时弊。今见学者渐有流入空虚，为脱落新奇之论，吾已悔之矣。故南畿（注：即南京）论学，只教学者存天理，去人欲，为省察克治实功。'"是年，有王嘉秀、萧惠等好谈仙佛，先生尝警之，参看语录【44.35】【45.30】条。

【10.1】弘治壬戌春，某西寻句曲[1]，与丹阳汤云谷偕。当是时，云谷方为行人，留意神仙之学，为予谈呼吸屈伸之术，凝神化气之道，盖无所不至。及与之登三茅之巅，下探叶阳，休玉宸，感陶隐君[2]之遗迹，慨叹秽浊，飘然有脱屣人间之志。

予时皆未之许也，云谷意不然之，曰："子岂有见于吾乎？"

予曰："然。子之眉间惨然，犹有怛世[3]之色。是道也，迟之十年，庶几矣。"

云谷曰："子见吾之貌，而吾信吾之心。"

既别，云谷寻入为给事中，又迁为右给事。殚心职务，驱逐瘁劳，竟以直道抵权奸斥外。而予亦以言事得罪，奔走谪乡，不相见者十余年。

1　句曲：山名。在今江苏省句容市东南。相传汉代茅盈与其弟固、衷修道于此，故又称茅山。上有蓬壶、玉柱、华阳三洞，道家以之为"十大洞天"中的第八洞天。

2　陶隐君：陶弘景（456—536），字通明，齐梁间道士、道教思想家、医学家、自号华阳隐居，丹阳秣陵（今江苏南京）人，卒谥贞白先生。南齐永明十年（492）辞官赴句曲山（茅山）隐居，人称"山中宰相"。

3　怛世：为世事担忧。怛，音dá。

【10.2】至是正德癸酉某月，予自吏部徙官南太仆。再过丹阳，而云谷已家居三年矣。访之，迎谓予曰："尚忆'眉间'之说乎？吾信吾之心，而不若子之见吾貌，何也？今果十年而始出于泥涂，是则信矣。然谓吾之庶几也，则貌益衰，年益逝，去道益远，独是若未之尽然耳。"

予曰："乃今则几矣。今吾又闻子之言，见子之貌矣，又见子之庐矣，又见子之乡人矣。"

云谷曰："异哉！言貌既远矣，庐与乡人亦可以见我乎？"

曰："古之有道之士，外槁而中泽，处隘而心广。累释而无所挠其精，机忘而无所忤于俗。是故其色愉愉，其居于于，其所遭若清风之披物，而莫知其所从往也。今子之步徐发改，而貌若益惫，然而其精藏矣；言下意恳，而气若益衰，然而其神守矣；室庐无所增益于旧，而志意扩然，其累释矣；乡之人相忘于贤愚贵贱，且以为慈母，且以为婴儿，其机忘矣。夫精藏则太和流，神守则天光发，累释则怡愉而静，机忘则心纯而一。四者，道之证也。夫道无在而神无方，安常处顺，其至矣。而又何人间之脱屣乎？"

云谷曰："有是哉！吾信吾之心，乃不若子之见吾庐与吾乡人也。"

【10.3】于是云谷年七十矣。是月，值其悬弧[1]，乡人方谋所以祝寿者。闻予至，皆来请言。予曰："嘻，子之乡先生既几于道，而尚以寿为贺乎？夫寿不足以为子之乡先生贺。子之乡而有有道之士若子之乡先生者，使尔乡人之子弟皆有所矜式视效。出而事君，则师其道以用世；入而家居，则师其道以善身。若射之有的，各中乃所向。则是先生之寿，乃于尔乡之人复有足贺也已。"

明年三月，予再官鸿胪，而乡之人复以书来请，遂追书之。

1　悬弧：古代风俗尚武，若家中生男，则于门左挂弓一张。这里代指云谷先生七十大寿生日。

11. 寄李道夫 乙亥（1515年）

[背景简介] 1515年，正德十年乙亥，阳明先生四十四岁，在京师。立从弟守信子正宪为后。时先生与诸弟守俭、守文、守章，皆未举子故也。本书中 12.《示弟立志说》写于该年。语录 46.《陈九川录》载："【46.1】正德乙亥，九川初见先生于龙江。"

施邦曜在《阳明先生集要》一书中就此文有评曰："君子教民，有急于见功之心，便是欲速之为累，不可不察。"

【11.1】此学不讲久矣。鄙人之见，自谓于此颇有发明。而闻者往往诋以为异，独执事倾心相信，确然不疑，其为喜慰，何啻空谷之足音！

别后时闻士夫传说，近又徐曰仁自西江还，益得备闻执事任道之勇、执德之坚，令人起跃奋迅。"士不可以不弘毅，任重而道远"，诚得弘毅如执事者二三人，自足以为天下倡。彼依阿偻儷之徒虽多，亦奚以为哉？幸甚幸甚！

【11.2】比闻到郡之始，即欲以此学为教，仁者之心自然若此，仆诚甚为执事喜，然又甚为执事忧也。学绝道丧，俗之陷溺，如人在大海波涛中，且须援之登岸，然后可授之衣而与之食。若以衣食投之波涛中，是适重其溺，彼将不以为德而反以为尤矣。

故凡居今之时，且须随机导引，因事启沃[1]，宽心平气以薰陶之，俟其感发兴起，而后开之以其说，是故为力易而收效溥。不然，将有捍格[2]不胜之患，而且为君子爱人之累，不知尊意以为何如耶？

【11.3】病疏已再上，尚未得报。果遂此图，舟过嘉禾，面话有日。

1　启沃：开导。

2　捍格：亦写"扞格"，相互抵触，格格不入。

12. 示弟立志说 乙亥（1515年）

[背景简介] 可参看本书 11.《寄李道夫》一文介绍。

施邦曜在《阳明先生集要》一书中就此文有评曰："以此说体认'吾十有五章'[1]，岂不痛快？先生说得明白真切若此，岂非造道之言耶？"

【12.1】予弟守文来学，告之以立志。守文因请次第其语，使得时时观省，且请浅近其辞，则易于通晓也。因书以与之。

【12.2】夫学，莫先于立志。志之不立，犹不种其根而徒事培壅灌溉，劳苦无成矣。世之所以因循苟且，随俗习非，而卒归于污下者，凡以志之弗立也。故程子曰："有求为圣人之志，然后可与共学。"人苟诚有求为圣人之志，则必思圣人之所以为圣人者安在？非以其心之纯乎天理而无人欲之私欤？圣人之所以为圣人，惟以其心之纯乎天理而无人欲，则我之欲为圣人，亦惟在于此心之纯乎天理而无人欲耳。欲此心之纯乎天理而无人欲，则必去人欲而存天理。务去人欲而存天理，则必求所以去人欲而存天理之方。求所以去人欲而存天理之方，则必"正诸先觉，考诸古训"，而凡所谓学问之功者，然后可得而讲，而亦有所不容已矣。

夫所谓"正诸先觉"者，既以其人为先觉而师之矣，则当专心致志，惟先觉之为听。言有不合，不得弃置，必从而思之；思之不得，又从而辨之。务求了释，不敢辄生疑惑。故《记》曰："师严，然后道尊；道尊，然后民知敬学。"[2]苟无尊崇笃信之心，则必有轻忽慢易之意。言之而听之不审，犹不听也；听之而思之不慎，犹不思也。

1 　吾十有五章：见【12.3】条"吾十有五而志于学"注释。

2 　"师严，然后道尊"句：出自《礼记·学记》："凡学之道，严师为难，师严然后道尊，道尊然后民知敬学。"

是则虽曰师之，犹不师也。

夫所谓"考诸古训"者，圣贤垂训，莫非教人去人欲而存天理之方，若五经、四书是已。吾惟欲去吾之人欲，存吾之天理，而不得其方，是以求之于此，则其展卷之际，真如饥者之于食，求饱而已；病者之于药，求愈而已；暗者之于灯，求照而已；跛者之于杖，求行而已。曾有徒事记诵讲说，以资口耳之弊哉！

【12.3】夫立志亦不易矣。孔子，圣人也，犹曰："吾十有五而志于学，三十而立。"[1]立者，志立也。虽至于"不逾矩"，亦志之不逾矩也。志岂可易而视哉！夫志，气之帅也，人之命也，木之根也，水之源也。源不浚则流息，根不植则木枯，命不续则人死，志不立则气昏。是以君子之学，无时无处而不以立志为事。正目而视之，无他见也；倾耳而听之，无他闻也。如猫捕鼠，如鸡覆卵，精神心思凝聚融结，而不复知有其他，然后此志常立，神气精明，义理昭著。一有私欲，即便知觉，自然容住不得矣。故凡一毫私欲之萌，只责此志不立，即私欲便退；听一毫客气[2]之动，只责此志不立，即客气便消除。或怠心生，责此志，即不怠；忽心生，责此志，即不忽；躁心生，责此志，即不躁；妒心生，责此志，即不妒；忿心生，责此志，即不忿；贪心生，责此志，即不贪；傲心生，责此志，即不傲；吝心生，责此志，即不吝。盖无一息而非立志、责志之时，无一事而非立志、责志之地。故责志之功，其于去人欲，有如烈火之燎毛，太阳一出，而魍魉潜消也。

【12.4】自古圣贤因时立教，虽若不同，其用功大指，无或少异。《书》谓"惟精惟一"[3]，《易》谓"敬以直内，义以方外"[4]，孔子谓"格致诚正、博文约礼"[5]，曾子谓"忠恕"[6]，子思谓"尊德性而

1　"吾十有五而志于学"句：出自《论语·为政》。"子曰：'吾十有五而志于学，三十而立，四十而不惑，五十而知天命，六十而耳顺，七十而从心所欲，不逾矩。'"

2　客气：血气、意气，偏激情绪，非中和之气。

3　惟精惟一：可参看【6.2】条注释。

4　敬以直内，义以方外：以诚敬使内心思想正直，以义德使外在行为方正。出自《周易·坤卦·文言传》。

5　格致诚正、博文约礼："格致诚正"，即格物、致知、诚意、正心，出自《大学》。"博文约礼"，广博地学习知识，再用礼义来加以约束。出自《论语·雍也》："君子博学于文，约之以礼，亦可以弗畔矣夫！"

6　忠恕：出自《论语·里仁》："子曰：'参乎！吾道一以贯之！'曾子曰：'唯。'子出，门人问曰：'何谓也？'曾子曰：'夫子之道，忠恕而已矣。'"

道问学"[1]，孟子谓"集义、养气、求其放心"[2]。虽若人自为说，有不可强同者，而求其要领归宿，合若符契。何者？夫道一而已。道同则心同，心同则学同。其卒不同者，皆邪说也。

后世大患，尤在无志，故今以立志为说。中间字字句句，莫非立志。盖终身问学之功，只是立得志而已。若以是说而合"精一"，则字字句句皆"精一"之功；以是说而合"敬义"，则字字句句皆"敬义"之功。其诸"格致""博约""忠恕"等说，无不吻合。但能实心体之，然后信予言之非妄也。

1　尊德性而道问学：遵从德性，学习事理。出自《中庸》："故君子尊德性而道问学，致广大而尽精微，极高明而道中庸。"可参看附录55.《中庸》【55.32】条。

2　集义、养气、求其放心："集义"，出自《孟子·公孙丑上》："其为气也……是集义所生者，非义袭而取之也。"朱熹《孟子集注》："集义，犹言积善，盖欲事事皆合于义也。""养气"，出自《孟子·公孙丑上》："'敢问夫子恶乎长？'曰：'我知言，我善养吾浩然之气。'""求其放心"，可参看【4.2】条"收放心"注释。

13. 申谕十家牌法 丁丑（1517 年）

[背景简介] 1517 年，正德十二年丁丑，阳明先生四十六岁。正德十一年九月，升都察院左佥都御史，巡抚南（南安）、赣（赣州）、汀（汀州）、漳（漳州）等处。据张廷玉等编《明史·列传第八十三》载："当是时，南中盗贼蜂起。谢志山据横水、左溪、桶冈，池仲容据浰头，皆称王，与大庾陈曰能、乐昌高快马、郴州龚福全等攻剽府县。而福建大帽山贼詹师富等又起。"十二年正月到达赣州之后，阳明先生便责令地方实施十家牌法。十家一牌，互相监督、互为担保，一家犯法，其他九家一同受罪。意在保证长治久安。二月，平漳寇。四月，班师。五月，立兵符。六月，疏请疏通盐法。九月，改授提督南、赣、汀、漳等处军务，给旗牌，得便宜行事。抚谕贼巢。十月，平横水、桶冈诸寇。十二月，班师。

【13.1】本院所行十家牌谕，近来访得各处官吏类多视为虚文，不肯着实奉行查考，据法即当究治，尚恐未悉本院立法之意，故今特述所以，再行申谕：

凡置十家牌，须先将各家门面小牌挨审的实，如人丁若干，必查某丁为某官吏，或生员，或当某差役，习某技艺，作某生理，或过某房出赘，或有某残疾，及户籍田粮等项，俱要逐一查审的实。十家编排既定，照式造册一本留县，以备查考。及遇勾摄及差调等项，按册处分，更无躲闪脱漏。一县之事，如视诸掌。

每十家各令挨报，甲内平日习为偷窃及喇唬教唆等项不良之人，同具不致隐漏重甘结[1]状。官府为置舍旧图新簿，记其姓名，姑勿追论旧恶，令其自今改行迁善。果能改化者，为除其名。境内或有盗窃，即令此辈自相挨缉。若系甲内漏报，仍并治同甲之罪。又每日各家

1　甘结：写给官府的保证书。

照依牌式，轮流沿门晓谕觉察。如此，即奸伪无所容，而盗贼亦可息矣。

十家之内，但有争讼等事，同甲即时劝解和释，如有不听劝解，恃强凌弱，及诬告他人者，同甲相率禀官，官府当时量加责治省发，不必收监淹滞。凡遇问理词状，但涉诬告者，仍要查究同甲不行劝禀之罪。又每日各家照牌互相劝谕，务令讲信修睦，息讼罢争，日渐开导，如此则小民益知争斗之非，而词讼亦可简矣。

【13.2】凡十家牌式，其法甚约，其治甚广。有司果能着实举行，不但盗贼可息，词讼可简，因是而修之，补其偏而救其弊，则赋役可均；因是而修之，连其伍而制其什，则外侮可御；因是而修之，警其薄而劝其厚，则风俗可淳；因是而修之，导以德而训以学，则礼乐可兴。凡有司之有高才远识者，亦不必更立法制，其于民情土俗，或有未备，但循此而润色修举之，则一邑之治真可以不劳而致。

今特略述所以立法之意，再行申告。言之所不能尽者，其各为我精思熟究而力行之。毋徒纸上空言搪塞，竟成挂之虚文，则庶乎其可矣！

14. 告谕浰头[1] 巢贼 丁丑（1517年）

[背景简介] 可参看13.《申谕十家牌法》一文介绍。正德十二年丁丑九月，是时漳寇虽平，而乐昌、龙川诸贼巢尚多啸聚，将用兵剿之，先犒以牛酒银布，阳明先生作此告谕。《王文成公全书》年谱中钱德洪有按语："是谕文蔼然哀怜无辜之情，可以想见虞廷干羽之化[2]矣。故当时酋长若黄金巢、卢珂等，即率众来投，愿效死以报。"

【14.1】本院[3]巡抚是方，专以弭盗安民为职。莅任之始，即闻尔等积年流劫乡村，杀害良善，民之被害来告者，月无虚日。本欲即调大兵剿除尔等，随往福建督征漳寇，意待回军之日剿荡巢穴。后因漳寇即平，纪验斩获功次七千六百有余，审知当时倡恶之贼不过四五十人，党恶之徒不过四千余众，其余多系一时被胁，不觉惨然兴哀。

因念尔等巢穴之内，亦岂无胁从之人？况闻尔等亦多大家子弟，其间固有识达事势，颇知义理者。自吾至此，未尝遣一人抚谕尔等，岂可遽尔兴师剪灭？是亦近于不教而杀，异日吾终有憾于心。故今特遣人告谕尔等，勿自谓兵力之强，更有兵力强者，勿自谓巢穴之险，更有巢穴险者，今皆悉已诛灭无存。尔等岂不闻见？

【14.2】夫人情之所共耻者，莫过于身被盗贼之名；人心之所共愤者，莫甚于身遭劫掠之苦。今使有人骂尔等为盗，尔必怫然而怒。尔等岂可心恶其名而身蹈其实？又使有人焚尔室庐，劫尔财货，掠

1　浰头：地名，可参看本书1.《阳明先生年谱》"1518年"条注释。

2　虞廷干羽之化：虞廷，远古圣明之主虞舜的朝廷。干羽，古代舞者所执的舞具，文舞执羽，武舞执干。《尚书·大禹谟》："帝乃诞敷文德，舞干羽于两阶。"比喻以文德教化。

3　本院：阳明先生时任都察院左佥都御史。

尔妻女，尔必怀恨切骨，宁死必报。尔等以是加人，人其有不怨者乎？人同此心，尔宁独不知？

乃必欲为此，其间想亦有不得已者。或是为官府所迫，或是为大户所侵，一时错起念头，误入其中，后遂不敢出。此等苦情，亦甚可悯，然亦皆由尔等悔悟不切。尔等当初去从贼时，乃是生人寻死路，尚且要去便去，今欲改行从善，乃是死人求生路，乃反不敢，何也？若尔等肯如当初去从贼时，拼死出来，求要改行从善，我官府岂有必要杀汝之理？尔等久习恶毒，忍于杀人，心多猜疑。岂知我上人之心，无故杀一鸡犬，尚且不忍，况于人命关天？若轻易杀之，冥冥之中，断有还报，殃祸及于子孙，何苦而必欲为此？

【14.3】我每为尔等思念及此，辄至于终夜不能安寝，亦无非欲为尔等寻一生路。惟是尔等冥顽不化，然后不得已而兴兵，此则非我杀之，乃天杀之也！今谓我全无杀尔之心，亦是诳尔；若谓我必欲杀尔，又非吾之本心。尔等今虽从恶，其始同是朝廷赤子，譬如一父母同生十子，八人为善，二人背逆，要害八人。父母之心须除去二人，然后八人得以安生。均之为子，父母之心何故必欲偏杀二子？不得已也。吾于尔等，亦正如此。若此二子者一旦悔恶迁善，号泣投诚，为父母者亦必哀悯而收之。何者？不忍杀其子者，乃父母之本心也。今得遂其本心，何喜何幸如之！吾于尔等，亦正如此。

【14.4】闻尔等辛苦为贼，所得苦亦不多，其间尚有衣食不充者。何不以尔为贼之勤苦精力，而用之于耕农，运之于商贾，可以坐致饶富而安享逸乐，放心纵意，游观城市之中，优游田野之内。岂如今日，担惊受怕，出则畏官避仇，入则防诛惧剿，潜形遁迹，忧苦终身。卒之身灭家破，妻子戮辱，亦有何好？尔等好自思量。

若能听吾言改行从善，吾即视尔为良民，抚尔如赤子，更不追咎尔等既往之罪。如叶芳、梅南春、王受、谢钺辈，吾今只与良民一概看待，尔等岂不闻知？尔等若习性已成，难更改动，亦由尔等任意为之。吾南调两广之狼达[1]，西调湖、湘之士兵，亲率大军围尔巢穴，一年不尽至于两年，两年不尽至于三年。尔之财力有限，吾之兵粮无穷，纵尔等皆为有翼之虎，谅亦不能逃于天地之外。

呜呼！吾岂好杀尔等哉？尔等若必欲害吾良民，使吾民寒无衣，饥无食，居无庐，耕无牛，父母死亡，妻子离散。吾欲使吾民避尔，

1　狼达：即狼兵。狼兵制度肇始于明代，是明代军制的重要组成环节。狼兵专指两广出身之战斗人员，此类人不隶军籍，彪悍武勇，于明代"剿贼""御倭"多有使用，且战绩不俗。

则田业被尔等所侵夺，已无可避之地；欲使吾民贿尔，则家资为尔等所掳掠，已无可贿之财。就使尔等今为我谋，亦必须尽杀尔等而后可。

【14.5】吾今特遣人抚谕尔等，赐尔等牛、酒、银两、布匹，与尔妻子，其余人多，不能通及，各与晓谕一道，尔等好自为谋。吾言已无不尽，吾心已无不尽。如此而尔等不听，非我负尔，乃尔负我，我则可以无憾矣。

呜呼！民吾同胞，尔等皆吾赤子，吾终不能抚恤尔等而至于杀尔，痛哉！痛哉！兴言至此，不觉泪下。

15. 祭浰头山神文 戊寅（1518年）

[背景简介] 1518年，正德十三年戊寅，阳明先生四十七岁，在江西。正月，征讨三浰（注：指上、中、下三浰）。出征前有与薛侃书曰："即日已抵龙南，明日入巢，四路皆如期并进，贼有必破之势矣。向在横水，尝寄书仕德云：'破山中贼易，破心中贼难。'区区剪除鼠窃，何足为异？若诸贤扫荡心腹之寇，以收廓清平定之功，此诚大丈夫不世之伟绩！"二月，作此篇祭浰头山神文。三月，袭平大帽、浰头诸寇。四月，班师，立社学，颁布教约（见本书 16.《教约》）。五月，奏设和平县。六月，升都察院右副都御史。七月，刻古本《大学》（见本书 17.《大学古本序》），刻《朱子晚年定论》。八月，门人薛侃刻《传习录》。是年徐爱卒，先生哭之恸。九月，修濂溪书院。十月，举乡约（见本书 20.《南赣乡约》）。本书中18.《寄诸弟书》、19.《寄闻人邦英、邦正》也写作于此年。

【15.1】维正德十三年戊寅二月十五日甲申，提督军务都御史王某，谨以刚鬣柔毛[1]，昭告于浰头山川之神。

【15.2】惟广谷大川，阜财兴物，以域民畜众。故古者诸侯祭封内山川，亦惟其有功于民。然地灵则人杰，人之无良，亦足以为山川之羞！兹土为盗贼所盘据且数十年，远近之称浰头者，皆曰贼巢，耻莫大焉！是岂山川之罪哉？虽然，清冽之井，粪秽而不除，久则同于厕溷[2]矣；丹凤之穴，鸱狐聚而不去，久则化为妖窟矣。粪秽之所，过者掩鼻；妖孽之窟，人将持刃燔燎，环而攻之。何者？其积聚招致使然也。诚使除其粪秽，刮剜涤荡，将不终朝而复其清冽；鸱狐逐而鸾凤归，妖孽之窟还为孕祥育瑞之所矣。今兹土之山川，亦何

1　刚鬣柔毛：古代祭祀所用猪和羊的专称。《礼记·曲礼下》："凡祭宗庙之礼，牛曰一元大武，豕曰刚鬣，豚曰腯肥，羊曰柔毛。"

2　溷：肮脏，音 hùn。

以异于是？

【15.3】守仁奉天子明命，来镇四隅。愤浰贼之凶悖，民苦荼毒，无所控吁，故迩者计擒渠魁，提兵捣其巢穴。所向克捷，动获如志。斯固人怨神怒，天人顺应之理，将或兹土山川之神厌恶凶残，思欲洗其积辱，阴有以相协，假手于予？

今驻兵于此弥月余旬，虽巢穴悉已扫荡，擒斩十且八九，然漏殄[1]之徒，尚有潜逃，小民不能无怨于山川之神为之"逋逃主、萃渊薮"[2]也。今予提兵深入，岂独除民之害，亦为山川之神雪其耻。夫安旧染，弃新图，非中人之情，而况于鬼神乎？

今此残徒，势穷力屈，亦方遣人投招。将顺而抚之，则虑其无革心之诚，复遗患于日后；逆而弗受，又恐其或出于诚心，杀之有不忍也。神其阴有以相协，使此残寇而果诚心邪，即阴佑其衷，俾尽携其党类，自缚来投，若水之赴壑，予将堤沿停畜之；如其设诈怀奸，即阴夺其魄，张我军威，风驰电扫，一鼓而歼之。兹惟下民之福，亦惟神明之休[3]。

【15.4】坛而祀之，神亦永永无怍[4]。惟神实鉴图之！尚飨[5]！

1　殄：殄灭，歼灭。音 tiǎn。

2　逋逃主、萃渊薮：潜逃之人的藏身之所。出自《尚书·武成》："为天下逋逃主，萃渊薮。"成语有"逋逃之薮"。"逋"，逃亡，音 bū。

3　休：吉庆。

4　怍：羞愧，音 zuò。

5　尚飨：旧时用作祭文的结语，表示希望祭祀对象来享用祭品的意思。

16. 教约 戊寅（1518 年）

[背景简介] 可参看 15.《祭浰头山神文》一文介绍。《王文成公全书》年谱载："四月，班师，立社学。先生谓民风不善，由于教化未明。今幸盗贼稍平，民困渐息，一应移风易俗之事，虽未能尽举，姑且就其浅近易行者，开导训诲。即行告谕，发南、赣所属各县父老子弟，互相诚勉，兴立社学，延师教子，歌诗习礼。出入街衢，官长至，俱叉手拱立。先生或赞赏训诱之。久之，市民亦知冠服，朝夕歌声，达于委巷，雍雍然渐成礼让之俗矣。"

【16.1】每日清晨，诸生参揖毕，教读以次。遍询诸生：在家所以爱亲敬长之心，得无懈忽，未能真切否？温清定省之仪，得无亏缺，未能实践否？往来街衢，步趋礼节，得无放荡，未能谨饰否？一应言行心术，得无欺妄非僻，未能忠信笃敬否？诸童子务要各以实对，有则改之，无则加勉。教读复随时就事，曲加海谕开发，然后各退，就席肄业。

【16.2】凡歌诗，须要整容定气，清朗其声音，均审其节调。毋躁而急，毋荡而嚣，毋馁而慑。久则精神宣畅，心气和平矣。每学量童生多寡，分为四班，每日轮一班歌诗，其余皆就席，敛容肃听。每五日则总四班递歌于本学。每朔望，集各学会歌于书院。

【16.3】凡习礼，需要澄心肃虑，审其仪节，度其容止。毋忽而惰，毋沮而怍，毋径而野。从容而不失之迂缓，修谨而不失之拘局。久则礼貌习熟，德性坚定矣。童生班次，皆如歌诗。每间一日，则轮一班习礼。其余皆就席，敛容肃观。习礼之日，免其课仿。每十日则总四班递习于本学。每朔望，集各学会习于书院。

【16.4】凡授书不在徒多，但贵精熟。量其资禀，能二百字者，

止可授以一百字。常使精神力量有余，则无厌苦之患，而有自得之美。讽诵之际，务令专心一志，口诵心惟，字字句句绌绎反复，抑扬其音节，宽虚其心意。久则义礼浃洽，聪明日开矣。

【16.5】每日功夫，先考德，次背书诵书，次习礼，或作课仿，次复诵书讲书，次歌诗。凡习礼歌诗之数，皆所以常存童子之心，使其乐习不倦，而无暇及于邪僻。教者如此，则知所施矣。虽然，此其大略也，"神而明之，则存乎其人。"[1]

1　神而明之，则存乎其人：能自如昌明此道者，在于各人的领悟和运用。出自《周易·系辞上》："纪而裁之，存乎变；推而行之，存乎通；神而明之，存乎其人。"

17. 大学古本序 戊寅（1518年）

[背景简介] 可参看 15.《祭浰头山神文》一文背景简介。《大学》原是《礼记》第四十二篇，撰成约在战国末期至西汉之间。后人怀疑因错简而导致《大学》原文的篇目次序有误。北宋大儒程颐、程颢先后编撰《大学》原文章节成《大学定本》。南宋时朱熹将《大学》与《论语》《孟子》《中庸》合编为"四书"。他在"二程"定本的基础上，把《大学》原文析为"经"（一章），"传"（十章），并自己在其中补增了"传"一章。阳明先生认为《礼记》中《大学》原文并没有错简或缺漏，讲学悉以旧本为正。《王文成公全书》年谱载："十有三年戊寅，先生四十七岁，在赣……七月，刻古本《大学》……先生在龙场时，疑朱子《大学章句》非圣门本旨，手录古本，伏读精思，始信圣人之学本简易明白。其书止为一篇，原无经传之分。格致本于诚意，原无缺传可补。以诚意为主，而为致知格物之功，故不必增一'敬'字。以良知指示至善之本体，故不必假于见闻。至是录刻成书，傍为之释，而引以叙。"另可参看附录 54.《大学》。

《大学》之要，诚意而已矣。诚意之功，格物而已矣。诚意之极，止至善而已矣。止至善之则，致知而已矣。

正心，复其体也；修身，著其用也。以言乎己，谓之明德；以言乎人，谓之亲民；以言乎天地之间，则备矣。

是故，至善也者，心之本体也。动而后有不善，而本体之知，未尝不知也。意者，其动也。物者，其事也。致其本体之知，而动无不善。然非即其事而格之，则亦无以致其知。

故致知者，诚意之本也。格物者，致知之实也。物格则知致、意诚，而有以复其本体，是之谓止至善。

圣人惧人之求之于外也，而反覆其辞。旧本析而圣人之意亡矣。是故不务于诚意而徒以格物者，谓之支；不事于格物而徒以诚意者，谓之虚；不本于致知而徒以格物诚意者，谓之妄。支与虚与妄，其于至善也远矣。合之以敬而益缀，补之以传而益离。

吾惧学之日远于至善也，去分章而复旧本，傍为之什[1]，以引其义。庶几复见圣人之心，而求之者有其要。噫！乃若致知，则存乎心，悟致知焉，尽矣。

1　什：通"释"，注释。

18. 寄诸弟[1] 书 戊寅（1518 年）

[背景简介] 可参看 15.《祭洮头山神文》一文介绍。

施邦曜在《阳明先生集要》一书中就此文有评曰："人能自见其过，必实实能下克己功夫，方能觉得。若只外面虚谈性命，张说名理，未有不自以为是者。所以夫子曰：'吾未见能见其过而内自讼者。'盖难之也。指点克治真切功夫，无逾于此。"

【18.1】屡得弟辈书，皆有悔悟奋发之意，喜慰无尽！但不知弟辈果出于诚心乎？亦谩为之说云尔。

【18.2】本心之明，皎如白日，无有有过而不自知者，但患不能改耳。一念改过，当时即得本心。人孰无过？改之为贵。蘧伯玉，大贤也，惟曰"欲寡其过而未能"[2]。成汤、孔子，大圣也，亦惟曰"改过不吝"[3]"可以无大过"[4]而已。人皆曰："人非尧舜，安能无过？"此亦相沿之说，未足以知尧舜之心。若尧舜之心而自以为无过，即非所以为圣人矣。其相授受之言曰："人心惟危，道心惟微，惟精惟一，允执厥中。"[5]彼其自以为人心之惟危也，则其心亦与人同耳。危即过也，惟其兢兢业业，尝加"精一"[6]之功，是以能"允

1　诸弟：阳明先生有弟守俭、守文、守章。另有多位从弟、表弟。

2　欲寡其过而未能：蘧伯玉，名瑗，春秋时期卫国大夫。孔子在卫国时，曾住在他家。出自《论语·宪问》："蘧伯玉使人于孔子。孔子与之坐而问焉，曰：'夫子何为？'对曰：'夫子欲寡其过而未能也。'"《淮南子·原道篇》也载："蘧伯玉年五十而知四十九年非。"

3　改过不吝：改正错误毫不犹豫。出自《尚书·仲虺之诰》："用人惟己改过不吝。"

4　可以无大过：出自《论语·述而》："加我数年，五十以学易，可以无大过矣。"

5　人心惟危，道心惟微，惟精惟一，允执厥中：人心高而险，道心幽而妙，应当用心精纯无杂、专一不二，诚心敬意坚持笃行中和之道。出自《尚书·大禹谟》。该十六个字又被称为"尧舜十六字心法"。

6　精一：精纯无杂，专一不二。"精一"一词，是从"尧舜十六字心法"提炼出来的。

执厥中"而免于过。古之圣贤时时自见己过而改之，是以能无过，非其心果与人异也。"戒慎不睹，恐惧不闻"者，时时自见己过之功。吾近来实见此学有用力处，但为平日习染深痼，克治欠勇，故切切预为弟辈言之。毋使亦如吾之习染既深，而后克治之难也。

【18.3】人方少时，精神意气既足鼓舞，而身家之累尚未切心，故用力颇易。迨其渐长，世累日深，而精神意气亦日渐以减，然能汲汲奋志于学，则犹尚可有为。至于四十五十，即如下山之日，渐以微灭，不复可挽矣。故孔子云："四十五十而无闻焉，斯亦不足畏也已[1]。"又曰"及其老也，血气既衰，戒之在得[2]。"吾亦近来实见此病，故亦切切预为弟辈言之。宜及时勉力，毋使过时而徒悔也。

---

1 "四十五十而无闻焉"句：出自《论语·子罕》："子曰：'后生可畏，焉知来者之不如今也？四十五十而无闻焉，斯亦不足畏也已！'"

2 "及其老也"句：出自《论语·季氏》："孔子曰：'君子有三戒。少之时，血气未定，戒之在色。及其壮也，血气方刚，戒之在斗。及其老也，血气既衰，戒之在得。'"

19. 寄闻人邦英、邦正 [1] 戊寅（1518 年）

[背景简介] 可参看 15.《祭浰头山神文》一文背景简介。

施邦曜在《阳明先生集要》一书中就此文有评曰："夺志不但举业，即有志学问，其中趋向，有毫厘千里之差，其摇夺甚微。故欲立必为圣贤之志，必大知大勇者能之。"

昆季 [2] 敏而好学，吾家两弟得以朝夕亲资磨励，闻之甚喜。得书备见向往之诚，尤极浣慰。

家贫亲老，岂可不求禄仕？求禄仕而不工举业，却是不尽人事而徒责天命，无是理矣。但能立志坚定，随事尽道，不以得失动念，则虽勉习举业，亦自无妨圣贤之学。若是原无求为圣贤之志，虽不业举，日谈道德，亦只成就得务外好高之病而已。此昔人所以有"不患妨功，惟患夺志"之说也。夫谓之"夺志"，则已有"志"可夺；倘若未有可夺之"志"，却又不可以不深思疑省而早图之。

每念贤弟资质之美，未尝不切拳拳。夫美质难得而易坏，至道难闻而易失，盛年难遇而易过，习俗难革而易流。昆玉 [3] 勉之！

1　闻人邦英、邦正：闻人铨，字邦正，其兄闻人阆（音 yín），字邦英。曾从学外兄王守仁。浙江余姚人。邦正为嘉靖进士，授宝应知县，迁御史，巡视山海关，后为南京提学御史。曾参与校订《阳明文录》。

2　昆季：兄弟。长为昆，幼为季。

3　昆玉：清代潘永因《宋稗类钞·博识》书中说："称兄弟为昆玉，言其如昆山之玉也。"

20. 南赣乡约 戊寅（1518 年）

[背景简介] 可参看 15.《祭涠头山神文》一文背景简介。

施邦曜在《阳明先生集要》一书中就此文有评曰："化民成俗之方，莫善于此。然必要先有诸己，而后求诸人。无诸己，而后非诸人，若徒借此为绳民之具，民反有持以议上者，无怪近世之行而罔效也。"

【20.1】咨尔民，昔人有言："蓬生麻中，不扶而直；白沙在泥，不染而黑。"民俗之善恶，岂不由于积习使然哉！往者新民[1]盖常弃其宗族，畔[2]其乡里，四出而为暴，岂独其性之异，其人之罪哉？亦由我有司治之无道，教之无方。尔父老子弟所以训诲戒饬于家庭者不早，薰陶渐染于里闬[3]者无素，诱掖奖劝之不行，连属叶和[4]之无具，又或愤怨相激，狡伪相残，故遂使之靡然日流于恶，则我有司与尔父老子弟皆宜分受其责。

呜呼！往者不可及，来者犹可追。故今特为乡约，以协和尔民，自今凡尔同约之民，皆宜孝尔父母，敬尔兄长，教训尔子孙，和顺尔乡里，死丧相助，患难相恤，善相劝勉，恶相告戒，息讼罢争，讲信修睦，务为良善之民，共成仁厚之俗。

呜呼！人虽至愚，责人则明；虽有聪明，责己则昏。尔等父老子弟毋念新民之旧恶，而不与其善，彼一念而善，即善人矣；毋自恃为良民而不修其身，尔一念而恶，即恶人矣。人之善恶，由于一念之间，尔等慎思吾言，毋忽！

1　新民：弃恶从善，自新之民。

2　畔：通"叛"。

3　里闬：指乡里。闬，音 hàn，里巷的大门。

4　叶和：和睦、和合。

【20.2】一，同约中推年高有德为众所敬服者一人为约长，二人为约副，又推公直果断者四人为约正，通达明察者四人为约史，精健廉干者四人为知约，礼仪习熟者二人为约赞。置文簿三扇：其一扇备写同约姓名，及日逐出入所为，知约司之；其二扇一书彰善，一书纠过，约长司之。

【20.3】一，同约之人每一会，人出银三分，送知约，具饮食，毋大奢，取免饥渴而已。

【20.4】一，会期以月之望，若有疾病事故不及赴者，许先期遣人告知约。无故不赴者，以过恶书，仍罚银一两公用。

【20.5】一，立约所于道里均平之处，择寺观宽大者为之。

【20.6】一，彰善者，其辞显而决，纠过者，其辞隐而婉，亦忠厚之道也。如有人不弟，毋直曰"不弟"，但云："闻某于事兄敬长之礼，颇有未尽，某未敢以为信，姑案之以俟。"凡纠过恶皆例此。若有难改之恶，且勿纠使无所容，或激而遂肆其恶矣，约长副等，须先期阴与之言，使当自首，众共诱掖奖劝之，以兴其善念，姑使书之，使其可改。若不能改，然后纠而书之；又不能改，然后白之官；又不能改，同约之人执送之官，明正其罪；势不能执，戮力协谋官府请兵灭之。

【20.7】一，通约之人，凡有危疑难处之事，皆须约长会同约之人与之裁处区画，必当于理、济于事而后已。不得坐视推托，陷人于恶，罪坐约长、约正诸人。

【20.8】一，寄庄人户，多于纳粮当差之时躲回原籍，往往负累同甲。今后约长等劝令及期完纳应承，如蹈前弊，告官惩治，削去寄庄。

【20.9】一，本地大户，异境客商，放债收息，合依常例，毋得磊算[1]。或有贫难不能偿者，亦宜以理量宽。有等不仁之徒，辄便捉锁磊取，挟写田地，致令穷民无告，去而为之盗。今后有此告，诸约长等与之明白，偿不及数者，劝令宽舍，取已过数者，力与追还。如或恃强不听，率同约之人鸣之官司。

【20.10】一，亲族乡邻，往往有因小忿，投贼复仇，残害良善，酿成大患。今后一应斗殴不平之事，鸣之约长等公论是非。或约长闻之，即与晓谕解释。敢有仍前妄为者，率诸同约呈官诛殄。

【20.11】一，军民人等若有阳为良善，阴通贼情，贩买牛马，

1　磊算：利滚利。

走传消息，归利一己，殃及万民者，约长等率同约诸人指实，劝戒不悛[1]，呈官究治。

【20.12】一，吏书、义民、总甲、里老、百长、弓兵、机快人等若揽差下乡，索求赍发[2]者，约长率同呈官追究。

【20.13】一，各寨居民，昔被新民之害，诚不忍言。但今既许其自新，所占田产，已令退还，毋得再怀前仇，致扰地方，约长等常宜晓谕，令各守本分，有不听者，呈官治罪。

【20.14】一，投招新民，因尔一念之善，贷尔之罪。当痛自克责，改过自新，勤耕勤织，平买平卖，思同良民，无以前日名目，甘心下流，自取灭绝。约长等各宜时时提撕晓谕，如蹈前非者，呈官惩治。

【20.15】一，男女长成，各宜及时嫁娶。往往女家责聘礼不充，男家责嫁妆不丰，遂致愆期。约长等其各省谕诸人，自今其称家之有无，随时婚嫁。

【20.16】一，父母丧葬，衣衾棺椁，但尽诚孝，称家有无而行。此外或大作佛事，或盛设宴乐，倾家费财，俱于死者无益。约长等其各省谕约内之人，一遵礼制。有仍蹈前非者，即与纠恶簿内书以不孝。

【20.17】一，当会前一日，知约预于约所洒扫、张具于堂，设告谕牌及香案南向。当会日，同约毕至，约赞鸣鼓三，众皆诣香案前序立，北面跪，听约正读告谕毕。约长合众扬言曰："自今以后，凡我同约之人，祗奉戒谕，齐心合德，同归于善。若有二三其心，阳善阴恶者，神明诛殛。"众皆曰："若有二三其心，阳善阴恶者，神明诛殛。"皆再拜，兴，以次出会所，分东西立，约正读乡约毕，大声曰："凡我同盟，务遵乡约。"众皆曰："是。"乃东西交拜，兴，各以次就位，少者各酌酒于长者三行。知约起，设彰善位于堂上，南向置笔砚，陈彰善簿。约赞鸣鼓三，众皆起。约赞唱："请举善！"众曰："是在约史。"约史出就彰善位，扬言曰："某有某善，某能改某过，请书之，以为同约劝。"约正遍质于众曰："如何？"众曰："约史举甚当！"约正乃揖善者进彰善位，东西立。约史复谓众曰："某所举止是，请各举所知！"众有所知即举，无则曰："约史所举是矣！"约长副正皆出就彰善位，约史书簿毕，约长举杯扬言曰："某能为某善，某能改某过，是能修其身也。某

---

1 悛：悔改，音 quān 。
2 赍发：赠送钱财。赍，音 jī 。

能使某族人为某善，改某过，是能齐其家也。使人人若此，风俗焉有不厚？凡我同约，当取以为法！"遂属于其善者。善者亦酌酒酬约长曰："此岂足为善，乃劳长者过奖，某诚惶怍，敢不益加砥砺，期无负长者之教。"皆饮毕，再拜会约长，约长答拜，兴，各就位。知约撤彰善之席，酒复三行，知约起，设纠过位于阶下，北向置笔砚，陈纠过簿。约赞鸣鼓三，众皆起。约赞唱："请纠过！"众曰："是在约史。"约史就纠过位，扬言曰："闻某有某过，未敢以为然，姑书之，以俟后图，如何？"约正遍质于众曰："如何？"众皆曰："约史必有见。"约正乃揖过者出就纠过位，北向立，约史复遍谓众曰："某所闻止是，请各言所闻！"众有闻即言，无则曰："约史所闻是矣！"于是约长副正皆出纠过位，东西立，约史书簿毕，约长谓过者曰："虽然，姑无行罚，惟速改！"过者跪请曰："某敢不服罪！"自起酌酒跪而饮曰："敢不速改，重为长者忧！"约正、副、史皆曰："某等不能早劝谕，使子陷于此，亦安得无罪！"皆酌自罚。过者复跪而请曰："某既知罪，长者又自以为罚，某敢不即就戮，若许其得以自改，则请长者无饮，某之幸也！"趋后酌酒自罚。约正副咸曰："子能勇于受责如此，是能迁于善也，某等亦可免于罪矣！"乃释爵。过者再拜，约长揖之，兴，各就位，知约撤纠过席。酒复二行，遂饭。饭毕，约赞起，鸣鼓三，唱："申戒！"众起，约正中堂立，扬言曰："呜呼！凡我同约之人，明听申戒：人孰无善，亦孰无恶。为善虽人不知，积之既久，自然善积而不可掩；为恶若不知改，积之既久，必至恶积而不可赦。今有善而为人所彰，固可喜，苟遂以为善而自恃，将日入于恶矣！有恶而为人所纠，固可愧，苟能悔其恶而自改，将日进于善矣！然则今日之善者，未可自恃以为善，而今日之恶者，亦岂遂终于恶哉？凡我同约之人，盍共勉之！"众皆曰："敢不勉。"乃出席，以次东西序立，交拜，兴，遂退。

21. 乞宽免税粮急救民困以弥灾变疏

十五年庚辰三月廿五日（1520 年）

[背景简介] 1520 年，正德十五年庚辰，阳明先生四十九岁，在江西。是年三月，上乞宽免税粮急救民困以弥灾变疏，请宽租。江西自己卯（1519）三月开始大旱至七月，禾苗枯死，人民饥馑流离。又有 1519 年六月，南昌宁王朱宸濠反叛，传播伪命，优免租税，民心趋利避害，汹汹思乱。阳明先生迅速平息宸濠之乱后，安抚民心，承诺请求朝廷能够宽免粮税。但是各部督征不减，督促日迫，先生上疏乞请"将正德十四年分税粮通行优免，以救残伤之民，以防变乱之阶"。这段时间，阳明先生还经历了"张许之变"。佞臣张忠、许泰等人，为了争夺平定宸濠之乱的战功，对阳明先生百般污蔑陷害。详见本书 1.《阳明先生年谱》"1519 年""1520 年"条。正德十五年九月，泰州王银执弟子礼。先生易其名为"艮"，字以"汝止"。

施邦曜在《阳明先生集要》一书中就此文有评曰："婉转剀切，谈民疾苦处，令人心恻；谈利害处，令人神竦。真是大儒救世文章。"

【21.1】照得[1]正德十四年七月内，节据吉安[2]等一十三府所属庐陵等县，各申为旱灾事，开称本年自三月至于秋七月不雨，禾苗未及发生，尽行枯死，夏税秋粮，无从办纳，人民愁叹，将及流离，申乞转达宽免等因到臣。

节差官吏、老人踏勘前项地方，委自三月以来，雨泽不降，禾苗枯死。续该宁王谋反，乘衅鼓乱，传播伪命，优免租税。小人惟利是趋，汹汹思乱。臣因通行告示，许以奏闻优免税粮。谕以臣子

---

1 照得：查勘而得。旧时公文常用词。

2 吉安：今江西吉安市。明洪武元年（1368），置吉安府。二年（1369），吉安府领庐陵、泰和、吉水、永丰、安福、龙泉、万安、永新、永宁 9 县。

大义，申祖宗休养生息之泽，暴宁王诛求[1]无厌之恶，由是人心稍稍安集，背逆趋顺，老弱居守，丁壮出征，团保馈饷，邑无遗户，家无遗夫。就使雨旸时若[2]，江西之民亦已废耕耘之业，事征战之苦，况军旅旱干，一时并作，虽富室大户，不免饥馑，下户小民，得无转死沟壑，流散四方乎？设或饥寒所迫，征输所苦，人自为乱，将若之何？

如蒙乞敕该部暂将正德十四年分税粮通行优免，以救残伤之民，以防变乱之阶。伏望皇上罢冗员之俸，损不急之赏。止无名之征，节用省费，以足军国之需，天下幸甚。

【21.2】缘由于本年七月三十日具题请旨，未奉明降。

【21.3】随蒙大驾亲征，京边官军前后数万，沓至并临，填城塞郭。百姓戍守锋镝之余，未及息肩弛担，又复救死扶伤，呻吟奔走，以给厮养，一应诛求，妻孥鬻于草料，骨髓竭于征输。当是之时，鸟惊鱼散，贫民老弱流离弃委沟壑，狡健者逃窜山泽，群聚为盗。独遗其稍有家业与良善守死者十之二三，又皆颠顿号呼于梃刃捶挞之下。郡县官吏，咸赴省城与兵马住屯之所奔命听役，不复得亲民事。上下汹汹，如驾漏船于风涛颠沛之中，惟惧覆溺之不暇，岂遑复顾其他，为日后之虑，忧及税赋之不免，征科之未完乎？当是之时，虽臣等亦皆奔走道路，危疑仓皇，恐不能为小民请一旦之命，岂遑为岁月之虑，忧及赋税之不免，征课之未完，而暇为之复请乎？

若是者又数月，京边官军始将有旋归之期，而户部岁额之征已下，漕运交兑之文已促，督催之使，切责之檄，已交驰四集矣。流移之民闻官军之将去，稍稍胁息，延望归寻其故业。足未入境，而颈已系于追求者之手矣！夫荒旱极矣，而又因之以变乱；变乱极矣，而又竭之以师旅；师旅极矣，而又竭之以供馈，益之以诛求，亟之以征敛。当是之时，有目者不忍睹，有耳者不忍闻，又从而朘[3]其膏血，有人心者而尚忍为之乎？！

【21.4】今远近军民号呼匍匐，诉告喧腾，求朝廷出帑藏[4]以赈济，久而未获，反有追征之令。哄然兴怨，谓臣等昔日蠲赋[5]之言为

1　诛求：强征暴敛。

2　雨旸时若：晴雨有时，风调雨顺。旸，天晴，音 yáng。

3　朘：剥削。音 juān。

4　帑藏：亦写"帑臧"，国库。帑，音 tǎng。

5　蠲赋：免除赋役。蠲，音 juān，意免除。

给己[1]。窃相伤嗟，谓宸濠叛逆，独知优免租税以要人心。我辈朝廷赤子，皆尝竭骨髓、出死力以勤国难，今困穷已极，独不蒙少加优恤，又从而追征之，将何以自全。是以令之而益不信，抚之而益愤愤，谕之而益呶呶[2]，甫怀收复之望，又为流徙之图。计穷势迫，匿而为奸，肆而为寇，两月以来，有司之以鼠窃警报者，月无虚日。无怪也，彼无家业衣食之资，无父母妻子之恋，而又旁有追呼之苦，上有捶剥之灾，自非礼义之士，孰肯闭口枵腹[3]，坐以待死乎？

今朝廷亦尝有宽恤之令矣，亦尝有赈济之典矣，然宽恤赈济，内无帑藏之发，外无官府之储，而徒使有司措置。措置者岂能神输而鬼运？必将取诸富民。今富民则又皆贫民矣！削贫以济贫，犹割心胸肉以啖口，口未饱而身先毙。且又有侵克之弊，又有渔猎之奸，民之赖以生者，不能什一，民之坐而死者，常十九矣。故宽恤之虚文，不若蠲租之实惠；赈济之难及，不若免租之易行。今不免租税，不息诛求，而徒曰宽恤赈济，是夺其口中之食，而曰："吾将疗汝之饥"；剐其腹肾之肉，而曰："吾将救汝之死。"凡有血气，皆将不信之矣。

夫户部以国计为官，漕运以转输为任，今岁额之催，交兑之促，皆其职之使然。但"民者邦之本"[4]，邦本一摇，虽有粟，吾得而食诸？伏望皇上轸念[5]地方涂炭之余，小民困苦已极，思邦本之当固，虑祸变之可忧，乞敕该部速将正德十四、十五年该省钱粮悉行宽免。其南昌、南康、九江等府残破尤甚者，重加宽贷，使得渐回喘息，修复生理。非但解江西一省之倒悬，臣等无地方变乱之祸，得免于诛戮，实天下之大幸，宗社之福也。夫免江西一省之粮税，不过四十万石，今吝四十万石而不肯蠲，异时祸变卒起，即出数百万石，既已无救于难矣。此其形迹已见，事理甚明者。

【21.5】臣等上不能会计征敛以足国用，下不能建谋设策以济民穷，徒痛哭流涕，一言小民疾苦之状，惟陛下速将臣等黜归田里，早赐施行，以纾[6]祸变。

缘系宽免税粮，急救民困，以弭灾变事理，为此具本请旨。

1　绐己：欺骗自己。"绐"同"诒"，音dài。
2　呶呶：吵闹，呶，音náo。
3　枵腹：空腹，饥饿。枵，音xiāo。
4　民者邦之本：出自《尚书》："民惟邦本，本固邦宁。"
5　轸念：痛念。"轸"，沉痛，音zhěn。
6　纾：缓解、免除。纾，音shū。

22. 象山 [1] 文集序 辛巳（1521 年）

[背景简介] 1521 年，正德十有六年辛巳，阳明先生五十岁，在江西。升南京兵部尚书，十二月封新建伯。《王文成公全书》年谱载："先生以象山得孔、孟正传，其学术久抑而未彰，文庙尚缺配享之典，子孙未沾褒崇之泽，牌行抚州府金溪县官吏，将陆氏嫡派子孙，仿各处圣贤子孙事例，免其差役，有俊秀子弟，具名提学道送学肄业。"钱德洪在年谱中有按语："象山与晦翁同时讲学，自天下崇朱说，而陆学遂泯。先生刻《象山文集》，为序以表彰之。"是年先生始揭"致良知"之教。据钱德洪《年谱》记载，此年阳明先生曾"遗书守益曰：'近来信得致良知三字，真圣门正法眼藏。'"语陈九川曰："此理简易明白若此，乃一经沉埋数百年。""我此良知二字，实千古圣圣相传一点滴骨血也。"同期语录还可参见本书中【52.4】【52.5】条。本书中 23.《与杨仕鸣》、24.《答伦彦式书》也写作于此年。

【22.1】圣人之学，心学也。尧、舜、禹之相授受曰："人心惟危，道心惟微，惟精惟一，允执厥中 [2]。"此心学之源也。"中"也者，"道心"之谓也；"道心精一"之谓"仁"，所谓"中"也。

【22.2】孔孟之学，惟务"求仁" [3]，盖"精一" [4] 之传也。而当时之弊，固已有外求之者，故子贡致疑于多学而识，而以博施济众

1 　象山：陆九渊（1139 — 1193），号象山，字子静，书斋名"存"，世人称存斋先生，因其曾在贵溪龙虎山建茅舍聚徒讲学，而其山形如象，故自号象山翁，世称象山先生、陆象山。江西抚州市金溪县陆坊镇青田村人。著名的理学家和教育家，与朱熹齐名，史称"朱陆"。
2 　"人心惟危"句：可参看【18.2】条注释。
3 　求仁：见《论语·述而》："求仁而得仁，又何怨。"
4 　精一：可参看【18.2】条注释。

为仁。夫子告之以"一贯"[1]，而教以"能近取譬"[2]，盖使之求诸其心也。迨于孟氏之时，墨氏之言仁至于摩顶放踵[3]，而告子之徒又有"仁内义外"[4]之说，心学大坏。孟子辟"义外"之说，而曰："仁，人心也。学问之道无他，求其放心而已矣[5]。"又曰："仁义礼智，非由外铄我也，我固有之，弗思耳矣[6]。"

【22.3】盖王道息而伯术[7]行，功利之徒外假天理之近似以济其私，而以欺于人，曰"天理固如是"。不知既无其"心"矣，而尚何有所谓"天理"者乎？自是而后，析"心"与"理"而为二，而"精一"之学亡。世儒之支离，外索于刑名器数之末，以求明其所谓"物理"者。而不知吾心即物理，初无假于外也。佛、老之空虚，遗弃其人伦事物之常，以求明其所谓"吾心"者。而不知物理即吾心，不可得而遗也。

【22.4】至宋周、程二子[8]，始复追寻孔、颜之宗[9]，而有"无极而太极"，"定之以仁义中正而主静"[10]之说，"动亦定，静亦定，无内外，无将迎"[11]之论，庶几"精一"之旨矣。

【22.5】自是而后，有象山陆氏，虽其纯粹和平若不逮于二子，而简易直截，真有以接孟子之传。其议论开阖，时有异者，乃其气质意见之殊，而要其学之必求诸心，则一而已。故吾尝断以"陆氏之学，孟氏之学也"。而世之议者，以其尝与晦翁之有同异，而遂诋以为禅。夫禅之说，弃人伦，遗物理，而要其归极，不可以为天

1　一贯：出自《论语·里仁》："子曰：'参乎！吾道一以贯之！'曾子曰：'唯'。子出，门人问曰：'何谓也？'曾子曰：'夫子之道，忠恕而已矣。'"

2　能近取譬：以自己做比，推己及人。出自《论语·雍也》："子贡曰：'如有博施于民而能济众，何如？可谓仁乎？'子曰：'何事于仁？必也圣乎！尧舜其犹病诸。夫仁者，己欲立而立人，己欲达而达人。能近取譬，可谓仁之方也已。'"

3　摩顶放踵：从头顶到脚跟都磨伤，形容不辞劳苦。出自《孟子·尽心上》："墨子兼爱，摩顶放踵利天下，为之。"

4　仁内义外：义属于内心之外。出自《孟子·告子篇第六上》："告子曰：食色，性也。仁，内也，非外也。义，外也，非内也。"但孟子认为"仁、义"，皆属于内，都在人的心中。

5　"仁，人心也"句：可参看【4.2】条"收放心"注释。

6　"仁义礼智，非由外铄我也"句：出自《孟子·告子上》："仁义礼智，非由外铄我也，我固有之也，弗思耳矣。故曰，'求则得之，舍则失之。'"

7　伯术：王霸之术。"伯"通"霸"。

8　周、程二子：周敦颐、程颢，可参看本书1.《阳明先生年谱》"1501年"条"周濂溪"注释和"1488年"条"明道"注释。

9　孔、颜之宗：孔子和颜渊。

10　"无极而太极"，"定之以仁义中正而主静"两句：出自周敦颐《太极图说》。

11　动亦定，静亦定，无内外，无将迎：出自程颢《明道先生文集·答横渠先生定性书》。

下国家，苟陆氏之学而果若是也，乃所以为禅也。今禅之说与陆氏之说，其书具存，学者苟取而观之，其是非同异，当有不待于辩说者。而顾一倡群和，剿说雷同，如矮人之观场，莫知悲笑之所自，岂非贵耳贱目，"不得于言，而勿求诸心"[1]者之过欤！夫是非同异，每起于人持胜心、便旧习而是己见。故胜心、旧习之为患，贤者不免焉。

【22.6】抚守李茂元氏将重刊象山之文集，而请一言为之序，予何所容言哉？惟读先生之文者，务求诸心而无以旧习、己见先焉，则糠秕精凿之美恶，入口而知之矣。

---

1   不得于言，而勿求诸心：外在道理尚不明了，就不要先求之于内心。不过历来诸家对此句理解不一。出自《孟子·公孙丑上》："告子曰：'不得于言，勿求于心；不得于心，勿求于气。'"

23. 与杨仕鸣¹ 辛巳（1521年）

[背景简介] 可参看本书 22.《象山文集序》一文介绍。

施邦曜在《阳明先生集要》一书中就此文有评曰："议拟仿像是学者通病，'切实用功'四字，真是顶门一针。"

【23.1】差人来，知令兄²已于去冬安厝³，墓有宿草矣，无由一哭，伤哉！所委志铭，既病且冗，须朋友中相知深者一为之，始能有发耳。

【23.2】谕及"日用讲求功夫，只是各依自家良知所及，自去其障，扩充以尽其本体，不可迁就气习以趋时好。"

幸甚幸甚！果如是，方是致知格物，方是明善诚身。果如是，德安得而不日新？业安得而不富有？谓"每日自检，未有终日浑成片段"者，亦只是致知功夫间断。夫仁，亦在乎熟之而已。

【23.3】又云："以此磨勘先辈文字同异，工夫不合，常生疑虑。"

又何为其然哉？区区所论"致知"二字，乃是孔门正法眼藏，于此见得真的，直是"建诸天地而不悖，质诸鬼神而无疑，考诸三

1　杨仕鸣：杨鸾，字仕鸣，号复斋，与其兄杨毅斋均为阳明先生弟子。今广东潮州人。阳明先生弟子薛侃的《薛中离先生全书·卷十一》载《杨复斋传》："复斋，姓杨氏，讳鸾，字仕鸣，一字少默，初号玉林，改复斋，毅斋弟也，长师海涯（陈明德，字思准，号海涯，今汕头澄海人）、改斋，所闻辄弗忘，丙子见甘泉先生于莲塘，归图卒业，庚辰下第，见阳明先生，遂领大意。"

2　令兄：指杨毅斋。薛侃的《薛中离先生全书·卷十一》载《杨毅斋传》："毅斋，姓杨氏，讳骥，字仕德，号毅斋，饶平人也，听讲于甘泉先生，会师入京，遇中离（注：即薛侃），闻阳明先生之教，遂赴赣州，数月后有省也，简示知友云：'古人致知功夫自是直截简易，视后支离，茫无可入，大经庭矣（注：大相径庭之意）'。时潮学未明，先生偕中离归自赣，发明合一之旨，锐浣旧习，直培本根，以为圣人为必可师，万皆吾一体，一时师友翕然，兴起范家立则，崇先睦族，并然改观，其进修恳切，汲引同类，尤非人所易及也。阳明先生致哀词云：'潮有二凤，今失其一。'"

3　安厝：安葬。厝，音 cuò。

王而不谬，百世以俟圣人而不惑"[1]！知此者，方谓之知道；得此者，方谓之有德。异此而学，即谓之异端；离此而说，即谓之邪说；迷此而行，即谓之冥行。虽千魔万怪，眩瞀[2]变幻于前，自当触之而碎，迎之而解，如太阳一出，而鬼魅魍魉自无所逃其形矣。尚何疑虑之有，而何异同之足惑乎！

【23.4】所谓"此学如立在空中，四面皆无倚靠，万事不容染着，色色信他本来，不容一毫增减。若涉些安排，着些意思，便不是合一功夫。"

虽言句时有未莹，亦是仕鸣见得处，足可喜矣。但须切实用力，始不落空。若只如此说，未免亦是议拟仿象，已后只做得一个弄精魄的汉，虽与近世格物者症候稍有不同，其为病痛，一而已矣。诗文之习，儒者虽亦不废，孔子所谓"有德者必有言"[3]也。若着意安排组织，未有不起于胜心者，先辈号为有志斯道，而亦复如是，亦只是习心未除耳。仕鸣既知"致知"之说，此等处自当一勘而破，瞒他些子不得也。

1　"建诸天地而不悖"句：出自《中庸》。原文为："故君子之道，本诸身，征诸庶民，考诸三王而不谬，建诸天地而不悖，质诸鬼神而无疑，百世以俟圣人而不惑。"见附录55.《中庸》【55.35】条。

2　眩瞀：迷惑，迷乱。瞀，音 mào。

3　有德者必有言：出自《论语·宪问》："子曰：'有德者必有言，有言者不必有德。仁者必有勇，勇者不必有仁。'"

24. 答伦彦式[1]书 辛巳（1521年）

[背景简介] 可参看本书 22.《象山文集序》一文介绍。

施邦曜在《阳明先生集要》一书中就此文有评曰："未发中，已发和，性命之理，动静原循环无端。君子之学，无间于动静，所以尽性致命，此体用一源，内圣外王合一之学也。舍动而别求静根，便落于空虚矣。君子学问，止须辨理欲，不必过分动静。此颜子之学，尽之克己；曾子之学，尽之省身。盖心之私欲尽净，虽泛应不穷，无不合于天理，所谓止于至善也。止则自定自静，何必求静根。如不问己私之净尽与否，终日言静言动，未见其有得。"

【24.1】往岁仙舟过赣，承不自满足，执礼谦而下问恳，古所谓"敏而好学"，于吾彦式见之。别后连冗，不及以时奉问，极切驰想！近令弟过省，复承惠教，志道之笃，趋向之正，勤悫有加，浅薄何以当此？悚息悚息！

【24.2】谕及"学无静根，感物易动，处事多悔"，即是三言，尤是近时用工之实。仆罔所知识，何足以辱贤者之问！大抵三言者，病亦相因。惟学而别求静根，故感物而惧其易动；感物而惧其易动，是故处事而多悔也。

心，无动静者也。其静也者，以言其体也；其动也者，以言其用也。故君子之学，无间于动静。其静也，常觉而未尝无也，故常应；其动也，

1　伦彦式：伦以训（1497—1540），字彦式，别号白山。广东南海人。明正德十二年（1517）舒芬榜进士第二人。授翰林院编修。伦以训的父亲伦文叙是弘治十二年（1499）状元。伦以训少有异质，读书过目不忘，稍长便能通六经、子、史、百家。嘉靖四年（1525），为翰林修撰。曾两次出任会试同考官，所取多名士。官至南京国子监祭酒。后因母亲思念故土，便上疏请假还乡。母亲去世，伦以训哀伤过度而卒，年仅43岁。著有文集四十八卷、诗集三十二卷。

常定而未尝有也，故常寂；常应常寂，动静皆有事焉，是之谓"集义"[1]。集义故能无祇悔[2]，所谓"动亦定，静亦定"者也。

心一而已。静，其体也，而复求静根焉，是挠其体也；动，其用也，而惧其易动焉，是废其用也。故求静之心即动也，恶动之心非静也，是之谓"动亦动，静亦动"，将迎[3]起伏，相寻于无穷矣。

故循理之谓静，从欲之谓动。欲也者，非必声色货利外诱也，有心之私皆欲也。故循理焉，虽酬酢万变，皆静也。濂溪所谓"主静"[4]，无欲之谓也，是谓集义者也。从欲焉，虽"心斋坐忘"[5]，亦动也。告子之"强制"正"助"之谓也，是"外义"者也。

【24.3】虽然，仆盖从事于此而未之能焉，聊为贤者陈其所见云尔。以为何如？便间示知之。

1　集义：可参看【12.4】条注释。

2　祇悔：大悔。出自《易经·复卦》："不远复，无祇悔。"孔颖达疏："既能速复，是无大悔"。祇，音 qí 。

3　将迎：送于事之往，迎于事之来。出处可参见【22.4】条注释。

4　主静：圣人之道，安定于仁义中正，无欲故静。出自周敦颐《太极图说》"定之以仁义中正而主静"。

5　心斋坐忘：所谓"心斋"，是指通过特定的训练，让自己心境空明，能像气那样虚静，以相待万物，最终体认"大道"。出自《庄子·人世间》："若一志，无听之以耳而听之以心；无听之以心而听之以气。听止于耳，心止于符。气也者，虚而待物者也。唯道集虚。虚者，心斋也。""坐忘"，忘却肢体感受，去掉头脑作意，令虚静之心与大道合一。出自《庄子·大宗师》："堕肢体，黜聪明，离形去知，同于大通，此谓坐忘。"

25. 寄杨邃庵¹ 阁老² 书 其二 癸未（1523 年）

[背景简介] 1523 年，嘉靖二年癸未，阳明先生五十二岁，在浙江。上一年二月，先生父亲龙山公去世，于是解职归家居丧，三年期满后才可起复原职。明嘉靖皇帝登基之时，王朝内忧外患。内有"大礼议"（可参看 1.《阳明先生年谱》"1524 年"条" 大礼议"注释）之争，有天灾人祸不断，外有"小王子"（巴图蒙克，成吉思汗十五世孙）、"俺答"（阿勒坦汗，16 世纪后期蒙古土默特部重要首领）侵犯边疆。杨邃庵擅长处理边疆事务，有"出将入相"之誉。不过他的宦海生涯三起三落，历经挫折。嘉靖即位，宣召年逾七十告老还乡的杨邃庵管理西北边务，但杨邃庵上书谢绝。嘉靖二年，曾受学于杨邃庵门下的阳明先生去书力劝杨邃庵临危受命。嘉靖三年十二月杨邃庵以少傅、太子太傅改兵部尚书、左都御史，总制陕西三边军务。是年，有阳明先生与弟子论乡愿狂者之辩。见本书中【50.48】【52.1】条。本书 26.《书徐汝佩卷》也作于此年。

【25.1】前日尝奉启，计已上达。

自明公³ 进秉机密，天下士夫忻忻然动颜相庆，皆为太平可立致矣。门下鄙生独切生忧，以为犹甚难也。

亨屯倾否⁴，当今之时，舍明公无可以望者。则明公虽欲逃避乎此，将亦有所不能。然而万斛之舵，操之非一手，则缓急折旋，岂能尽如己意？临事不得专操舟之权而偾事⁵，乃与同覆舟之罪，此鄙

1　杨邃庵：可参看本书 1.《阳明先生年谱》"1525 年"条"杨一清"注释。

2　阁老：明清之际，敬称内阁大学士为阁老。根据张廷玉等编《明史》，杨一清曾在正德武宗时，兼武英殿大学士入参机务。

3　明公：旧时对有名位者的尊称。

4　亨屯倾否：转危为安。《易经》中有否卦、屯卦。"亨"字在《易经》中作"通"解释，"屯"字在《易经》中作"难"解释，"亨屯"意为转困厄为通达。"倾否"出自《易经》的否卦："上九，倾否，先否后喜。"

5　偾事：败事。偾，音 fèn。

生之所谓难也。夫不专其权而漫同其罪，则莫若预逃其任。然在明公亦既不能逃矣。逃之不能，专又不得，则莫若求避其罪，然在明公亦终不得避矣。天下之事，果遂卒无所为欤？

【25.2】夫惟身任天下之祸，然后能操天下之权；操天下之权，然后能济天下之患。当其权之未得也，其致之甚难，而其归之也，则操之甚易。万斛之舵，平时从而争操之者，以利存焉。一旦风涛颠沛，变起不测，众方皇惑震丧，救死不遑，而谁复与争操乎？于是起而专之，众将恃以无恐，而事因以济。苟亦从而委靡焉，固沦胥[1]以溺矣。故曰"其归之也，则操之甚易"者，此也。

【25.3】古之君子，洞物情之向背而握其机，察阴阳之消长以乘其运，是以动必有成而吉无不利。伊、旦之于商、周是矣，其在汉、唐，盖亦庶几乎。此者虽其学术有所不逮，然亦足以定国本而安社稷，则亦断非后世偷生苟免者之所能也。

【25.4】夫权者，天下之大利大害也。小人窃之以成其恶，君子用之以济其善，固君子之不可一日去，小人之不可一日有者也。欲济天下之难，而不操之以权，是犹"倒持太阿而授人以柄"，希不割矣。故君子之致权也有道：本之至诚，以立其德；植之善类，以多其辅；示之以无不容之量，以安其情；扩之以无所竞之心，以平其气；昭之以不可夺之节，以端其向；神之以不可测之机，以摄其奸；形之以必可赖之智，以收其望。坦然为之，下以上之；退然为之，后以先之。是以功盖天下而莫之嫉[2]，善利万物而莫与争[3]。此皆明公之能事，素所蓄而有者，惟在仓卒之际，身任天下之祸，决起而操之耳。夫身任天下之祸，岂君子之得已哉？既当其任，知天下之祸将终不能免也，则身任之而已。身任之而后，可以免于天下之祸。小人不知祸之不可以幸免，而百诡以求脱，遂致酿成大祸，而己亦卒不能免。故任祸者，惟忠诚忧国之君子能之，而小人不能也。

【25.5】某受知门下，不能效一得之愚以为报，献其芹曝[4]，伏惟鉴其忱悃[5]而悯其所不逮，幸甚！

---

1 沦胥：沦陷、沦丧。

2 功盖天下而莫之嫉：司马光在《资治通鉴》里评价郭子仪是"天下以其身为安危者殆三十年，功盖天下而主不疑，位极人臣而众不嫉，穷奢极欲而人不非之"。

3 善利万物而莫与争：出自《老子》第八章："上善若水，水善利万物而不争，处众人之所恶，故几于道。据善地，心善渊，与善仁，言善信，正善治，事善能，动善时。夫唯不争，故无尤。"

4 芹曝：音 qínpù ，谦词，谓所献微不足道。

5 忱悃：音 chénkǔn ，真诚之意。

26. 书徐汝佩卷 癸未（1523 年）

[背景简介] 可参看25.《寄杨邃庵阁老书》一文介绍。嘉靖二年二月，《王文成公全书》年谱载："南宫策士以心学为问，阴以辟先生。门人徐珊读《策问》，叹曰：'吾恶能昧吾知以幸时好耶！'不答而出。闻者难之，曰：'尹彦明后一人也。'同门欧阳德、王臣、魏良弼等直接发师旨不讳，亦在取列，识者以为进退有命。德洪下第归，深恨时事之乖。见先生，先生喜而相接曰：'圣学从兹大明矣。'德洪曰：'时事如此，何见大明？'先生曰：'吾学恶得遍语天下士？今会试录，虽穷乡深谷无不到矣。吾学既非，天下必有起而求真是者。'"

施邦曜在《阳明先生集要》一书中就此文有评曰："徐汝佩此举，不以荣禄之念易其所志，真豪杰士也。然圭角未融，未免有高自标榜之意，反而为斯道之病。先生嘿而不答，诚是不言之教。"

【26.1】壬午之冬，汝佩[1]别予北上，赴南宫试[2]。已而门下士有自京来者，告予以汝佩因南宫策问[3]若阴诋夫子之学者，不对而出，遂浩然东归，行且至矣。予闻之，黯然不乐者久之。

士曰："汝佩斯举，有志之士莫不钦仰歆[4]服，以为自尹彦明[5]之

---

1 汝佩：徐珊（1487—1548），字汝佩，号三溪，浙江余姚人。嘉靖壬午浙江亚魁。仕至湖广辰州同知。著有《卯洞集》四卷。

2 南宫试：指礼部会试，即进士考试。

3 策问：以经义或政事设问以试士，汉代被举荐的吏民是经过皇帝"策问"后按第等高下授官，后多用于科举考试。

4 歆：喜爱，美慕。音 xīn。

5 尹彦明：尹焞（1071—1142），字彦明，一字德充，今河南洛阳人。《宋史·列传第一百八十七》载："少师事程颐，尝应举，发策有诛元祐诸臣议，焞曰：'噫，尚可以干禄乎哉！'不对而出。告颐曰：'焞不复应进士举矣。'颐曰：'子有母在。'焞归告其母陈，母曰：'吾知汝以善养，不知汝以禄养。'颐闻之曰：'贤哉母也！'于是终身不就举。"

后，至今而始再见者也。夫人离去其骨肉之爱，赍[1]粮束装，走数千里，以赴三日之试，将竭精弊力，惟有司之好是投，以祈一日之得，希终身之荣。斯人之同情也。而汝佩于此独能'不为其所不为，不欲其所不欲'，斯非其有'见得思义、见危授命'之勇，其孰能声音笑貌而为此乎？是心也，固'富贵不能淫，贫贱不能移，威武不能屈'[2]者矣。将夫子闻之，跃然而喜，显然而嘉与之也。而顾黯然而不乐也，何居乎？"

予曰："非是之谓也。"

士曰："然则汝佩之为是举也，尚亦有未至欤？岂以汝佩骨肉之养，且旦暮所不给，无亦随时顺应，以少苏其贫困也乎？若是，则汝佩之志荒矣。"

予曰："非是之谓也。"

士曰："然则何居乎？"

予默然不应，士不得问而退。

【26.2】他日，汝佩既归，士往问于汝佩。

曰："向吾以子之事问于夫子矣，夫子黯然而不乐。予云云而夫子云云也。子以为奚居？"

汝佩曰："始吾见发策者之阴诋吾夫子之学也，盖怫然而怒，愤然而不平。以为吾夫子之学，则若是其简易广大也；吾夫子之言，则若是其真切著明也；吾夫子之心，则若是其仁恕公普也。夫子悯人心之陷溺，若己之堕于渊壑也，冒天下之非笑诋詈而日惇惇[3]焉，亦岂何求于世乎！而世之人曾不觉其为心，而相嫉媢[4]诋毁之若是，若是而吾尚可与之并立乎？已矣！吾将从夫子而长往于深山穷谷，耳不与之相闻，而目不与之相见，斯已矣。故遂浩然而归。归途无所事事，始复专心致志，沈潜于吾夫子致知之训，心平气和，而良知自发。然后黯然而不乐曰：'嘻吁乎！吾过矣'。"

士曰："然则子之为是也，果尚有所不可欤？"

汝佩曰："非是之谓也。吾之为是也，亦未不可，而所以为是者，则有所不可也。吾语子，始吾未见夫子也，则闻夫子之学而亦尝非笑之矣，诋毁之矣。及见夫子，亲闻良知之诲，恍然而大悟醒，油然而生意融，始自痛悔切责。吾不及夫子之门，则几死矣。今虽知

1　赍：带着。
2　"富贵不能淫"句：出自《孟子·滕文公下》。
3　惇惇：淳厚貌。惇，音 dūn。
4　媢：嫉妒。音 mào。

之甚深，而未能实诸己也；信之甚笃，而未能孚诸人也。则犹未免于身谤者也，而遽尔责人若是之峻！且彼盖未尝亲承吾夫子之训也，使得亲承焉，又焉知今之非笑诋毁者，异日不如我之痛悔切责乎？不如我之深知而笃信乎？何忘己之困而责人之速也！夫子冒天下之非笑诋毁，而日谆谆然惟恐人之不入于善，而我则反之，其间不能以寸矣！夫子之黯然而不乐也，盖所以爱珊之至而忧珊之深也。虽然，夫子之心，则又广矣大矣，微矣几矣。不睹不闻之中，吾岂能尽以语子也？"

【26.3】汝佩见，备以其所以告于士者为问，予颔之而弗答，默然者久之。汝佩悚然若有省也。明日，以此卷入请曰："昨承夫子不言之教，珊倾耳而听，若震惊百里。粗心浮气，一时俱丧矣。"请遂书之。

27. 与陆原静[1] 书 其三 甲申（1524年）

[背景简介] 1524年，嘉靖三年甲申，阳明先生五十三岁，在浙江。门人日进，正月，越郡守南大吉称门生。又辟稽山书院，聚八邑彦士，身率讲习以督之。先生每临，只发《大学》万物同体之旨，使人各求本性，致其良知以至于至善，功夫有得，则因方设教。故人人悦其易从。四月，服阕（三年为父守丧期满，除丧服），朝中屡疏引荐。霍兀涯、席元山、黄宗贤、黄宗明先后皆以大礼问，竟不答。是年有"南大吉与先生论学有悟、八月十五先生宴门人于天泉桥、先生与钱德洪父亲论圣学无妨于举业"等事迹。可参看本书中 1.《阳明先生年谱》"1524年"条和【52.22】条。本书中 28.《与黄勉之书》、29.《答周道通书》两篇文章也写作于此年。

施邦曜在《阳明先生集要》一书中就此文有评曰："自私自利，将迎意必，俱是急于求善之念。大贤以下亦不能免。原宪'克伐怨欲不行，可以为仁'之问，即受此累。孔子告之曰：'仁则吾不知也。'只是教他着力于难，何必计较，此是仁，欲其去此累也。若颜子之克复，则无是矣。"

【27.1】来书云："下手工夫，觉此心无时宁静。妄心固动也，照心亦动也。心既恒动，则无刻暂停也。"

是有意于求宁静，是以愈不宁静耳。夫妄心则动也，照心非动也；恒照则恒动恒静，天地之所以恒久而不已也。照心固照也，妄心亦

1　陆原静：陆澄，字原静，又写作元静，又字清伯。今浙江吴兴人。正德九年（1514）就学阳明。正德十二年进士，授刑部主事。可参看本书44.《陆澄录》，系陆原静记录整理的阳明先生语录。黄宗羲《明儒学案·卷十四·浙中王门学案四》有载："先生以多病，从事于养生，文成（注：阳明先生谥号"文成"）语之以养德、养身只是一事，果能戒慎恐惧，则神住、气住、精住，而长生久视之说，亦在其中矣。有议文成之学者，先生条为六辨，欲上奏，文成闻而止之。《传习录》自曰仁（注：曰仁即徐爱）发端，其次即为先生所记。朋友见之，因此多有省悟，盖数条皆切问，非先生莫肯如此吐露，就吐露亦莫能如此曲折详尽也。故阳明谓：'曰仁殁，吾道益孤，致望原静者不浅。'"

照也。"其为物不贰，则其生物不息。"[1]有刻暂停，则息矣，非"至诚无息之学"[2]矣。

【27.2】来书云"良知亦有起处"云云。

此或听之未审。良知者，心之本体，即前所谓恒照者也。心之本体无起无不起。虽妄念之发，而良知未尝不在，但人不知存，则有时而或放耳。虽昏塞之极，而良知未尝不明，但人不知察，则有时而或蔽耳。虽有时而或放，其体实未尝不在也，存之而已耳。虽有时而或蔽，其体实未尝不明也，察之而已耳。若谓良知亦有起处，则是有时而不在也，非其本体之谓矣。

【27.3】来书云："前日'精一'[1]之论，即作圣之功否？"

"精一"之"精"以理言，"精神"之"精"以气言。理者气之条理，气者理之运用。无条理则不能运用，无运用则亦无以见其所谓条理者矣。精则精，精则明，精则一，精则神，精则诚；一则精，一则明，一则神，一则诚，原非有二事也。但后世儒者之说与养生之说各滞于一偏，是以不相为用。前日"精一"之论，虽为原静爱养精神而发，然而作圣之功，实亦不外是矣。

【27.4】来书云"元神、元气、元精，必各有寄藏发生之处。又有真阴之精，真阳之气"云云。

夫良知一也，以其妙用而言谓之神，以其流行而言谓之气，以其凝聚而言谓之精，安可以形象方所求哉？真阴之精，即真阳之气之母；真阳之气，即真阴之精之父。阴根阳，阳根阴，亦非有二也。苟吾良知之说明，即凡若此类，皆可以不言而喻。不然，则如来书所云"三关、七返、九还"之属，尚有无穷可疑者也。

【27.5】来书云："良知，心之本体，即所谓性善也，'未发之中'[4]也，'寂然不动'[5]之体也，'廓然大公'[6]也，何常人皆不能而必待于学邪？中也、寂也、公也，既以属心之体，则良知是矣。今验之于心，

1　"其为物不贰，则其生物不息"句：天道精纯唯一，化生万物却无以数计。出自《中庸》："天地之道可壹言而尽也。其为物不贰，则其生物不测。"可参看附录55.《中庸》【55.31】条。

2　至诚无息之学：指《中庸》所说："故至诚无息。不息则久，久则征，征则悠远，悠远则博厚，博厚则高明。"可参看附录55.《中庸》【55.30】条。

1　精一：可参看【18.2】条注释。

4　未发之中：见《中庸》"喜怒哀乐之未发谓之中"。可参看附录55.《中庸》【55.1】条。

5　寂然不动：出自《周易·系辞下》："《易》无思也，无为也，寂然不动，感而遂通天下之故。"

6　廓然大公：出自程颢《明道先生文集·卷三·答横渠先生定性书》："君子之学，莫若廓然而大公，物来而顺应。"

知无不良，而中、寂、大公实未有也，岂良知复超然于体用之外乎？"

性无不善，故知无不良。良知即是未发之中，即是廓然大公，寂然不动之本体，人人之所同具者也。但不能不昏蔽于物欲，故须学以去其昏蔽。然于良知之本体，初不能有加损于毫末也。知无不良，而中、寂、大公未能全者，是昏蔽之未尽去，而存之未纯耳。体，即良知之体，用，即良知之用，宁复有超然于体用之外者乎？

【27.6】来书云："周子曰'主静'[1]，程子曰'动亦定，静亦定'[2]，先生曰'定者，心之本体'，是静。定也，决非不睹不闻，无思无为之谓，必常知、常存、常主于理之谓也。夫常知、常存、常主于理，明是动也，已发也，何以谓之静？何以谓之本体？岂是静定也，又有以贯乎心之动静者邪？"

理无动者也。"常知、常存、常主于理"，即"不睹不闻，无思无为"之谓也。"不睹不闻，无思无为"，非槁木死灰之谓也。睹、闻、思、为一于理，而未尝有所睹、闻、思、为，即是动而未尝动也，所谓"动亦定，静亦定"，体用一原者也。

【27.7】来书云："此心未发之体，其在已发之前乎？其在已发之中而为之主乎？其无前后、内外而浑然之体者乎？今谓心之动、静者，其主有事、无事而言乎？其主寂然、感通而言乎？其主循理、从欲而言乎？若以循理为静，从欲为动，则于所谓'动中有静，静中有动，动极而静，静极而动'者，不可通矣。若以有事而感通为动，无事而寂然为静[3]，则于所谓'动而无动，静而无静'者，不可通矣。若谓未发在已发之先，静而生动，是至诚有息也，圣人有复[4]也，又不可矣。若谓未发在已发之中，则不知未发、已发俱当主静乎？抑未发为静而已发为动乎？抑未发、已发俱无动无静乎？俱有动有静乎？幸教。"

"未发之中"，即良知也，无前后内外，而浑然一体者也。有事、无事可以言动、静，而良知无分于有事、无事也；寂然、感通可以言动、静，而良知无分于寂然、感通也。动、静者，所遇之时，心之本体，固无分于动、静也。理无动者也，动即为欲。循理，则虽酬酢万变，而未尝动也；从欲，则虽槁心一念，而未尝静也。"动中有静，静中有动"，又何疑乎？有事而感通，固可以言动，然而寂然者未尝

1　主静：可参看【24.2】条"主静"注释。

2　动亦定，静亦定：出自程颢《明道先生文集·答横渠先生定性书》。

3　有事而感通为动，无事而寂然为静：可参看【27.5】条注释。

4　圣人有复：见周敦颐《通书·诚几德》："性焉安焉之谓圣，复焉执焉之谓贤。"圣人本有自然天性，不需要"复"，复还天命的是贤人。

有增也；无事而寂然，固可以言静，然而感通者未尝有减也。"动而无动，静而无静"，又何疑乎？无前后内外而浑然一体，则至诚有息之疑，不待解矣。未发在已发之中，而已发之中未尝别有未发者在；已发在未发之中，而未发之中未尝别有已发者存；是未尝无动、静，而不可以动、静分者也。

凡观古人言语，在以意逆志[1]而得其大旨，若必拘滞于文义，则"靡有孑遗"[2]者，是周果无遗民也。周子"静极而动"之说，苟不善观，亦未免有病。盖其意从"太极动而生阳，静而生阴"说来。太极生生之理，妙用无息，而常体不易。太极之生生，即阴阳之生生。就其生生之中，指其妙用无息者而谓之动，谓之阳之生，非谓动而后生阳也。就其生生之中，指其常体不易者而谓之静，谓之阴之生，非谓静而后生阴也。若果静而后生阴，动而后生阳，则是阴阳、动静，截然各自为一物矣。阴阳一气也，一气屈伸而为阴阳；动静一理也，一理隐显而为动静。春夏可以为阳、为动，而未尝无阴与静也；秋冬可以为阴、为静，而未尝无阳与动也。春夏此不息，秋冬此不息，皆可谓之阳，谓之动也；春夏此常体，秋冬此常体，皆可谓之阴，谓之静也。自元、会、运、世、岁、月、日、时以至刻、秒、忽、微[3]，莫不皆然。所谓"动静无端，阴阳无始"，在知道者默而识之，非可以言语穷也。若只牵文泥句，比拟仿像，则所谓"心从《法华》转，非是转《法华》"[4]矣。

【27.8】来书云："尝试于心，喜、怒、忧、惧之感发也，虽动气之极，而吾心良知一觉，即罔然消沮，或遏于初，或制于中，或悔于后。然则良知常若居优闲无事之地而为之主，于喜、怒、忧、惧若不与焉者，何欤？"

知此，则知"未发之中"，"寂然不动"之体，而有"发而中节"之和、"感而遂通"之妙矣。然谓"良知常若居于优闲无事之地"，语尚有病。盖良知虽不滞于喜、怒、忧、惧，而喜、怒、忧、惧亦不外于良知也。

【27.9】来书云："夫子昨以良知为照心。窃谓良知，心之本

1　以意逆志：出自《孟子·万章上》："故说《诗》者，不以文害辞，不以辞害志；以意逆志，是为得之。"

2　靡有孑遗：出自《诗经·大雅·云汉》："兢兢业业，如霆如雷。周余黎民，靡有孑遗。"

3　"元会运世"句：中国古代的计时单位。一世是三十岁，一运是十二世，一会是三十运，一元是十二会。"刻、秒、忽、微"是相对"时"越来越小的单位。

4　"心从《法华》转"句：出自《六祖法宝坛经》："心迷《法华》转，心悟转《法华》"。

体也；照心，人所用功，乃戒慎恐惧之心也，犹思也。而遂以戒慎恐惧为良知，何欤？"

能戒慎恐惧者，是良知也。

【27.10】来书云："先生又曰'照心非动也'，岂以其循理而谓之静欤？'妄心亦照也'，岂以其良知未尝不在于其中，未尝不明于其中，而视听言动之不过则者皆天理欤？且既曰妄心，则在妄心可谓之照，而在照心则谓之妄矣。妄与息何异？今假妄之照以续至诚之无息，窃所未明，幸再启蒙。"

"照心非动"者，以其发于本体明觉之自然，而未尝有所动也，有所动即妄矣。"妄心亦照"者，以其本体明觉之自然者，未尝不在于其中，但有所动耳，无所动即照矣。无妄、无照，非以妄为照，以照为妄也。照心为照，妄心为妄，是犹有妄、有照也。有妄、有照，则犹二也，二则息矣。无妄、无照则不二，不二则不息矣。

【27.11】来书云："养生以清心寡欲为要。夫清心寡欲，作圣之功毕矣。然欲寡则心自清，清心非舍弃人事而独居求静之谓也，盖欲使此心纯乎天理，而无一毫人欲之私耳。今欲为此之功，而随人欲生而克之，则病根常在，未免灭于东而生于西。若欲刊剥洗荡于众欲未萌之先，则又无所用其力，徒使此心之不清。且欲未萌而搜剔以求去之，是犹引犬上堂而逐之也，愈不可矣。"

必欲此心纯乎天理，而无一毫人欲之私，此作圣之功也。必欲此心纯乎天理，而无一毫人欲之私，非防于未萌之先，而克于方萌之际不能也。防于未萌之先，而克于方萌之际，此正《中庸》"戒慎恐惧"、《大学》"致知格物"之功。舍此之外，无别功矣。夫谓"灭于东而生于西、引犬上堂而逐之者"，是自私自利、将迎[1]意必[2]之为累，而非克治洗荡之为患也。今曰"养生以清心寡欲为要"，只"养生"二字，便是自私自利、将迎意必之根。有此病根潜伏于中，宜其有"灭于东而生于西、引犬上堂而逐之"之患也。

【27.12】来书云："佛氏于'不思善，不思恶时，认本来面目'，与吾儒'随物而格'之功不同。吾若于不思善、不思恶时，用致知之功，则已涉于思善矣。欲善恶不思，而心之良知清静自在，惟有寐而方醒之时耳。斯正孟子'夜气'之说。但于斯光景不能久，倏忽之际，思虑已生。不知用功久者，其常寐初醒而思未起之时否乎？今澄欲

1　将迎：可参看【24.2】条注释。
2　意必：出自《论语·子罕》："子绝四：毋意、毋必、毋固、毋我。""意"，悬空臆测。"必"，绝对肯定。"固"，拘泥固执。"我"，唯我独是。

求宁静，愈不宁静，欲念无生，则念愈生，如之何而能使此心前念易灭，后念不生，良知独显，而与造物者游乎？"

"不思善、不思恶时，认本来面目"，此佛氏为未识本来面目者设此方便。本来面目即吾圣门所谓真知。今既认得真知明白，即已不消如此说矣。"随物而格"，是致知之功，即佛氏之"常惺惺"，亦是常存他本来面目耳。体段功夫大略相似，但佛氏有个自私自利之心，所以便有不同耳。今欲善恶不思，而心之良知清静自在，此便有自私自利、将迎意必之心，所以有"不思善、不思恶时，用致知之功，则已涉于思善"之患。孟子说"夜气"，亦只是为失其良心之人指出个良心萌动处，使他从此培养将去。今已知得良知明白，常用致知之功，即已不消说"夜气"。却是得兔后不知守兔，而仍去守株，兔将复失之矣。欲求宁静，欲念无生，此正是自私自利、将迎意必之病，是以念愈生而愈不宁静。良知只是一个良知，而善恶自辨，更有何善何恶可思？良知之体本自宁静，今却又添一个求宁静；本自生生，今却又添一个欲无生，非独圣门致知之功不如此，虽佛氏之学亦未如此将迎意必也。只是一念良知，彻头彻尾，无始无终，即是前念不灭，后念不生。今却欲前念易灭，而后念不生，是佛氏所谓"断灭种性，入于槁木死灰"之谓矣。

【27.13】来书云："佛氏又有'常提念头'之说，其犹孟子所谓'必有事'[1]，夫子所谓'致良知'之说乎？其即'常惺惺、常记得、常知得、常存得'者乎？于此念头提在之时，而事至物来，应之必有其道。但恐此念头提起时少，放下时多，则功夫间断耳。且念头放失，多因私欲、客气[2]之动而始，忽然惊醒而后提，其放而未提之间，心之昏杂多不自觉。今欲日精日明，常提不放，以何道乎？只此常提不放，即全功乎？抑于常提不放之中，更宜加省克之功乎？虽曰常提不放，而不加戒惧克治之功，恐私欲不去；若加戒惧克治之功焉，又为'思善'之事，而于'本来面目'又未达一间也。如之何则可？"

"戒惧克治"即是"常提不放"之功，即是"必有事焉"，岂有两事邪！此节所问，前一段已自说得分晓，末后却是自生迷惑，说得支离，及有"'本来面目'未达一间"之疑，都是自私自利、将迎意必之为病，去此病，自无此疑矣。

【27.14】来书云："质美者明得尽，渣滓便浑化。如何谓'明

1　必有事：出自《孟子·公孙丑上》："必有事焉而勿正，心勿忘，勿助长也。"《孟子》文中，"事"指"集义"以养浩然之气。朱熹解释"正"的含义为预期，预设。

2　客气：可参看【12.3】条注释。

得尽'？如何而能'便浑化'？"

良知本来自明。气质不美者，渣滓多，障蔽厚，不易开明。质美者，渣滓原少，无多障蔽，略加致知之功，此良知便自莹彻，些少渣滓，如汤中浮雪，如何能作障蔽？此本不甚难晓，原静所以致疑于此，想是因一"明"字不明白，亦是稍有欲速之心。向曾面论"明善"之义，明则诚矣，非若后儒所谓明善之浅也。

【27.15】来书云："聪明睿知果质乎？仁义礼智果性乎？喜怒哀乐果情乎？私欲、客气果一物乎？二物乎？古之英才若子房、仲舒、叔度、孔明、文中、韩、范诸公[1]，德业表著，皆良知中所发也，而不得谓之闻道者，果何在乎？苟曰此特生质之美耳，则生知安行者，不愈于学知困勉者乎？愚意窃云，谓诸公见道偏则可，谓全无闻，则恐后儒崇尚记诵训诂之过也。然乎？否乎？"

性一而已。仁、义、礼、智，性之性也；聪、明、睿、知，性之质也；喜、怒、哀、乐，性之情也；私欲、客气，性之蔽也。质有清浊，故情有过、不及，而蔽有浅、深也。私欲、客气，一病两痛，非二物也。张、黄、诸葛及韩、范诸公，皆天质之美，自多暗合道妙，虽未可尽谓之知学，尽谓之闻道，然亦自其有学，违道不远者也。使其闻学知道，即伊、傅、周、召[2]矣。若文中子则又不可谓之不知学者，其书虽多出于其徒，亦多有未是处，然其大略则亦居然可见，但今相去辽远，无有的然凭证，不可悬断其所至矣。

夫良知即是道，良知之在人心，不但圣贤，虽常人亦无不如此。若无有物欲牵蔽，但循着良知发用流行将去，即无不是道。但在常人多为物欲牵蔽，不能循得良知。如数公者，天质既自清明，自少物欲为之牵蔽，则其良知之发用流行处，自然是多，自然违道不远。学者学循此良知而已，谓之知学，只是知得专在学循良知。数公虽未知专在良知上用功，而或泛滥于多岐，疑迷于影响，是以或离或合而未纯。若知得时，便是圣人矣。后儒尝以数子者尚皆是气质用事[3]，未免于"行不著，习不察"[4]。此亦未为过论。但后儒之所谓"著、

1　"古之英才"句：子房即汉代刘邦谋士张良，仲舒即西汉经学家董仲舒，叔度即东汉贤人黄宪，孔明即三国时期诸葛亮，文仲即隋朝人王通，又称文中子，韩、范即北宋名臣韩琦和范仲淹。

2　伊、傅、周、召：指商朝名臣伊尹，商朝贤相傅说，周朝周公旦，周文王儿子召公。

3　后儒尝以数子者尚皆是气质用事：后世儒者曾认为这几个人之所以功名卓著，皆源于他们天生良质。

4　行不著、习不察：出自《孟子·尽心上》："行之而不著焉，习矣而不察焉，终身由之而不知其道者，众也。"

察"者，亦是狃于闻见之狭，蔽于沿习之非，而依拟仿像于影响形迹之间，尚非圣门之所谓"著、察"者也。则亦安得以己之昏昏，而求人之昭昭也乎？所谓"生知安行"，"知""行"二字，亦是就用功上说；若是知、行本体即是良知、良能，虽在困勉之人，亦皆可谓之"生知安行"矣。"知""行"二字更宜精察。

【27.16】来书云："昔周茂叔每令伯淳寻仲尼、颜子乐处。敢问是乐也，与七情之乐同乎？否乎？若同，则常人之一遂所欲，皆能乐矣，何必圣贤？若别有真乐，则圣贤之遇大忧、大怒、大惊、大惧之事，此乐亦在否乎？且君子之心常存戒惧，是盖终身之忧也，恶得乐？澄平生多闷，未尝见真乐之趣，今切愿寻之。"

乐是心之本体，虽不同于七情之乐，而亦不外于七情之乐。虽则圣贤别有真乐，而亦常人之所同有。但常人有之而不自知，反自求许多忧苦，自加迷弃。虽在忧苦迷弃之中，而此乐又未尝不存，但一念开明，反身而诚，则即此而在矣。每与原静论，无非此意，而原静尚有"何道可得"之问，是犹未免于"骑驴觅驴"之蔽也。

【27.17】来书云："《大学》以'心有好乐、忿懥、忧患、恐惧'为'不得其正'，而程子亦谓'圣人情顺万事而无情'。所谓'有'[1]者，《传习录》中以病疟譬之[2]，极精切矣。若程子之言，则是圣人之情不生于心而生于物也，何谓耶？且事感而情应，则是是非非可以就格；事或未感时，谓之有则未形也，谓之无则病根在，有无之间，何以致吾知乎？学务无情，累虽轻，而出儒入佛矣，可乎？"

圣人致知之功，至诚无息。其良知之体，皦如明镜，略无纤翳，妍媸之来，随物见形，而明镜曾无留染，所谓"情顺万事而无情"也。"无所住而生其心"，佛氏曾有是言，未为非也。明镜之应物，妍者妍，媸者媸，一照而皆真，即是"生其心"处。妍者妍，媸者媸，一过而不留，即是"无所住"处。病疟之喻，既已见其精切，则此节所问可以释然。病疟之人，疟虽未发，而病根自在，则亦安可以其疟之未发而遂忘其服药调理之功乎？若必待疟发而后服药调理，则既晚矣。致知之功，无间于有事、无事，而岂论于病之已发、未发邪？大抵原静所疑，前后虽若不一，然皆起于自私自利、将迎意必之为祟。此根一去，则前后所疑，自将冰消雾释，有不待于问辨者矣。

1　有：有私心、私欲。

2　以病疟譬之：可参看【44.62】条。

28. 与黄勉之¹书 其二 甲申（1524年）

[背景简介] 可参看本书中 27.《与陆原静书》一文介绍。

施邦曜在《阳明先生集要》一书中就此文有评曰："人只是知有所蔽，无境不逐物而移，学问到致知之后，自动与道合。时习，此道也；朋来，此道也；人不知，此道也；仁爱万物，好恶思虑，此道也。知致致知，是一了百当也。"

【28.1】勉之别去后，家人病益狼狈，贱躯亦咳逆泄泻相仍，曾无间日，人事纷沓未论也。用是《大学》古本曾无下笔处，有辜勤勤之意。然此亦自可徐徐图之。但古本白文之在吾心者，未能时时发明，却有可忧耳。来问数条，实亦无暇作答，缔观简末恳恳之诚，又自不容已于言也。

【28.2】来书云："以良知之教涵泳之，觉其彻动彻静，彻昼彻夜，彻古彻今，彻生彻死，无非此物。不假纤毫思索，不得纤毫助长，亭亭当当，灵灵明明，触而应，感而通，无所不照，无所不觉，无所不达，千圣同途，万贤合辙。无他如神²，此即为神；无他希天，此即为天；无他顺帝，此即为帝³。本无不中，本无不公。终日酬酢，不见其有动；终日闲居，不见其有静。真乾坤之灵体，吾人之妙用也。窃又以为《中庸》'诚者'之'明'，即此良知为明；'诚之者'之'戒

1　黄勉之：黄省曾（1490—1540），字勉之，号五岳山人，明代吴县（今江苏苏州）人。嘉靖辛卯（1531）乡试中举，名列榜首，后进士累试不第，遂弃之。阳明先生在浙江讲学时，前往从学。黄宗羲《明儒学案·卷二十五·南中王门学案一》载："时四方从学者众，每晨班坐，次第请疑，问至即答，无不圆中。先生（注：黄省曾）一日彻领，汗洽重襟。"一生著述颇丰，内容涉及经学、史学、地理、农学等多方面。

2　如神：出自《中庸》："至诚如神。"可参看附录 55.《中庸》【55.28】条。

3　无他希天，此即为天；无他顺帝，此即为帝：希天，仰慕上天。周敦颐《通书·志学》："圣希天，贤希圣，士希贤。"顺帝，顺应帝则。

慎恐惧'，即此良知为'戒慎恐惧'。当与恻隐羞恶一般，俱是良知条件。知戒慎恐惧，知恻隐，知羞恶，通是良知，亦即是'明'"云云。

此节论得已甚分晓。知此，则知致知之外无余功矣。知此，则知所谓"建诸天地而不悖，质诸鬼神而无疑，百世以俟圣人而不惑"[1]者，非虚语矣。诚明、戒惧，效验、功夫，本非两义。既知彻动彻静，彻死彻生，无非此物，则诚明戒惧与恻隐羞恶，又安得别有一物为之软？

【28.3】来书云："阴阳之气，欣合和畅而生万物。物之有生，皆得此和畅之气。故人之生理，本自和畅，本无不乐。观之鸢飞鱼跃，鸟鸣兽舞，草木欣欣向荣，皆同此乐。但为客气[2]、物欲搅此和畅之气，始有间断不乐。孔子曰'学而时习之'，便立个无间断功夫，悦则乐之萌矣。朋来则学成，而吾性本体之乐复矣。故曰'不亦乐乎'。在人虽不我知，吾无一毫愠怒以间断吾性之乐，圣人恐学者乐之有息也，故又言此。所谓'不怨不尤'，与夫'乐在其中'，'不改其乐'，皆是乐无间断否？"云云。

乐是心之本体。仁人之心，以天地万物为一体，欣合和畅，原无间隔。来书谓"人之生理，本自和畅，本无不乐，但为客气、物欲搅此和畅之气，始有间断不乐"是也。时习者，求复此心之本体也。悦则本体渐复矣。朋来则本体之欣合和畅，充周无间。本体之欣合和畅，本来如是，初未尝有所增也。就使无朋来而天下莫我知焉，亦未尝有所减也。来书云"无间断"意思亦是。圣人亦只是至诚无息而已，其功夫只是时习。时习之要，只是谨独。谨独即是致良知。良知即是乐之本体。此节论得大意亦皆是，但不宜便有所执着。

【28.4】来书云"韩昌黎'博爱之谓仁'一句，看来大段不错，不知宋儒何故非之？以为爱自是情，仁自是性，岂可以爱为仁？愚意则曰：性即未发之情，情即已发之性，仁即未发之爱，爱即已发之仁。如何唤爱作仁不得？言爱则仁在其中矣。孟子曰：'恻隐之心，仁也。'周子曰：'爱曰仁。'昌黎此言，与孟、周之旨无甚差别。不可以其文人而忽之也"云云。

博爱之说，本与周子之旨无大相远。樊迟问"仁"[3]，子曰："爱

1　"建诸天地而不悖"句：出自《中庸》，可参看附录55.《中庸》【55.35】条。
2　客气：可参看【12.3】条注释。
3　樊迟问"仁"：出自《论语·颜渊》。

人。""爱"字何尝不可谓之"仁"欤？昔儒看古人言语，亦多有因人重轻之病，正是此等处耳。然爱之本体固可谓之仁，但亦有爱得是与不是者，须爱得是方是爱之本体，方可谓之仁。若只知博爱而不论是与不是，亦便有差处。吾尝谓"博"字不若"公"字为尽。大抵训释字义，亦只是得其大概，若其精微奥蕴，在人思而自得，非言语所能喻。后人多有泥文着相，专在字眼上穿求，却是"心从《法华》转"也。

【28.5】来书云："《大学》云：'如好好色，如恶恶臭[1]。'所谓恶之云者，凡见恶臭，无处不恶，固无妨碍。至于好色，无处不好，则将凡美色之经于目也，亦尽好之乎？《大学》之训，当是借流俗好恶之常情，以喻圣贤好善恶恶之诚耳。抑将好色亦为圣贤之所同，好经于目，虽知其姣，而思则无邪，未尝少累其心体否乎？《诗》云：'有女如云'，未尝不知其姣也；其姣也，'匪我思存'[2]，言匪我见存，则思无邪而不累其心体矣。如见轩冕金玉，亦知其为轩冕金玉也，但无歆羡希觊之心，则可矣。如此看，不知通否"云云。

人于寻常好恶，或亦有不真切处，惟是好好色，恶恶臭，则皆是发于真心，自求快足，曾无纤假者。《大学》是就人人好恶真切易见处，指示人以好善恶恶之诚当如是耳，亦只是形容一"诚"字。今若又于好色字上生如许意见，却未免有"执指为月"之病。昔人多有为一字一句所牵蔽，遂致错解圣经者，正是此症候耳，不可不察也。中间云"无处不恶，固无妨碍"，亦便有受病处，更详之。

【28.6】来书云："有人因薛文清[3]'过思亦是暴气[4]'之说，乃欲截然不思者。窃以孔子曰：'吾尝终日不食，终夜不寝以思'，亦将谓孔子过而暴其气乎？以愚推之，惟思而外于良知，乃谓之过。若念念在良知上体认，即如孔子终日终夜以思，亦不为过。不外良知，即是'何思何虑'[5]，尚何过哉"云云。

"过思亦是暴气"，此语说得亦是。若遂欲截然不思，却是因

1　如好好色，如恶恶臭：可参看附录 54.《大学》【54.4】条。

2　"有女如云"句：出自《诗·郑风·出其东门》："出其东门，有女如云。虽则如云，匪我思存。"

3　薛文清：薛瑄（1389—1464），字德温，号敬轩，谥文清。山西省河津县平原村（今属万荣县）人。明代著名的理学大师，河东学派的缔造者。

4　暴气：滥用其气。见《孟子·公孙丑上》："夫志，气之帅也；气，体之充也。夫志至焉，气次焉。故曰：持其志，无暴其气。"

5　何思何虑：出自《易经·系辞》："天下何思何虑？天下同归而殊途，一致而百虑。天下何思何虑！"

噎而废食者也。来书谓"思而外于良知，乃谓之过，若念念在良知上体认，即终日终夜以思，亦不为过。不外良知，即是何思何虑"，此语甚得鄙意。孔子所谓"吾尝终日不食，终夜不寝以思，无益，不如学也"者，圣人未必然，乃是指出徒思而不学之病以诲人耳。若徒思而不学，安得不谓之"过思"与！

29. 答周道通[1]书 其一 甲申（1524年）

[背景简介] 可参看本书中 27.《与陆原静书》一文介绍。

施邦曜在《阳明先生集要》一书中就此文有评曰："此书开口说自家痛痒、自家知得，次说千思万虑，只要求复本体，又次言实致其良知，当弗牵于毁誉得丧，又何用向圣人求气象，又何暇辨朱、陆是非。俱是鞭辟入里，有志学问者其知之。"

【29.1】吴、曾两生至，备道道通恳切为道之意，殊慰相念！若道通真可谓笃信好学者矣。忧病中会，不能与两生细论，然两生亦自有志向肯用功者，每见辄觉有进，在区区诚不能无负于两生之远来，在两生则亦庶几无负其远来之意矣。临别以此册致道通意，请书数语。荒惯无可言者，辄以道通来书中所问数节，略下转语奉酬。草草殊不详细，两生当亦自能口悉也。

【29.2】来书云："日用工夫只是'立志'。近来于先生诲言时时体验，愈益明白。然于朋友不能一时相离。若得朋友讲习，则此志才精健阔大，才有生意。若三五日不得朋友相讲，便觉微弱，遇事便会困，亦时会忘。乃今无朋友相讲之日，还只静坐，或看书，或游衍经行，凡寓目措身，悉取以培养此志，颇觉意思和适。然终不如朋友讲聚，精神流动，生意更多也。离群索居之人，尝更有何

1　周道通：名冲，字道通，号静庵，江苏宜兴人。黄宗羲《明儒学案·卷二十五·南中王门学案一》载："正德庚午（1510）年乡举。授万安训导，知应城县，以耳疾改邵武教授，升唐府纪善，进长史而卒，年四十七。阳明讲道于虔，先生往受业。继又从于甘泉，谓'湛师之体认天理，即王师之致良知也。'与蒋道林集师说，为《新泉问辨录》。暇则行乡射投壶礼（注：投壶是古代士大夫宴饮时做的一种投掷游戏，是一种从容安详、讲究礼节的活动），士皆敛衽推让。吕泾野、邹东廓咸称其有淳雅气象。当时王、湛二家门人弟子，未免互相短长，先生独疏通其旨。故先生死而甘泉叹曰：'道通真心听受，以求实益，其异于死守门户以相訾而不悟者远矣！'"

法以处之？"

此段足验道通日用工夫所得。工夫大略亦只是如此用，只要无间断，到得纯熟后，意思又自不同矣。大抵吾人为学紧要大头脑，只是"立志"，所谓"困、忘"之病，亦只是志欠真切。今好色之人，未尝病于困、忘，只是一真切耳。自家痛痒，自家须会知得，自家须会搔摩得，既自知得痛痒，自家须不能不搔摩得。佛家谓之"方便法门"，须是自家调停斟酌，他人总难与力，亦更无别法可设也。

【29.3】来书云："上蔡[1]尝问：'天下何思何虑？'[2]伊川[3]云：'有此理，只是发得太早。'在学者工夫，固是'必有事焉而勿忘'[4]，然亦须识得'何思何虑'底气象，一并看为是。若不识得这气象，便有'正'与'助长'之病；若认得'何思何虑'，而忘'必有事焉'工夫，恐人堕于无也。须是不滞于有，不堕于无。然乎否也？"

所论亦相去不远矣，只是契悟未尽。上蔡之问，与伊川之答，亦只是上蔡、伊川之意，与孔子《系辞》原旨稍有不同。《系》言"何思何虑"，是言所思所虑只是一个天理，更无别思别虑耳，非谓无思无虑也。故曰："同归而殊途，一致而百虑，天下何思何虑。"云"殊途"，云"百虑"，则岂谓无思无虑邪？心之本体即是天理，天理只是一个，更有何可思虑得？天理原自寂然不动，原自感而遂通，学者用功，虽千思万虑，只是要复他本来体用而已，不是以私意去安排思索出来。故明道云："君子之学，莫若廓然而大公，物来而顺应。"[5]若以私意去安排思索便是用智自私矣。"何思何虑"正是功夫。在圣人分上，便是自然的，在学者分上，便是勉然的。伊川却是把作效验看了，所以有"发得太早"之说。既而云："却好用功"，则已自觉其前言之有未尽矣。濂溪"主静"之论[6]亦是此意。今道通之言，虽已不为无见，然亦未免尚有两事也。

【29.4】来书云："凡学者才晓得做功夫，便要识认得圣人气象。盖认得圣人气象，把做准的，乃就实地做工夫去，才不会差，才是

1　上蔡：谢良佐（1050—1103），北宋官员、学者。字显道，蔡州上蔡（今河南上蔡）人，人称上蔡先生或谢上蔡。师从程颢、程颐学，与游酢、吕大临、杨时号称"程门四先生"。

2　天下何思何虑：可参看【28.6】条注释。

3　伊川：程颐（1033—1107），字正叔，北宋洛阳伊川（今属河南省）人，世称伊川先生，北宋理学家，教育家，历官汝州团练推官、西京国子监教授。与其胞兄程颢共创"洛学"，人称"二程"，为理学奠定了基础。后追封洛国公，配祀孔庙。

4　必有事焉而勿忘：可参看【27.13】条"必有事"注释。

5　"故明道云"句：可参看【27.5】条"廓然大公"注释。

6　濂溪"主静"之论：可参看【24.2】条"主静"注释。

作圣功夫。未知是否？"

"先认圣人气象"，昔人尝有是言矣，然亦欠有头脑。圣人气象自是圣人的，我从何处识认？若不就自己良知上真切体认，如以无星之称而权轻重，未开之镜而照妍媸，真所谓"以小人之腹，而度君子之心"矣，圣人气象何由认得？自己良知原与圣人一般，若体认得自己良知明白，即圣人气象不在圣人而在我矣。程子尝云："觑着尧学他行事，无他许多聪明睿智，安能如彼之动容周旋中礼？"又云："心通于道，然后能辨是非。"今且说通于道在何处？聪明睿智从何处出来？

【29.5】来书云："事上磨炼。一日之内，不管有事无事，只一意培养本原。若遇事来感，或自己有感，心上既有觉，安可谓无事？但因事凝心一会，大段觉得事理当如此，只如无事处之，尽吾心而已。然仍有处得善与未善，何也？又或事来得多，须要次第与处，每因才力不足，辄为所困，虽极力扶起，而精神已觉衰弱。遇此未免要十分退省，宁不了事，不可不加培养。如何？"

所说工夫，就道通分上也只是如此用，然未免有出入在。凡人为学，终身只为这一事。自少至老，自朝至暮，不论有事无事，只是做得这一件，所谓"必有事焉"者也。若说"宁不了事，不可不加培养"，却是尚为两事也。"必有事焉而勿忘勿助"，事物之来，但尽吾心之良知以应之，所谓"忠恕违道不远"[1]矣。凡处得有善、有未善及有困顿失次之患者，皆是牵于毁誉得丧，不能实致其良知耳。若能实致其良知，然后见得平日所谓善者未必是善，所谓未善者，却恐正是牵于毁誉得丧，自贼其真知者也。

【29.6】来书云："致知之说，春间再承诲益，已颇知用力，觉得比旧尤为简易。但鄙心则谓与初学言之，还须带'格物'意思，使之知下手处。本来'致知''格物'一并下，但在初学未知下手用功，还说与'格物'，方晓得'致知'云云。"

"格物"是"致知"工夫，知得"致知"便已知得"格物"。若是未知"格物"，则是"致知"功夫亦未尝知也。近有一书与友人论此颇悉，今往一通，细观之，当自见矣。

【29.7】来书云："今之为朱、陆之辨者尚未已，每对朋友言正学不明已久，且不须枉费心力为朱、陆争是非，只依先生'立志'

1　忠恕违道不远：出自《中庸》："忠恕违道不远，施诸己而不愿，亦勿施于人。"可参看附录 55.《中庸》【55.12】条。

二字点化人。若其人果能辨得此志来，决意要知此学，已是大段明白了。朱、陆虽不辨，彼自能觉得。又尝见朋友中见有人议先生之言者，辄为动气。昔在朱、陆二先生所以遗后世纷纷之议者，亦见二先生功夫有未纯熟，分明亦有动气之病，若明道[1]则无此矣。观其与吴涉礼论介甫[2]之学云：'为我尽达诸介甫，不有益于他，必有益于我也。'气象何等从容！常见先生与人书中亦引此言，愿朋友皆如此，如何？"

此节议论得极是极是，愿道通遍以告于同志，各自且论自己是非，莫论朱、陆是非也。以言语谤人，其谤浅。若自己不能身体实践，而徒入耳出口，呶呶度日，是以身谤也，其谤深矣。凡今天下之论议我者，苟能取以为善，皆是砥砺切磋我也，则在我无非警惕、修省、进德之地矣。昔人谓"攻吾之短者是吾师"，师又可恶乎？

【29.8】来书云："有引程子'人生而静，以上不容说，才说性，便已不是性。'何故不容说？何故不是性？晦庵[3]答云：'不容说者，未有性之可言；不是性者，已不能无气质之杂矣。'二先生之言皆未能晓，每看书至此，辄为一惑，请问。"

"生之谓性"[4]，"生"字即是"气"字，犹言"气即是性"也。气即是性，"人生而静，以上不容说"，才说"气即是性"，即已落在一边，不是性之本原矣。

孟子"性善"，是从本原上说。然性善之端，须在气上始见得，若无气亦无可见矣。恻隐、羞恶、辞让、是非即是气。程子谓："论性不论气，不备；论气不论性，不明。"[5]亦是为学者各认一边，只得如此说。若见得自性明白时，气即是性，性即是气，原无性、气之可分也。

1　明道：可参看本书 1.《阳明先生年谱》"1488 年"条"明道"注释。

2　吴涉礼论介甫：陈荣捷先生认为，吴涉礼为吴师礼之误，字安仲，杭州人。介甫，王安石，字介甫，号半山，封为舒国公，后又改封荆国公，世人又称"王荆公"，北宋临川盐阜岭（今江西省抚州市临川区）人。

3　晦庵：朱熹，可参看本书 1.《阳明先生年谱》"1489 年"条"考亭"注释。

4　生之谓性：出自《孟子·告子上》："告子曰：'生之谓性。'"《荀子·正名篇》云："生之所以然者谓之性。"

5　论性不论气，不备；论气不论性，不明："不备"，不完备。"不明"，不清晰。出自《二程遗书·卷六·二先生语六》。

30. 答刘内重书 乙酉（1525 年）

[背景简介] 1525 年，嘉靖四年乙酉，先生五十四岁，在浙江。正月，夫人诸氏卒。四月，祔葬于徐山。六月，先生除丧服，理应官复原职，礼部尚书席书、御史石金等特荐未果。《王文成公全书》年谱载："九月，归姚省墓。先生归，定会于龙泉寺之中天阁，每月以朔、望、初八、廿三为期。书壁以勉诸生曰：'……故予切望诸君勿以予之去留为聚散，或五六日，八九日，虽有俗事相妨，亦须破冗一会于此。务在诱掖奖劝，砥砺切磋，使道德仁义之习日亲日近，则势利纷华之染亦日远日疏：所谓相观而善，百工居肆以成其事也。相会之时，尤须虚心逊志，相亲相敬。大抵朋友之交，以相下为益，或议论未合，要在从容涵育，相感以成；不得动气求胜，长傲遂非，务在默而成之，不言而信。其或矜己之长，攻人之短，粗心浮气，矫以沽名，讦以为道，挟胜心而行愤嫉，以圮族败群为志，则虽日讲时习于此，亦无益矣。'"本书中 31.《书正宪扇》、32.《答顾东桥书》也写作于此年。

施邦曜在《阳明先生集要》一书中就此文有评曰："隘不能容物，亦只是好胜。盖好为高标榜门户以自高，便止见己是而人非，去大公无我之量远矣。与《答邹谦之书》是一意。"

【30.1】书来警发良多，知感知感！腹疾，不欲作答，但内重为学工夫尚有可商量者，不可以虚来意之辱，辄复书此耳。

【30.2】程子云："所见所期，不可不远且大。然而为之亦须量力有渐，志大心劳，力小任重，恐终败事。"夫学者既立有必为圣人之志，只消就自己良知明觉处，朴实头致了去，自然循循日有所至，原无许多门面折数也。外面是非毁誉，亦好资之以为警切砥砺之地，却不得以此稍动其心，便将流于心劳日拙而不自知矣。

【30.3】内重强刚笃实，自是任道之器，然于此等处尚须与谦

之[1]从容一商量，又当有见也。眼前路径须放开阔，才好容人来往，若太拘窄，恐自己亦无展足之地矣。圣人之行，初不远于人情。"鲁人猎较，孔子亦猎较"[2]，"乡人傩，朝服而立于阼阶"[3]，"难言之互乡，亦与进其童子"[4]。在当时固不能无惑之者矣。子见南子，子路且有不悦[5]。夫子到此如何更与子路说得是非？只好矢之而已。何也？若要说见南子是，得多少气力来说？且若依着子路认个不是，则子路终身不识圣人之心，此学终将不明矣。此等苦心处，惟颜子便能识得，故曰"于吾言无所不悦"[6]。此正是大头脑处。区区举似内重，亦欲内重谦虚其心，宏大其量，去人我之见，绝意必[7]之私，则此大头脑处，自将卓尔有见，当有"虽欲从之，末由也已"[8]之叹矣！

【30.4】大抵奇特斩绝之行，多后世希高慕大者之所喜，圣贤不以是为贵也。故索隐行怪，则后世有述焉，依乎中庸，固有遁世不见知者矣。学绝道丧之余，苟有以讲学来者，所谓空谷之足音，得似人者可矣。必如内重所云，则今之可讲学者，止可如内重辈二三人而止矣。然如内重者，亦不能时时来讲也，则"法堂前草深一丈"[9]矣。内重有进道之资，而微失之于隘。吾固不敢避饰非自是之嫌，而叮叮至此，内重宜悉此意，弗徒求之言语之间可也。

1　谦之：邹谦之。可参看本书 36.《寄邹谦之书·其三》"邹谦之"条注释。

2　"鲁人猎较"句：表示孔子和众随俗。出自《孟子·万章下》："孔子之仕于鲁也，鲁人猎较，孔子亦猎较。"赵岐注："猎较者，田猎相较夺禽兽，得之以祭，时俗所尚，以为吉祥。孔子不违而从之，所以小同于世也。"

3　"乡人傩"句：乡人迎神驱鬼，（孔子作为主人）穿着朝服，站在东边的台阶上。出自《论语·乡党》。

4　"难言之互乡"句：互乡这个地方的人很难打交道，孔子却接见了这个地方的一个小孩子。出自《论语·述而》："互乡难与言，童子见，门人惑。子曰：'与其进也，不与其退也，唯何甚？人洁己以进，与其洁也，不保其往也。'"

5　"子见南子"句：孔子去见了被认为名声不好的卫灵公夫人南子，学生子路很不高兴。出自《论语·雍也》："子见南子，子路不悦，夫子矢之曰：'予所否者，天厌之！天厌之！'""矢"通"誓"。

6　于吾言无所不悦：出自《论语·先进》："回也非助我者也，于吾言无所不说。"

7　意必：可参看【27.11】条注释。

8　虽欲从之，末由也已：出自《论语·子罕》："颜渊喟然叹曰：'仰之弥高，钻之弥坚，瞻之在前，忽焉在后。夫子循循然善诱人，博我以文，约我以礼。欲罢不能，既竭吾才，如有所立卓尔。虽欲从之，末由也已。'"

9　法堂前草深一丈：比喻前来讲学的人非常少。此句话出自宋代释道元撰《景德传灯录》卷十："湖南长沙景岑，号招贤大师……上堂曰：'我若一向举扬宗教，法堂里须草深一丈。'"

31. 书正宪[1] 扇 乙酉（1525年）

[背景简介] 可参看 30.《答刘内重书》一文介绍。

施邦曜在《阳明先生集要》一书中就此文有评曰："人宜书一通于座右，以为克己之助。"

今人病痛，大段只是傲。千罪百恶，皆从傲上来。傲则自高自是，不肯屈下人。故为子而傲，必不能孝；为弟而傲，必不能弟；为臣而傲，必不能忠。象[2]之不仁，丹朱[3]之不肖，皆只是一"傲"字，便结果了一生，做个极恶大罪的人，更无解救得处。汝曹为学，先要除此病根，方才有地步可进。

"傲"之反为"谦"。"谦"字便是对症之药。非但是外貌卑逊，须是中心恭敬、撙节[4]、退让，常见自己不是，真能虚己受人。故为子而谦，斯能孝；为弟而谦，斯能弟；为臣而谦，斯能忠。尧舜之圣，只是谦到至诚处，便是"允恭克让，温恭允塞"[5]也。

汝曹勉之敬之，其毋若伯鲁之简[6]哉！

1　正宪：阳明先生长子。见本书 1.《阳明先生年谱》："十年乙亥，先生四十四岁。立从弟守信子正宪为后。时先生与诸弟守俭、守文、守章，皆未举子故也。"

2　象：传说中的中国上古人物，舜的异母弟，常与母亲和父亲瞽叟策划杀舜。

3　丹朱：传说中上古时期唐尧的儿子，因其"心既顽嚣，又好争讼"，视其为不肖，所以尧没有传位于他，而让位于舜。

4　撙节：出自《礼记·曲礼上》："是以君子恭敬、撙节、退让以明礼。"孙希旦《礼记集解》："有所抑而不敢肆谓之撙，有所制而不敢过谓之节。"

5　允恭克让，温恭允塞："允恭克让"，诚实、恭敬又能够谦让。出自《尚书·尧典》："允恭克让，光被四表，格于上下。""温恭允塞"，温良、谦恭、诚实、笃实。出自《尚书·舜典》："濬哲文明，温恭允塞。"

6　伯鲁之简：出自《资治通鉴·周纪》："赵简子之子，长曰伯鲁，幼曰无恤。将置后，不知所立。乃书训诫之词于二简，以授二子，曰：'谨识之。'三年而问之，伯鲁不能举其词。问其简，已失之矣。问无恤，诵其词甚习固。问其简，出诸袖中而奏之。于是简子以无恤为贤，立以为后，是为赵襄子，而果昌赵。"

32. 答顾东桥[1]书 乙酉（1525年）

[背景简介] 可参看30.《答刘内重书》一文介绍。本文【32.13】至【32.16】的部分，亦有选家以之为独立成篇者，称为"拔本塞源论"，是阳明心学的重要组成部分。《王文成公全书》年谱载："四年乙酉，先生五十四岁，在越。九月，归姚省墓。答顾东桥。"不过，学者陈荣捷先生在《王阳明传习录详注集评》一书中指出，《续刻传习录》中已收录此文，而年谱记载南大吉续刻时间是上一年的嘉靖三年甲申十月，因此怀疑或是续刻时间记录有误，或是该书"乙酉"年标注有误。

施邦曜在《阳明先生集要》一书中就此文有评曰："此书前悉知行合一之论，广譬博说，旁引曲喻，不啻开云见月。后拔本塞源之论，阐明古今学术升降之因，真是将五藏八宝，悉倾以示人。读之，即昏愚亦恍然有觉。此正是先生万物一体之心，不惮详言以启后学也。当详玩毋忽。"

【32.1】来书云："近时学者，务外遗内，博而寡要。故先生特倡'诚意'一义，针砭膏肓，诚大惠也！"

吾子洞见时弊如此矣，亦将何以救之乎？然则鄙人之心，吾子固已一句道尽，复何言哉！复何言哉！若"诚意"之说，自是圣门教人用功第一义，但近世学者乃作第二义看，故稍与提掇紧要出来，非鄙人所能特倡也。

【32.2】来书云："但恐立说太高，用功太捷，后生师传，影响谬误，未免坠于佛氏'明心见性''定慧顿悟'之机，无怪闻者见疑。"

1　顾东桥：顾璘（1476—1545），明代官员、文学家。字华玉，号东桥居士，长洲（今江苏省苏州市吴中区）人。弘治九年（1496）二十一岁中进士，授广平（今河北省广平县）知县。正德四年（1509）知开封府，忤太监廖堂，谪知全州。后迁吏部右侍郎，累官至南京刑部尚书。晚年致仕归里，筑息园，大治亭舍，好宾客，座无虚席。世称东桥先生。钱谦益称之："处承平全盛之世，享园林钟鼓之乐，江左风流，迄今犹称为领袖也。"卒于嘉靖二十四年（1545）。著有《浮湘集》《山中集》《息园诗文稿》等。

区区"格、致、诚、正"之说，是就学者本心日用事为间，体究践履，实地用功，是多少次第、多少积累在，正与空虚顿悟之说相反。闻者本无求为圣人之志，又未尝讲究其详，遂以见疑，亦无足怪。若吾子之高明，自当一语之下便了然矣。乃亦谓"立说太高，用功太捷"，何邪？

【32.3】来书云："所喻知行并进，不宜分别前后，即《中庸》'尊德性而道问学'之功交养互发，内外本末'一以贯之'之道。然工夫次第，不能无先后之差，如知食乃食，知汤乃饮，知衣乃服，知路乃行。未有不见是物先有是事。此亦毫厘倏忽之间，非谓截然有等，今日知之而明日乃行也。"

既云"交养互发，内外本末'一以贯之'"，则知行并进之说无复可疑矣。又云"工夫次第，不能无先后之差"，无乃自相矛盾已乎？"知食乃食"等说，此尤明白易见。但吾子为近闻障蔽，自不察耳。

夫人必有欲食之心，然后知食。欲食之心即是意，即是行之始矣。食味之美恶，必待入口而后知。岂有不待入口，而已先知食味之美恶者邪？必有欲行之心，然后知路，欲行之心即是意，即是行之始矣。路岐之险夷，必待身亲履历而后知。岂有不待身亲履历，而已先知路岐之险夷者邪？"知汤乃饮，知衣乃服"，以此例之，皆无可疑。若如吾子之喻，是乃所谓"不见是物而先有是事"者矣。

吾子又谓"此亦毫厘倏忽之间，非谓截然有等，今日知之而明日乃行也"，是亦察之尚有未精。然就如吾子之说，则知行之为合一并进，亦自断无可疑矣。

【32.4】来书云："真知即所以为行，不行不足谓之知。此为学者吃紧立教，俾务躬行则可。若真谓行即是知，恐其专求本心，遂遗物理，必有暗而不达之处，抑岂圣门知行并进之成法哉？"

知之真切笃实处即是行，行之明觉精察处即是知。知行工夫本不可离，只为后世学者分作两截用功，失却知行本体，故有合一并进之说。真知即所以为行，不行不足谓之知。即如来书所云"知食乃食"等说可见，前已略言之矣。此虽吃紧救弊而发，然知行之体本来如是，非以己意抑扬其间，姑为是说，以苟一时之效者也。

专求本心，遂遗物理，此盖失其本心者也。夫物理不外于吾心，外吾心而求物理，无物理矣；遗物理而求吾心，吾心又何物邪？心之体，性也，性即理也。故有孝亲之心即有孝之理，无孝亲之心即无孝之理矣。有忠君之心，即有忠之理，无忠君之心，即无忠之理矣。理岂外于吾心邪？晦庵谓"人之所以为学者，心与理而已，心虽主乎一身而实管乎天下之理，理虽散在万事而实不外乎一人之心"，是其一分一合之间，而未免已启学者心、理为二之弊。此后世所以有"专求本心，遂遗物理"之患，正由不知心即理耳。夫外心以求物理，是以有暗而不达之处，此告子"义外"之说，孟子所以谓之不知义也。心一而已，以其全体恻怛而言谓之"仁"，以其得宜而言谓之"义"，以其条理而言谓之"理"。不可外心以求仁，不可外心以求义，独可外心以求理乎？外心以求理，此知、行之所以二也。求理于吾心，此圣门知行合一之教，吾子又何疑乎？

【32.5】来书云："所释《大学》古本，谓致其本体之知。此固孟子'尽心'之旨，朱子亦以'虚灵知觉'为此心之量。然尽心由于知性，致知在于格物。"

"尽心由于知性，致知在于格物"，此语然矣。然而推本吾子之意，则其所以为是语者，尚有未明也。朱子以"尽心、知性、知天"为格物、致知。以"存心、养性、事天"为诚意、正心、修身，以"夭寿不贰，修身以俟"为知至、仁尽，圣人之事。若鄙人之见，则与朱子正相反矣。夫"尽心、知性、知天"者，"生知安行"，圣人之事也；"存心、养性、事天"者，"学知利行"，贤人之事也；"夭寿不贰，修身以俟"者，"困知勉行"，学者之事也。岂可专以"尽心知性"为知，"存心养性"为行乎？吾子骤闻此言，必又以为大骇矣。然其间实无可疑者，一为吾子言之。

夫心之体，性也；性之原，天也。能尽其心，是能尽其性矣。《中庸》云："惟天下至诚为能尽其性。"又云："知天地之化育，质诸鬼神而无疑，知天也。"此惟圣人而后能然。故曰：此"生知安行"，圣人之事也。存其心者，未能尽其心者也，故须加存之之功。必存之既久，不待于存而自无不存，然后可以进而言尽。盖"知天"之"知"，如"知州""知县"之知，知州则一州之事皆己事也，知县则一县之事皆己事也，是与天为一者也。"事天"则如子之事父，臣之事君，犹与天为二也。天之所以命于我者，心也，性也，吾但存之而不敢失，养之而不敢害，如"父母全而生之，子全而归之"[1]者也。故曰：此"学知利行"，贤人之事也。至于"夭寿不贰"，则与存其心者又有间矣。

1　父母全而生之，子全而归之：出自《礼记·祭义》，意为父母把儿女完好地生下来，儿女要保护身体发肤完好如初，等到死时完好地归还给父母。

存其心者虽未能尽其心，固已一心于为善，时有不存则存之而已。今使之"夭寿不贰"，是犹以夭寿贰其心者也。犹以夭寿贰其心，是其为善之心犹未能一也，存之尚有所未可，而何尽之可云乎？今且使之不以夭寿贰其为善之心，若曰死生夭寿皆有定命，吾但一心于为善，修吾之身以俟天命而已，是其平日尚未知有天命也。事天虽与天为二，然已真知天命之所在，但惟恭敬奉承之而已耳。若俟之云者，则尚未能真知天命之所在，犹有所俟者也，故曰：所以立命。立者"创立"之"立"，如"立德""立言""立功""立名"之类。凡言"立"者，皆是昔未尝有，而今始建立之谓，孔子所谓"不知命，无以为君子"者也。故曰：此"困知勉行"，学者之事也。

今以"尽心、知性、知天"为格物致知，使初学之士尚未能不贰其心者，而遽责之以圣人生知安行之事，如捕风捉影，茫然莫知所措其心，几何而不至于"率天下而路"[1]也？今世致知格物之弊，亦居然可见矣。吾子所谓"务外遗内，博而寡要"者，无乃亦是过欤？此学问最紧要处，于此而差，将无往而不差矣。此鄙人之所以冒天下之非笑，忘其身之陷于罪戮，呶呶其言，其不容已者也。

【32.6】来书云："闻语学者，乃谓'即物穷理之说亦是玩物丧志'，又取其'厌繁就约''涵养本原'数说标示学者，指为'晚年定论'[2]，此亦恐非。"

朱子所谓格物云者，在即物而穷其理也。即物穷理是就事事物物上求其所谓定理者也，是以吾心而求理于事事物物之中，析心与理为二矣。夫求理于事事物物者，如求孝之理于其亲之谓也。求孝之理于其亲，则孝之理其果在于吾之心邪？抑果在于亲之身邪？假而果在于亲之身，则亲没之后，吾心遂无孝之理欤？见孺子之入井，必有恻隐之理，是恻隐之理果在于孺子之身欤？抑在于吾心之良知欤？其或不可以"从之于井"[3]欤？其或可以手而援之欤？是皆所谓理也。是果在于孺子之身欤？抑果出于吾心之良知欤？以是例之，万事万物之理莫不皆然，是可以知析心与理为二之非矣。夫析心与理而为二，此告子"义外"之说，孟子之所深辟也。"务外遗内，博而寡要"，吾子既已知之矣，是果何谓而然哉？谓之"玩物丧志"，

1　率天下而路：率领天下的人疲于奔命。出自《孟子·滕文公上》："且一人之身，而百功之所为备。如必自为而后用之，是率天下而路也。"

2　晚年定论：指阳明先生所作《朱子晚年定论》，认为朱熹晚年的时候，改变了自己的学术观点。

3　从之于井：跟随者跳到井中。该词从《论语》中借用，非原文本义。《论语·雍也》："宰我问曰：'仁者，虽告之曰井有仁焉，其可从之也？'"

尚犹以为不可欤？

若鄙人所谓致知格物者，致吾心之良知于事事物物也。吾心之良知即所谓天理也，致吾心良知之天理于事事物物，则事事物物皆得其理矣。致吾心之良知者，致知也。事事物物皆得其理者，格物也。是合心与理而为一者也。合心与理而为一，则凡区区前之所云，与朱子晚年之论，皆可以不言而喻矣。

【32.7】来书云："人之心体，本无不明，而气拘物蔽，鲜有不昏。非学、问、思、辨以明天下之理，则善恶之机、真妄之辨不能自觉，任情恣意，其害有不可胜言者矣。"

此段大略似是而非。盖承沿旧说之弊，不可以不辨也。夫学、问、思、辨、行皆所以为学，未有学而不行者也。如言学孝，则必服劳奉养，躬行孝道，然后谓之学。岂徒悬空口耳讲说，而遂可以谓之学孝乎？学射则必张弓挟矢，引满中的；学书则必伸纸执笔，操觚染翰[1]。尽天下之学，无有不行而可以言学者，则学之始固已即是行矣。笃者，敦实笃厚之意，已行矣，而敦笃其行，不息其功之谓尔。盖学之不能以无疑，则有问，问即学也，即行也；又不能无疑，则有思，思即学也，即行也；又不能无疑，则有辨，辨即学也，即行也。辨既明矣，思既慎矣，问既审矣，学既能矣，又从而不息其功焉，斯之谓笃行，非谓学问思辨之后而始措之于行也。是故以求能其事而言谓之学，以求解其惑而言谓之问，以求通其说而言谓之思，以求精其察而言谓之辨，以求履其实而言谓之行。盖析其功而言则有五，合其事而言则一而已。此区区心、理合一之体，知、行并进之功，所以异于后世之说者，正在于是。

今吾子特举学、问、思、辨以穷天下之理，而不及笃行，是专以学、问、思、辨为知，而谓穷理为无行也已。天下岂有不行而学者邪？岂有不行而遂可谓之穷理者邪？明道云："只穷理，便尽性至命"，故必"仁极仁"，而后谓之能穷仁之理，"义极义"，而后谓之能穷义之理。"仁极仁"则尽仁之性矣，"义极义"则尽义之性矣。学至于穷理至矣，而尚未措之于行，天下宁有是邪？是故知不行之不可以为学，则知不行之不可以为穷理矣；知不行之不可以为穷理，则知知行之合一并进，而不可以分为两节事矣。

夫万事万物之理不外于吾心，而必曰"穷天下之理"，是殆以吾心之良知为未足，而必外求于天下之广，以裨补增益之。是犹析

1　操觚染翰：以笔沾墨，执简书写。觚，木简，音 gū。翰，长而硬的鸟羽。

心与理而为二也。夫学、问、思、辨、笃行之功，虽其困勉至于"人一己百"[1]，而扩充之极，至于尽性知天，亦不过致吾心之良知而已。良知之外，岂复有加于毫末乎？今必曰"穷天下之理"，而不知反求诸其心，则凡所谓善恶之机、真妄之辨者，舍吾心之良知，亦将何所致其体察乎？吾子所谓"气拘物蔽"者，拘此、蔽此而已。今欲去此之蔽，不知致力于此，而欲以外求，是犹目之不明者，不务服药调理以治其目，而徒怅怅然求明于其外，明岂可以自外而得哉？任情恣意之害，亦以不能精察天理于此心之良知而已。此诚毫厘千里之谬者，不容于不辨。吾子毋谓其论之太刻也。

【32.8】来书云："教人以致知、明德，而戒其即物穷理，试使昏暗之士深居端坐，不闻教告，遂能至于知致而德明乎？纵令静而有觉，稍悟本性，则亦定慧无用之见，果能知古今、达事变而致用于天下国家之实否乎？其曰：'知者意之体，物者意之用'，'格物如格君心之非之格'。语虽超悟独得，不踵陈见，抑恐于道未相吻合。"

区区论致知格物，正所以穷理，未尝"戒人穷理，使之深居端坐而一无所事"也。若谓"即物穷理"，如前所云"务外而遗内"者，则有所不可耳。昏暗之士，果能随事随物精察此心之天理，以致其本然之良知，则"虽愚必明，虽柔必强"[2]。大本立而达道行，九经[3]之属可一以贯之而无遗矣，尚何患其无致用之实乎？彼顽空虚静之徒，正惟不能随事随物精察此心之天理，以致其本然之良知，而遗弃伦理，寂灭虚无以为常，是以"要之不可以治家国天下"。孰谓圣人穷理尽性之学，而亦有是弊哉？

心者，身之主也，而心之虚灵明觉，即所谓本然之良知也。其虚灵明觉之良知应感而动者，谓之意。有知而后有意，无知则无意矣。知非意之体乎？意之所用必有其物，物即事也。如意用于事亲，即事亲为一物；意用于治民，即治民为一物；意用于读书，即读书为一物；意用于听讼，即听讼为一物。凡意之所用，无有无物者。有是意即有是物，无是意即无是物矣，物非意之用乎？

---

1 人一己百：与圣贤相比，普通人求学需要付出超常的努力。出自《中庸》："人一能之，己百之；人十能之，己千之。果能此道矣，虽愚必明，虽柔必强。"见附录55.《中庸》【55.24】条。

2 虽愚必明，虽柔必强：出自【32.7】"人一己百"条注释。

3 九经：出自《中庸》："凡为天下国家有九经：曰修身也，尊贤也，亲亲也，敬大臣也，体群臣也，子庶民也，来百功也，柔远人也，怀诸侯也。"见附录55.《中庸》【55.20】条。

　　"格"字之义，有以"至"字之训者，如"格于文祖"[1]"有苗来格"[2]，是以"至"训得也。然"格于文祖"，必纯孝诚敬，幽明之间无一不得其理，而后谓之"格"。有苗之顽，实以文德诞敷而后"格"，则亦兼有"正"字之义在其间，未可专以"至"字尽之也。如"格其非心"[3]"大臣格君心之非"[4]之类，是则一皆"正其不正以归于正"之义，而不可以"至"字为训矣。且《大学》"格物"之训，又安知其不以"正"字为训，而必以"至"字为义乎？如以"至"字为义者，必曰"穷至事物之理"，而后其说始通。是其用功之要全在一"穷"字，用力之地全在一"理"字也。若上去一"穷"、下去一"理"字，而直曰"致知在至物"，其可通乎？夫"穷理尽性"，圣人之成训，见于《系辞》者也。苟格物之说而果即穷理之义，则圣人何不直曰"致知在穷理"，而必为此转折不完之语，以启后世之弊邪？

　　盖《大学》"格物"之说，自与《系辞》"穷理"大旨虽同，而微有分辨。穷理者，兼格、致、诚、正而为功也。故言穷理则格、致、诚、正之功皆在其中，言格物则必兼举致知、诚意、正心，而后其功始备而密。今偏举格物而遂谓之穷理，此所以专以穷理属知，而谓格物未常有行，非惟不得格物之旨，并穷理之义而失之矣。此后世之学所以析知、行为先后两截，日以支离决裂，而圣学益以残晦者，其端实始于此。吾子盖亦未免承沿积习，则见以为于道未相吻合，不为过矣。

　　【32.9】来书云："谓致知之功，将如何为温清、如何为奉养即是诚意，非别有所谓格物，此亦恐非。"

　　此乃吾子自以己意揣度鄙见而为是说，非鄙人之所以告吾子者矣。若果如吾子之言，宁复有可通乎？盖鄙人之见，则谓意欲温清、意欲奉养者，所谓意也，而未可谓之诚意；必实行其温清奉养之意，务求自慊而无自欺，然后谓之诚意。知如何而为温清之节、知如何而为奉养之宜者，所谓知也，而未可谓之致知；必致其知如何为温清之节者之知，而实以之温清，致其知如何为奉养之宜者之知，而实以之奉养，然后谓之致知。温清之事，奉养之事，所谓物也，而

1　格于文祖：出自《尚书·舜典》："月正元日，舜格于文祖，询于四岳，辟四门，明四目，达四聪。""文祖"，指尧的太庙。

2　有苗来格：出自《尚书·大禹谟》："帝乃诞敷文德，舞干羽于两阶，七旬有苗格。"

3　格其非心：出自《尚书·同命》："绳愆纠缪，格其非心，俾克绍先烈。"

4　大臣格君心之非：出自《孟子·离娄上》："人不足以适也，政不足与间也，唯大人为能格君心之非。"

未可谓之格物；必其于温凊之事也，一如其良知之所知，当如何为温凊之节者而为之，无一毫之不尽；于奉养之事也，一如其良知之所知，当如何为奉养之宜者而为之，无一毫之不尽，然后谓之格物。温凊之物格，然后知温凊之良知始致；奉养之物格，然后知奉养之良知始致，故曰："物格而后知至"致其知温凊之良知，而后温凊之意始诚；致其知奉养之良知，而后奉养之意始诚。故曰："知至而后意诚"。此区区诚意、致知、格物之说盖如此。吾子更熟思之，将亦无可疑者矣。

【32.10】来书云："道之大端易于明白，所谓'良知良能，愚夫愚妇可与及者'。至于节目时变[1]之详，毫厘千里之谬，必待学而后知。今语孝于温凊定省，孰不知之？至于'舜之不告而娶'[2]，'武之不葬而兴师'[3]，'养志、养口'[4]，'小杖、大杖'[5]，'割股'[6]'庐墓'[7]等事，处常处变、过与不及之间，必须讨论是非，以为制事之本。然后心体无蔽，临事无失。"

"道之大端易于明白"，此语诚然。顾后之学者忽其易于明白者而弗由，而求其难于明白者以为学，此其所以"道在迩而求诸远，事在易而求诸难"[8]也。孟子云："夫道若大路然，岂难知哉？人病不由耳。"[9]良知良能，愚夫愚妇与圣人同。但惟圣人能致其良知，而愚夫愚妇不能致，此圣愚之所由分也。

"节目时变"，圣人夫岂不知，但不专以此为学。而其所谓学者，正惟致其真知，以精察此心之天理，而与后世之学不同耳。吾子未

---

1 节目时变：事情的条目因时世不同而发生的变化。

2 舜之不告而娶：出自《孟子·离娄上》："不孝有三，无后为大。舜不告而娶，为无后也。君子以为犹告也。"

3 武之不葬而兴师：指周武王未葬其父周文王，就兴兵讨伐殷纣王。见《史记卷六十一·伯夷列传第一》。

4 养志、养口：出自《孟子·离娄上》："曾子养曾晳，必有酒肉；将彻，必请所与，问有余，必曰，'有'。曾晳死，曾元养曾子，必有酒肉；将彻，不请所与，问有余，曰：'亡矣。'将以复进也。此所谓养口体者也。若曾子，则可谓养志也，事亲若曾子者，可也。"曾元，曾参之子，曾晳之孙。

5 小杖、大杖：出自《孔子家语·六本》："曾子耘瓜，误斩其根。曾晳怒，建大杖以击其背。曾子仆地。久之，退而就房援琴而歌。欲令曾晳闻之，知其体康也。孔子闻之而怒曰：'舜之事瞽瞍，小棰则待过，大杖则逃走，故瞽瞍不犯不父之罪，而舜不失烝烝之孝。今参事父委身以待暴怒，殪而不避，既身死而陷父于不义，不孝孰大焉？'"

6 割股：古代大孝的一种表现。孝子割舍自己腿上的肉来治疗父母的疾病。

7 庐墓：古人在父母过世后，服丧期间在墓旁搭盖小屋居住，守护坟墓，称之为庐墓。

8 道在迩而求诸远，事在易而求诸难：出自《孟子·离娄上》。

9 夫道若大路然，岂难知哉？人病不由耳：出自《孟子·告子下》。

暇真知之致，而汲汲焉顾是之忧，此正求其难于明白者以为学之弊也。夫良知之于节目时变，犹规矩尺度之于方圆长短也。节目时变之不可预定，犹方圆长短之不可胜穷也。故规矩诚立，则不可欺以方圆，而天下之方圆不可胜用矣；尺度诚陈，则不可欺以长短，而天下之长短不可胜用矣；良知诚致，则不可欺以节目时变，而天下之节目时变不可胜应矣。毫厘千里之谬，不于吾心真知一念之微而察之，亦将何所用其学乎？是不以规矩而欲定天下之方圆，不以尺度而欲尽天下之长短。吾见其乖张谬戾，日劳而无成也已。

吾子谓"语孝于温凊定省，孰不知之"，然而能致其知者鲜矣。若谓粗知温凊定省之仪节，而遂谓之能致其知，则凡知君之当仁者，皆可谓之能致其仁之知；知臣之当忠者，皆可谓之能致其忠之知，则天下孰非致知者邪？以是而言可以知，"致知"之必在于行，而不行之不可以为"致知"也明矣，知行合一之体，不益较然矣乎？

夫舜之不告而娶，岂舜之前已有不告而娶者为之准则，故舜得以考之何典、问诸何人而为此邪？抑亦求诸其心一念之良知，权轻重之宜，不得已而为此邪？武之不葬而兴师，岂武之前已有不葬而兴师者为之准则，故武得以考之何典、问诸何人，而为此邪？抑亦求诸其心一念之良知，权轻重之宜，不得已而为此邪？使舜之心而非诚于为无后，武之心而非诚于为救民，则其不告而娶与不葬而兴师，乃不孝不忠之大者。而后之人不务致其良知，以精察义理于此心感应酬酢之间，顾欲悬空讨论此等变常之事，执之以为制事之本，以求临事之无失，其亦远矣。其余数端，皆可类推，则古人致知之学从可知矣。

【32.11】来书云："谓《大学》格物之说，专求本心，犹可牵合。至于《六经》"四书"所载'多闻多见'[1]'前言往行'[2]'好古敏求'[3]'博学审问'[4]'温故知新'[5]'博学详说'[6]'好问好察'[7]，是皆明白求于事为之际，资于论说之间者，用功节目固不容紊矣。"

1　多闻多见：出自《论语·为政》："多闻阙疑，慎言其余，则寡尤。多见阙殆，慎行其余，则寡悔。"
2　前言往行：出自《易·大畜》："君子多识前言往行，以畜其德。"
3　好古敏求：出自《论语·述而》："我非生而知之者，好古，敏以求之者也。"
4　博学审问：出自《中庸》："博学之，审问之，慎思之，明辨之，笃行之。"
5　温故知新：出自《论语·为政》："温故而知新，可以为师矣。"
6　博学详说：出自《孟子·离娄下》："博学而详说之，将以反说约也。"
7　好问好察：出自《中庸》："舜其大知也与！舜好问而好察迩言，隐恶而扬善，执其两端，用其中于民。"

　　格物之义，前已详悉，牵合之疑，想已不俟复解矣。至于"多闻多见"，乃孔子因子张之务外好高，徒欲以多闻多见为学，而不能求诸其心，以阙疑殆，此其言行所以不免于尤、悔，而所谓见闻者，适以资其务外好高而已。盖所以救子张多闻多见之病，而非以是教之为学也。夫子尝曰："盖有不知而作之者，我无是也[1]。"是犹孟子"是非之心人皆有之"之义也。此言正所以明德性之良知，非由于闻见耳。若曰"多闻，择其善者而从之，多见而识之"，则是专求诸见闻之末，而已落在第二义矣，故曰"知之次也"。夫以见闻之知为次，则所谓"知之上"者果安所指乎？是可以窥圣门致知用力之地矣。夫子谓子贡曰："赐也，汝以予为多学而识之者欤？非也，予一以贯之。"使诚在于多学而识，则夫子胡乃谬为是说以欺子贡者邪？一以贯之，非致其良知而何？《易》曰："君子多识前言往行以畜其德。"夫以畜其德为心，则凡多识前言往行者，孰非畜德之事？此正知行合一之功矣。"好古敏求"者，好古人之学，而敏求此心之理耳。心即理也，学者学此心也，求者求此心也。孟子云："学问之道无他，求其放心而已矣。"非若后世广记博诵古人之言词以为好古，而汲汲然惟以求功名利达之具于外者也。"博学审问"，前言已尽。"温故知新"，朱子亦以温故属之"尊德性"矣。德性岂可以外求哉？惟夫知新必由于温故，而温故乃所以知新，则亦可以验知行之非两节矣。"博学而详说之"者，将"以反说约也"。若无反约之云，则"博学详说"者果何事邪？舜之"好问好察"，惟以用中而致其精一于道心耳。道心者，良知之谓也。君子之学，何尝离去事为而废论说？但其从事于事为论说者，要皆知行合一之功，正所以致其本心之良知，而非若世之徒事口耳谈说以为知者，分知行为两事，而果有节目先后之可言也。

　　【32.12】来书云："杨、墨[2]之为仁义，乡原[3]之辞忠信，尧、舜、

1　盖有不知而作之者，我无是也：出自《论语·述而》："盖有不知而作之者，我无是也。多闻，择其善者而从之，多见而识之，知之次也。"

2　杨、墨：战国时杨朱与墨翟的并称，杨朱主张为我，墨翟主张兼爱、非攻等。

3　乡原：指貌似谨厚，实际是不讲原则，与流俗合污的伪善者。出自《论语·阳货》："乡原，德之贼也。"又写作"乡愿"。

子之[1]之禅让，汤、武、楚项之放伐[2]，周公、莽、操之摄辅[3]，邈无印证，又焉适从？且于古今事变、礼乐名物未尝考识，使国家欲兴明堂[4]，建辟雍[5]，制历律[6]，草封禅[7]，又将何所致其用乎？故《论语》曰'生而知之'者，义理耳。若夫礼乐名物，古今事变，亦必待学而后有以验其行事之实。此则可谓定论矣。"

所喻杨、墨、乡愿、尧、舜、子之、汤、武、楚项、周公、莽、操之辨，与前舜、武之论，大略可以类推。古今事变之疑，前于良知之说已有规矩尺度之喻，当亦无俟多赘矣。

至于明堂、辟雍诸事，似尚未容于无言者。然其说甚长，姑就吾子之言而取正焉，则吾子之惑将亦可以少释矣。夫明堂、辟雍之制，始见于《吕氏》之《月令》[8]、汉儒之训疏。"六经""四书"之中，未尝详及也。岂吕氏、汉儒之知，乃贤于三代之贤圣乎？齐宣之时，明堂尚有未毁，则幽、厉之世，周之明堂皆无恙也。尧、舜茅茨土阶，明堂之制未必备，而不害其为治。幽、厉之明堂，固犹文、武、成、康之旧，而无救于其乱。何邪？岂能以"不忍人之心，而行不忍人之政"[9]，则虽茅茨土阶，固亦明堂也；以幽、厉之心，而行幽、厉之政，则虽明堂，亦暴政所自出之地邪？武帝肇讲于汉，而武后盛作于唐[10]，其治乱何如邪？天子之学曰辟雍，诸侯之学曰泮宫[11]，皆

1　子之：战国时燕王哙的相。公元前318年，哙让出国君位给子之。

2　汤、武、楚项之放伐：汤在灭夏之后，流放夏桀，建立商朝。西周王朝开国君主周武王兴兵灭商纣，建立周朝。项羽随叔父项梁举兵反秦，秦亡后自立为西楚霸王。

3　周公、莽、操之摄辅：周公是周文王姬昌第四子，周武王弟弟。武王死，成王继位，周公在周成王年幼时摄政，待成王成年后还政于成王。莽指王莽，汉元帝皇后侄。以外戚身份掌握政权，平帝时为大司马。后称帝，改国号为新。操指曹操，曹操讨伐董卓，迎立汉献帝，自任丞相，挟天子以令诸侯，其子曹丕废献帝，建魏国。

4　明堂：天子理政，百官朝拜之所，举凡朝会、祭祀、庆典、选士诸大典，都在此举行。

5　辟雍：亦作"璧雍"，本为周天子为教育贵族子弟设立的大学。后期也有与明堂配套，称为明堂辟雍。明堂居中，环水为雍（圆满无缺），圆形像辟（辟即璧，皇帝专用的玉制礼器），象征王道教化圆满不绝。

6　历律：历法。

7　封禅：古代帝王祭天地的典礼。在泰山上筑圆坛祭天为"封"，在泰山旁的梁父山辟方坛祭地为"禅"。

8　《吕氏》之《月令》：吕氏，指吕不韦，曾为秦国丞相，命门客编著《吕氏春秋》。《月令》出自《吕氏春秋》，记述夏历十二个月的时令及其相关事物及当行之政。

9　不忍人之心，而行不忍人之政：出自《孟子·公孙丑上》："孟子曰：'人皆有不忍人之心。先王有不忍人之心，斯有不忍人之政矣。以不忍人之心，行不忍人之政，治天下可运之掌上。'"

10　武帝肇讲于汉，而武后盛作于唐：汉武帝时曾与大臣们议论立明堂之事，武则天曾毁乾元殿而立明堂。

11　泮宫：西周诸侯所设大学。泮宫等级逊于辟雍，仅有三面环水。泮，音 pàn。

象地形而为之名耳。然三代之学，其要皆所以明人伦，非以辟不辟，泮不泮为重轻也。

孔子云："人而不仁，如礼何？人而不仁，如乐何？"制礼作乐，必具中和之德，声为律而身为度[1]者，然后可以语此。若夫器数之末，乐功之事，祝史[2]之守。故曾子曰："君子所贵乎道者三……笾豆之事，则有司存也"[3]。尧"命羲、和，钦若昊天，历象日月星辰"，其重在于"敬授人时"[4]也。舜"在璇玑玉衡"，其重在于"以齐七政"[5]也。是皆汲汲然以仁民之心而行其养民之政。治历明时之本，固在于此也。羲和历数之学，皋、契未必能之也，禹、稷未必能之也；"尧、舜之知而不遍物"，虽尧、舜亦未必能之也。然至于今，循羲和之法而世修之，虽曲知小慧之人，星术浅陋之士，亦能推步占候[6]而无所忒。则是后世曲知小慧之人反贤于禹、稷、尧、舜者邪？

封禅之说，尤为不经，是乃后世佞人谀士所以求媚于其上，倡为夸侈以荡君心而靡国费。盖欺天罔人，无耻之大者，君子之所不道，司马相如之所以见讥于天下后世也。吾子乃以是为儒者所宜学，殆亦未之思邪？

夫圣人之所以为圣者，以其生而知之也。而释《论语》者曰："生而知之者，义理耳。若夫礼乐名物、古今事变，亦必待学而后有以验其行事之实。"夫礼乐名物之类，果有关于作圣之功也，而圣人亦必待学而后能知焉，则是圣人亦不可以谓之生知矣。谓圣人为生知者，专指义理而言，而不以礼乐名物之类。则是礼乐名物之类无关于作圣之功矣。圣人之所以谓之生知者，专指义理而不以礼乐名物之类，则是学而知之者亦惟当学知此义理而已，困而知之者亦惟当困知此义理而已。今学者之学圣人，于圣人之所能知者，未能学而知之，而顾汲汲焉，求知圣人之所不能知者以为学，无乃失其所以希圣之方欤？凡此皆就吾子之所惑者而稍为之分释，未及乎拔本

1　声为律而身为度：古人称大禹的声音是音律的标准，身高是尺度的准则。见《史记·夏本纪》。

2　祝史：古代掌管祭祀的人。

3　"君子所贵乎道者三"句：出自《论语·泰伯》。"笾"为竹制器皿，"豆"为木制器皿，"笾豆之事"指祭祀礼仪中的细节小事。

4　尧"命羲、和"句：出自《尚书·尧典》："乃命羲和，钦若昊天，历象日月星辰，敬授人时。"羲和，指羲氏、和氏，相传都是重黎的后代，世掌天地四时之官。意为：尧命令羲氏、和氏，谨慎遵循天道，推算日月星辰运行规律，制定历法，把天时节令告诉人民。

5　舜"在璇玑玉衡"句：出自《舜典》："正月上日，受终于文祖。在璇玑玉衡，以齐七政。"意为：舜观察北斗七星，然后列出七项政事。

6　推步占候：推算历法，以天象占卜自然与人事吉凶。

塞源¹之论也。

【32.13】夫拔本塞源之论不明于天下，则天下之学圣人者，将日繁日难，斯人沦于禽兽夷狄，而犹自以为圣人之学。吾之说虽或暂明于一时，终将冻解于西而冰坚于东，雾释于前而云滃²于后，呶呶焉危困以死，而卒无救于天下之分毫也已。

【32.14】夫圣人之心，以天地万物为一体，其视天下之人，无外内远近。凡有血气，皆其昆弟赤子之亲，莫不欲安全而教养之，以遂其万物一体之念。天下之人心，其始亦非有异于圣人也，特其间于有我之私，隔于物欲之蔽，大者以小，通者以塞，人各有心，至有视其父、子、兄、弟如仇雠者。圣人有忧之，是以推其天地万物一体之仁以教天下，使之皆有以克其私、去其蔽，以复其心体之同然。其教之大端，则尧、舜、禹之相授受，所谓"道心惟微，惟精惟一，允执厥中³"。而其节目⁴，则舜之命契，所谓"父子有亲，君臣有义，夫妇有别，长幼有序，朋友有信"⁵五者而已。唐、虞、三代⁶之世，教者惟以此为教，而学者惟以此为学。当是之时，人无异见，家无异习，安此者谓之圣，勉此者谓之贤，而背此者，虽其启明如朱⁷，亦谓之不肖。下至闾井田野，农、工、商、贾之贱，莫不皆有是学，而惟以成其德行为务。何者？无有闻见之杂，记诵之烦，辞章之靡滥，功利之驰逐，而但使孝其亲，弟其长，信其朋友，以复其心体之同然。是盖性分之所固有，而非有假于外者，则人亦孰不能之乎？

学校之中，惟以成德为事。而才能之异，或有长于礼乐，长于政教，长于水土播植者，则就其成德，而因使益精其能于学校之中。迨夫举德而任，则使之终身居其职而不易。用之者，惟知同心一德，以共安天下之民，视才之称否，而不以崇卑为轻重，劳逸为美恶。效用者，亦惟知同心一德，以共安天下之民，苟当其能，则终身处于烦剧而不以为劳，安于卑琐而不以为贱。当是之时，天下之人熙熙

1　拔本塞源：拔掉树根，塞住水的源头，比喻从根本上杜绝不正之见，以达到正本清源之效。此处用意，与北宋大儒程颐在《河南程氏遗书》中所说"夫辟邪说以明先王之道，非拔本塞源不能也"相同。

2　滃：云气涌起貌。音 wěng。

3　道心惟微，惟精惟一，允执厥中：可参看【18.2】条注释。

4　节目：条目、项目。

5　"父子有亲"句：可参看【43.2】条"敬敷五教"注释。

6　唐、虞、三代：唐、虞指唐尧、虞舜，三代是夏、商、周三代。

7　启明如朱：启明，聪明。朱，丹朱，可参看 31.《书正宪扇》"丹朱"注释。

皞皞，皆相视如一家之亲。其才质之下者，则安其农、工、商、贾之分，各勤其业，以相生相养，而无有乎希高慕外之心。其才能之异，若皋、夔、稷、契[1]者，则出而各效其能。若一家之务，或营其衣食，或通其有无，或备其器用，集谋并力，以求遂其仰事俯育[2]之愿，惟恐当其事者之或怠而重己之累也。故稷勤其稼，而不耻其不知教，视契之善教，即己之善教也；夔司其乐，而不耻于不明礼，视夷之通礼[3]，即已之通礼也。盖其心学纯明，而有以全其万物一体之仁。故其精神流贯，志气通达，而无有乎人己之分、物我之间。譬之一人之身，目视、耳听、手持、足行，以济一身之用。目不耻其无聪，而耳之所涉，目必营焉。足不耻其无执，而手之所探，足必前焉。盖其元气充周，血脉条畅，是以痒疴呼吸，感触神应，有不言而喻之妙。此圣人之学所以至易至简，易知易从，学易能而才易成者，正以大端惟在复心体之同然，而知识技能非所与论也[4]。

【32.15】三代之衰，王道熄而霸术昌，孔孟既没，圣学晦而邪说横。教者不复以此为教，而学者不复以此为学。霸者之徒，窃取先王之近似者，假之于外，以内济其私己之欲，天下靡然而宗之，圣人之道遂以芜塞。相仿相效，日求所以富强之说、倾诈之谋、攻伐之计，一切欺天罔人。苟一时之得，以猎取声利之术，若管、商、苏、张[5]之属者，至不可名数。既其久也，斗争劫夺，不胜其祸，斯人沦于禽兽夷狄，而霸术亦有所不能行矣。

世之儒者慨然悲伤，蒐猎[6]先圣王之典章法制，而掇拾修补于煨烬之余，盖其为心，良亦欲以挽回先王之道。圣学既远，霸术之传，积渍已深，虽在贤知，皆不免于习染，其所以讲明修饰，以求宣畅光复于世者，仅足以增霸者之藩篱，而圣学之门墙，遂不复可睹。于是乎有训诂之学，而传之以为名；有记诵之学，而言之以为博；

1　皋、夔、稷、契：皋，即皋陶（音 gāoyáo），传说曾被舜任命为掌管刑法的"理官"。夔，音 kuí，相传为尧、舜时乐官。稷，音 jì，被尧举为"农师"。契，音 xiè，传说是舜的臣，被任命为司徒，掌管教化百姓的事务，并封给他商地。可参看《尚书·舜典》。

2　仰事俯育：出自《孟子·梁惠王上》："是故明君制民之产，必使仰足以事父母，俯足以畜妻子。"

3　夷之通礼："夷"指伯夷。伯夷通晓天、地、人"三礼"，被舜任命为"秩宗"，管理祀典。可参看《尚书·舜典》。

4　"此圣人之学所以至易至简，易知易从"句：恢复心体之大同，若乾元资始，则自然学易能而才易成，若坤之随顺相从。出自《周易·系辞上》："乾以易知，坤以简能；易则易知，简则简从；易知则有亲，易从则有功；有亲则可久，有功则可大。"

5　管、商、苏、张：指管仲、商鞅、苏秦、张仪。

6　蒐猎：搜求。"蒐"同"搜"。

有词章之学，而侈之以为丽。若是者，纷纷籍籍，群起角立于天下，又不知其几家，万径千蹊，莫知所适。世之学者如入百戏之场，戏谑跳踉、骋奇斗巧、献笑争妍者，四面而竞出，前瞻后盼，应接不遑，而耳目眩瞀，精神恍惑，日夜遨游淹息其间，如病狂丧心之人，莫自知其家业之所归。时君世主亦皆昏迷颠倒于其说，而终身从事于无用之虚文，莫自知其所谓。间有觉其空疏谬妄，支离牵滞，而卓然自奋，欲以见诸行事之实者，极其所抵，亦不过为富强功利五霸之事业而止。

圣人之学日远日晦，而功利之习愈趋愈下。其间虽尝瞀惑于佛老，而佛老之说卒亦未能有以胜其功利之心。虽又尝折衷于群儒，而群儒之论终亦未能有以破其功利之见。盖至于今，功利之毒沦浃于人之心髓，而习以成性也，几千年矣。相矜以知，相轧以势，相争以利，相高以技能，相取以声誉。其出而仕也，理钱谷者则欲兼夫兵刑，典礼乐者又欲与于铨轴¹，处郡县则思藩臬²之高，居台谏³则望宰执⁴之要。故不能其事则不得以兼其官，不通其说则不可以要其誉。记诵之广，适以长其敖也；知识之多，适以行其恶也；闻见之博，适以肆其辨也；辞章之富，适以饰其伪也。是以皋、夔、稷、契所不能兼之事，而今之初学小生皆欲通其说，究其术。其称名僭号，未尝不曰“吾欲以共成天下之务”，而其诚心实意之所在，以为不如是，则无以济其私而满其欲也。

【32.16】呜呼！以若是之积染，以若是之心志，而又讲之以若是之学术，宜其闻吾圣人之教，而视之以为赘疣枘凿⁵，则其以良知为未足，而谓圣人之学为无所用，亦其势有所必至矣！呜呼！士生斯世，而尚何以求圣人之学乎？尚何以论圣人之学乎？士生斯世，而欲以为学者，不亦劳苦而繁难乎？不亦拘滞而险艰乎？呜呼，可悲也已！

所幸天理之在人心，终有所不可泯，而良知之明，万古一日，则其闻吾拔本塞源之论，必有恻然而悲，戚然而痛，愤然而起，沛然若决江河，而有所不可御者矣！非夫豪杰之士，无所待而兴起者，吾谁与望乎？

---

1 铨轴：吏部核心部门。音 quánzhóu。
2 藩臬：省级职务，藩司管理人事和财政，臬司管理司法。音 fānniè。
3 台谏：御史掌管纠察、弹劾，称为台官，谏议大夫负责规谏，称为谏官。
4 宰执：宰相一级的官位。
5 枘凿：枘，榫头。凿，榫眼。“方枘圆凿”的缩略语。方榫头，圆榫眼，二者合不到一起，比喻两不相容。枘，音 ruì。

33. 答友人问书 丙戌（1526年）

[背景简介] 1526年，嘉靖五年丙戌，先生五十五岁，在浙江。是年，阳明先生有多篇与诸生论学文章。四月，复南大吉书（见本书中34.《答南元善》），答欧阳德书（见本书中35.《答欧阳崇一书》）。八月，答聂豹书（见本书中38.《答聂文蔚书·其一》）。本书中36.《寄邹谦之书·其三》、37.《寄邹谦之书·其五》也作于是年，还可参看语录【50.51】条。《王文成公全书》年谱载："四月……德洪与王畿并举南宫，俱不廷对，偕黄弘纲、张元冲同舟归越。先生喜，凡初及门者，必令引导，俟志定有入，方请见。每临坐，默对焚香，无语。"此时，钱德洪和王畿已担任起"教授师"之职。

【33.1】问："自来先儒皆以'学问思辩'属'知'，而以'笃行'属'行'，分明是两截事。今先生独谓'知行合一'，不能无疑。"

曰："此事吾已言之屡屡。凡谓之'行'者，只是着实去做这件事。若着实做学问思辩的工夫，则学问思辩亦便是行矣。学是学做这件事，问是问做这件事，思辩是思辩做这件事，则行亦便是学问思辩矣。若谓学问思辩之，然后去行，却如何悬空先去学问思辩得？行时又如何去得个学问思辩的事？'行'之明觉精察处，便是'知'；'知'之真切笃实处，便是'行'。若行而不能精察明觉，便是冥行，便是'学而不思则罔'，所以必须说个'知'；知而不能真切笃实，便是妄想，便是'思而不学则殆'，所以必须说个'行'，元来只是一个工夫。凡古人说知行，皆是就一个工夫上补偏救弊说，不似今人截然分作两件事做。某今说'知行合一'，虽亦是就今时补偏救弊说，然'知、行'体段亦本来如是。吾契但着实就身心上体履，当下便自知得。今却只从言语文义上窥测，所以牵制支离，转说转糊涂，正是不能'知行合一'之弊耳。"

【33.2】"象山[1]论学与晦庵[2]大有同异，先生尝称象山'于学问头脑处见得直截分明'。今观象山之论，却有谓'学有讲明，有践履'，及'以致知格物为讲明之事'[3]，乃与晦庵之说无异，而与先生知行合一之说，反有不同。何也？"

曰："君子之学，岂有心于同异？惟其是而已。吾于象山之学有同者，非是苟同；其异者，自不掩其为异也。吾于晦庵之论有异者，非是求异；其同者，自不害其为同也。假使伯夷、柳下惠与孔、孟同处一堂之上，就其所见之偏全，其议论断亦不能皆合，然要之不害其同为圣贤也。若后世论学之士，则全是党同伐异，私心浮气所使，将圣贤事业作一场儿戏看了也。"

【33.3】又问："知行合一之说，是先生论学最要紧处。今既与象山之说异矣，敢问其所以同。"

曰："'知、行'原是两个字说一个工夫，这一个工夫须着此两个字，方说得完全无弊病。若头脑处见得分明，见得原是一个头脑，则虽把'知、行'分作两个说，毕竟将来做那一个工夫，则始或未便融会，终所谓'百虑而一致'矣。若头脑见得不分明，原看做两个了，则虽把'知、行'合作一个说，亦恐终未有凑泊处。况又分作两截去做，则是从头至尾更没讨下落处也。"

【33.4】又问："致良知之说，真是'百世以俟圣人而不惑'者。象山已于头脑上见得分明，如何于此尚有不同？"

曰："'致知格物'，自来儒者皆相沿如此说，故象山亦遂相沿得来，不复致疑耳。然此毕竟亦是象山见得未精一处，不可掩也。"

又曰："'知'之真切笃实处，便是'行'；'行'之明觉精察处，便是'知'。若知时，其心不能真切笃实，则其知便不能明觉精察。不是知之时只要明觉精察，更不要真切笃实也；行之时，其心不能明觉精察，则其行便不能真切笃实。不是行之时只要真切笃实，更不要明觉精察也。知天地之化育，心体原是如此。'乾知大始'[4]，心体亦原是如此。"

1　象山：可参看22.《象山文集序》"象山"注释。

2　晦庵：即朱熹，可参看本书1.《阳明先生年谱》"1489年"条"考亭"注释。

3　"学有讲明，有践履"句："讲明"指学问思辨，"践履"指修身正心。出自《陆九渊·卷十二》："学有讲明，有践履。《大学》'致知、格物'，《中庸》'博学、审问、慎思、明辨'，《孟子》'始条理者智之事'，此讲明也。《大学》'修身、正心'，《中庸》'笃行之'，《孟子》'终条理者圣之事'，此践履也。"

4　乾知大始：乾天的作为是主管万物的开始。出自《周易·系辞上》："乾知大始，坤作成物（注：坤地的作为是养成万物）。"

34. 答南元善¹ 丙戌（1526年）

[背景简介] 可参看 33.《答友人问书》一文介绍。《王文成公全书》年谱载："大吉入觐，见黜于时，致书先生，千数百言，勤勤恳恳，惟以得闻道为喜，急问学为事，恐卒不得为圣人为忧，略无一字及于得丧荣辱之间。先生读之叹曰：'此非真有朝闻夕死之志者，未易以涉斯境也！'"于是回复本篇书信。阳明先生与南大吉的对话还可参看本书【52.22】条。

施邦曜在《阳明先生集要》一书中就此文有评曰："君子学问，只是个自得，一物不着，无物不有，便是如天如渊境界。若有待于物，将得丧欣戚，爱憎取舍，役役纷起，以夺吾心。即高抗自异，终不足与闻道。此学内外之辩也。"

【34.1】别去忽逾三月，居尝思念，辄与诸生私相慨叹。计归程之所及，此时当到家久矣。太夫人康强，贵眷无恙，渭南风景，当与柴桑无异，而元善之识见兴趣，则又有出于元亮之上者矣。近得中途寄来书，读之恍然如接颜色。勤勤恳恳，惟以得闻道为喜，急问学为事，恐卒不得为圣人为忧，亹亹千数百言，略无一字及于得丧荣辱之间，此非真有朝闻夕死之志者，未易以涉斯境也。浣慰何如！诸生递观传诵，相与叹仰歆服，因而兴起者多矣。

【34.2】世之高抗通脱之士，捐富贵，轻利害，弃爵禄，决然长往而不顾者，亦皆有之。彼其或从好于外道诡异之说，投情于诗酒山水技艺之乐，又或奋发于意气，感激于愤悱，牵溺于嗜好，有待于物以相胜，是以去彼取此而后能。及其所之既倦，意衡心郁，

1　南元善：黄宗羲《明儒学案·卷二十九·北方王门学案》载："南大吉，字元善，号瑞泉，陕西渭南人。正德辛未进士。授户部主事，历员外郎、郎中，出守绍兴府，致仕。嘉靖辛丑卒，年五十五。先生幼颖敏绝伦，稍长读书为文，即知求圣贤之学，然犹豪旷不拘小节。及知绍兴府，文成方倡道东南，四方负笈来学者，至于寺观不容。"

情随事移，则忧愁悲苦随之而作。果能捐富贵，轻利害，弃爵禄，快然终身，无入而不自得已乎？

【34.3】夫惟有道之士，真有以见其良知之昭明灵觉，圆融洞澈，廓然与太虚而同体。太虚之中，何物不有？而无一物能为太虚之障碍。盖吾良知之体，本自聪明睿知，本自宽裕温柔，本自发强刚毅，本自斋庄中正、文理密察，本自溥博渊泉[1]而时出之，本无富贵之可慕，本无贫贱之可忧，本无得丧之可欣戚、爱憎之可取舍。盖吾之耳而非良知，则不能以听矣，又何有于聪？目而非良知，则不能以视矣，又何有于明？心而非良知，则不能以思与觉矣，又何有于睿知？然则，又何有于宽裕温柔乎？又何有于发强刚毅乎？又何有于斋庄中正、文理密察乎？又何有于溥博渊泉而时出之乎？

【34.4】故凡慕富贵、忧贫贱、欣戚得丧、爱憎取舍之类，皆足以蔽吾聪明睿知之体，而窒吾渊泉时出之用。若此者，如明目之中而翳之以尘沙，聪耳之中而塞之以木楔也。其疾痛郁逆，将必速去之为快，而何能忍于时刻乎？故凡有道之士，其于慕富贵、忧贫贱、欣戚得丧而取舍爱憎也，若洗目中之尘而拔耳中之楔。其于富贵、贫贱、得丧、爱憎之相值，若飘风浮霭之往来变化于太虚，而太虚之体，固常廓然其无碍也。元善今日之所造，其殆庶几于是矣乎！是岂有待于物以相胜，而去彼取此？激昂于一时之意气者所能强，而声音笑貌以为之乎？元善自爱！元善自爱！

【34.5】关中自古多豪杰。其忠信沈毅之质，明达英伟之器，四方之士吾见亦多矣，未有如关中之盛者也。然自横渠[2]之后，此学不讲，或亦与四方无异矣。自此关中之士有所振发兴起，进其文艺于道德之归，变其气节为圣贤之学，将必自吾元善昆季始也。今日之归，谓天为无意乎？谓天为无意乎？

【34.6】元贞以病，不及别简，盖心同道同而学同，吾所以告之亦不能有他说也。亮之亮之！

1　溥博渊泉：像天空一样广博，如渊泉一样深沉。溥，音 pǔ 。出自《中庸》："唯天下至圣，为能聪明睿知足以有临也，宽裕温柔足以有容也，发强刚毅足以有执也，齐庄中正足以有敬也，文理密察足以有别也。溥博渊泉而时出之，溥博如天，渊泉如渊。"可参看附录55.《中庸》【55.37】条。

2　横渠：张载（1020—1077），字子厚，北宋哲学家，理学创始人之一，程颢、程颐的表叔，理学支脉——关学创始人。祖籍大梁（今开封），徙家凤翔郿县（今宝鸡眉县）横渠镇，人称"横渠先生"。"为天地立心，为生民立命，为往圣继绝学，为万世开太平"为其名言。当代哲学家冯友兰将其称为"横渠四句"。

35. 答欧阳崇一[1] 书 丙戌（1526 年）

[背景简介] 可参看 33.《答友人问书》一文介绍。《王文成公全书》年谱载："德（注：欧阳德）初见先生于虔，最年少，时已领乡荐[2]。先生恒以'小秀才'呼之。故遣服役，德欣欣恭命，虽劳不怠。先生深器之。嘉靖癸未第进士，出守六安州。数月，奉书以为初政倥偬，后稍次第，始得于诸生讲学。先生曰：'吾所讲学，正在政务倥偬中。岂必聚徒而后为讲学耶？'"其后，复又有此书以论学。

施邦曜在《阳明先生集要》一书中就此文有评曰："此书首段说良心不滞见闻，亦不离见闻，所以要博学审问。二段说人心之思有是非邪正，所以要慎思明辨。三段言君子之学，终身只是集义，便是笃行之。末段则明而诚矣，体贴之自得。"

【35.1】崇一来书云："师云：'德性之良知，非由于闻见。若曰多闻，择其善者而从之，多见而识之[3]，则是专求之见闻之末，而已落在第二义。'窃意良知虽不由见闻而有，然学者之知未尝不由见闻而发；滞于见闻固非，而见闻亦良知之用也。今曰'落在第二义'，恐为专以见闻为学者而言。若致其良知而求之见闻，似亦知行合一之功矣。如何？"

---

1 欧阳崇一：黄宗羲《明儒学案·卷十七·江右王门学案二》载："欧阳德，字崇一，号南野，江西泰和人。甫冠举乡试，从学王文成于虔台，不赴春宫者二科，文成呼为'小秀才'。登嘉靖二年进士第，知六安州，迁刑部员外郎，改翰林院编修。逾年，迁南京国子司业，南京尚宝司卿，转太仆寺少卿，寻出为南京鸿胪寺卿。丁父忧，除服起原官，疏乞终养，不许。迁南京太常寺卿。寻召为太常卿，掌祭酒事。升礼部左侍郎，改吏部兼翰林院学士，掌詹事府事。母卒，庐墓既未阕，召拜礼部尚书兼翰林院学士，直无逸殿。三十三年三月二十一日卒于官，年五十九。赠太子少保，谥文庄。"

2 领乡荐：乡试中举。

3 多闻，择其善者而从之，多见而识之：出自《论语·述而》。

良知不由见闻而有，而见闻莫非良知之用，故良知不滞于见闻，而亦不离于见闻。孔子云："吾有知乎哉？无知也。"[1]良知之外，别无知矣。故"致良知"是学问大头脑，是圣人教人第一义。今云"专求之见闻之末"，则是失却头脑，而已落在第二义矣。近时同志中，盖已莫不知有"致良知"之说，然其功夫尚多鹘突者，正是欠此一问。大抵学问功夫只要主意头脑是当，若主意头脑专以"致良知"为事，则凡多闻、多见，莫非"致良知"之功。盖日用之间，见闻酬酢，虽千头万绪，莫非良知之发用流行，除却见闻酬酢，亦无良知可致矣，故只是一事。若曰"致其良知而求之见闻"，则语意之间未免为二。此与"专求之见闻之末者"虽稍不同，其为未得"精一"之旨，则一而已。"多闻，择其善者而从之，多见而识之"，既云"择"，又云"识"，其良知亦未尝不行于其间，但其用意乃专在多闻多见上去择、识，则已失却头脑矣。崇一于此等处见得当已分晓，今日之问，正为发明此学，于同志中极有益。但语意未莹，则毫厘千里，亦不容不精察之也。

【35.2】来书云："师云：'《系》言"何思何虑"，是言所思所虑只是天理，更无别思别虑耳，非谓无思无虑也。心之本体即是天理，有何可思虑得？学者用功，虽千思万虑，只是要复他本体，不是以私意去安排思索出来。若安排思索，便是自私用智矣。学者之蔽，大率非沈空守寂，则安排思索。'[2]德[3]辛壬之岁[4]著前一病，近又著后一病。但思索亦是良知发用，其与私意安排者何所取别？恐认贼作子，惑而不知也。"

"思曰睿，睿作圣。"[5]"心之官则思，思则得之。"[6]思其可少乎？沉空守寂与安排思索，正是自私用智，其为丧失良知，一也。良知是天理之昭明灵觉处，故良知即是天理。思是良知之发用。若是良知发用之思，则所思莫非天理矣。良知发用之思，自然明白简易，良知亦自能知得。若是私意安排之思，自是纷纭劳扰，良知亦自会分别得。盖思之是非邪正，良知无有不自知者。所以认贼作子，

1　吾有知乎哉？无知也：出自《论语·子罕》。

2　"师云"一段：见29.《答周道通书》第【29.3】条。

3　德：欧阳崇一，名德。

4　辛壬之岁："辛壬"，辛巳年到壬午年，正德十六年到嘉靖元年，即1521—1522年。

5　思曰睿，睿作圣：出自《尚书·洪范》："五事：一曰貌，二曰言，三曰视，四曰听，五曰思。貌曰恭，言曰从，视曰明，听曰聪，思曰睿。恭作肃，从作义，明作哲，聪作谋，睿作圣。"

6　心之官则思，思则得之：出自《孟子·告子上》。

正为致知之学不明，不知在良知上体认之耳。

【35.3】来书又云："师云：'为学终身只是一事，不论有事无事，只是这一件。若说宁不了事，不可不加培养，却是分为两事也。'[1] 窃意觉精力衰弱，不足以终事者，良知也。宁不了事，且加休养，致知也。如何却为两事？若事变之来，有事势不容不了，而精力虽衰，稍鼓舞亦能支持，则持志以帅气可矣。然言动终无气力，毕事则困惫已甚，不几于暴其气已乎？此其轻重缓急，良知固未尝不知，然或迫于事势，安能顾精力？或困于精力，安能顾事势？如之何则可？"

"宁不了事，不可不加培养"之意，且与初学如此说，亦不为无益。但作两事看了，便有病痛。在孟子言"必有事焉"[2]，则君子之学终身只是"集义"[3]一事。义者，宜也，心得其宜之谓义。能致良知，则心得其宜矣，故"集义"亦只是致良知。君子之酬酢万变，当行则行，当止则止，当生则生，当死则死，斟酌调停，无非是致其良知，以求自慊[4]而已。故"君子素其位而行"，"思不出其位"[5]，凡谋其力之所不及，而强其知之所不能者，皆不得为致良知；而凡"劳其筋骨，饿其体肤，空乏其身，行拂乱其所为，动心忍性以增益其所不能"者，皆所以致其良知也。若云"宁不了事，不可不加培养"者，亦是先有功利之心，计较成败利钝而爱憎取舍于其间，是以将"了事"自作一事，而"培养"又别作一事，此便有是内、非外之意，便是自私用智，便是"义外"[6]，便有"不得于心，勿求于气"[7]之病，便不是致良知以求自慊之功矣。所云"鼓舞支持，毕事则困惫已甚"，又云"迫于事势，困于精力"，皆是把作两事做了，所以有此。凡学问之功，一则诚，二则伪。凡此皆是致良知之意欠诚一真切之故。《大学》言"诚其意者，如恶恶臭，如好好色，此之谓自慊[8]。"曾见有恶恶臭，好好色，而须鼓舞支持者乎？曾见毕事则困惫已甚者乎？曾有迫于事势，困于精力者乎？此可以知其受病之所从来矣。

1　"师云"一段：见29.《答周道通书》第【29.5】条。

2　必有事焉：可参看【27.13】条注释。

3　集义：可参看【12.4】条注释。

4　自慊：自己心安理得。慊，音 qiè。

5　思不出其位：考虑事情不超过自己的身份范畴。出自《周易·艮卦》："《象》曰：兼山，艮。君子以思不出其位。"又见《论语·宪问》："子曰：'不在其位，不谋其政。'曾子曰：'君子思不出其位。'"

6　义外：可参看【22.2】条"仁内义外"注释。

7　不得于心，勿求于气：不得理于心，就不要用意气去寻求。出自《孟子·公孙丑上》第二章。

8　诚其意者，如恶恶臭，如好好色，此之谓自慊：可参看附录54.《大学》【54.4】条。

【35.4】来书又有云："人情机诈百出，御之以不疑，往往为所欺，觉则自入于逆、臆[1]。夫逆诈，即诈也，臆不信，即非信也，为人欺，又非觉也。不逆不臆而常先觉，其惟良知莹彻乎？然而出入毫忽之间，背觉合诈[2]者多矣。"

"不逆不臆而先觉"，此孔子因当时人专以逆诈、臆不信为心，而自陷于诈与不信。又有不逆、不臆者，然不知致良知之功，而往往又为人所欺诈，故有是言。非教人以是存心，而专欲先觉人之诈与不信也。以是存心，即是后世猜忌险薄者之事，而只此一念，已不可与入尧、舜之道矣。不逆、不臆而为人所欺者，尚亦不失为善，但不如能致其良知，而自然先觉者之尤为贤耳。崇一谓"其惟良知莹彻"者，盖已得其旨矣。然亦颖悟所及，恐未实际也。盖良知之在人心，亘万古、塞宇宙而无不同。"不虑而知"[3]，"恒易以知险"[4]，"不学而能"[5]，"恒简以知阻"[6]，"先天而天不违"，"天且不违，而况于人乎？况于鬼神乎？"[7]夫谓"背觉合诈"者，是虽不逆人，而或未能无自欺也；虽不臆人，而或未能果自信也。是或常有先觉之心，而未能常自觉也。常有求先觉之心，即已流于逆、臆，而足以自蔽其良知矣。此"背觉合诈"之所以未免也。

君子学以为己，未尝虞人之欺己也，恒不自欺其良知而已；未尝虞人之不信己也，恒自信其良知而已；未尝求先觉人之诈与不信也，恒务自觉其良知而已。是故不欺则良知无所伪而诚，诚则明矣；自信则良知无所惑而明，明则诚矣。明、诚相生，是故良知常觉、常照。常觉、常照则如明镜之悬，而物之来者自不能遁其妍媸矣。何者？不欺而诚，则无所容其欺，苟有欺焉而觉矣；自信而明，则无所容其不信，苟不信焉而觉矣。是谓"易以知险，简以知阻"，子思所

1　逆、臆：出自《论语·宪问》："子曰：不逆诈，不亿不信，抑亦先觉者，是贤乎。""不逆诈"，不事先怀疑别人欺诈，"不亿不信"，不臆测别人不诚信。"亿"繁体字写作"億"，通"臆"。

2　背觉合诈：背离事先觉察之念，合于猜疑他人欺诈之想。

3　不虑而知：出自《孟子·尽心上》："人之所不学而能者，其良能也；所不虑而知者，其良知也。"

4　恒易以知险：乾天的德行永恒平易，因而自然能知危险。出自《易经·系辞下》："夫乾！天下之至健也，德行恒易以知险。夫坤！天下之至顺也，德行恒简以知阻。"

5　不学而能：出自《孟子·尽心上》。

6　恒简以知阻：坤地的德行永恒简易，因而自然能知阻碍。出自《易经·系辞下》。

7　"先天而天不违"句：出自《易经·乾·文言》："夫大人者，与天地合其德，与日月合其明，与四时合其序，与鬼神合其吉凶。先天而天弗违，后天而奉天时。天且弗违，而况于人乎？况于鬼神乎？"

谓"至诚如神，可以前知"[1]者也，然子思谓"如神"，谓"可以前知"，犹二而言之，是盖推言思诚者之功效，是犹为不能先觉者说也。若就至诚而言，则至诚之妙用，即谓之"神"，不必言"如神"，至诚则"无知而无不知"，不必言"可以前知"矣。

1　　至诚如神，可以前知：可参看附录 55.《中庸》【55.28】条。

36. 寄邹谦之[1]书 其三 丙戌（1526年）

[背景简介] 可参看 33.《答友人问书》一文介绍。邹谦之是阳明心学的重要传承人之一，他与阳明先生的交往经历，在黄宗羲《明儒学案·卷十七·江右王门学案一》有载："初见文成于虔台，求表父墓，殊无意于学也。文成顾日夕谈学，先生忽有省曰：'往吾疑程、朱补《大学》，先格物穷理，而《中庸》首慎独，两不相蒙，今释然，格致之即慎独也。'遂称弟子。又见文成于越，留月余，既别而文成念之曰：'以能问于不能，谦之近之矣。'又自广德至越，文成叹其不以迁谪为意，先生曰：'一官应迹优人，随遇为故事耳。'文成默然，良久曰：'《书》称允恭克让，谦之信恭让矣。自省允克如何？'先生欿然，始悟平日之恭让，不免于玩世也。"本书中语录部分还有多处提及邹谦之，可参看【46.7】【50.48】【50.51】【52.1】【53.3】等。

施邦曜在《阳明先生集要》一书中就此文有评曰："人只是未尝实见得是，为己为人，俱要铺张增益，究至人己两受其害。还淳返朴，此是救时大学问。"

【36.1】教札时及，足慰离索。兼示《论语》讲章，明白痛快，足以发朱注之所未及。诸生听之，当有油然而兴者矣。后世人心陷溺，祸乱相寻，皆由此学不明之故。只将此"学"字头脑处指掇得透彻，使人洞然知得是自己生身立命之原，不假外求，如木之有根，畅茂条达，自有所不容已，则所谓"悦""乐""不愠"者，皆不待言

1　邹谦之：黄宗羲《明儒学案·卷十七·江右王门学案一》载："邹守益，字谦之，号东廓，江西安福人。九岁从父宦于南都，罗文庄钦顺见而奇之。正德六年会试第一，廷试第三，授翰林编修。逾年丁忧。宸濠反，从文成建义。嘉靖改元，起用。大礼议起，上疏忤旨，下诏狱，谪判广德州（注：今安徽省宣城市广德县）。毁淫祠，建'复初书院'讲学。擢南京主客郎中，任满告归。起南考功，寻还翰林，司经局洗马，上《圣功图》。世宗犹以议礼前疏弗悦也，下礼部参勘而止。迁太常少卿，兼侍读学士，掌南院。升南京国子祭酒。九庙灾，有旨大臣自陈，大臣皆惶恐引罪，先生上疏独言君臣交儆之义，遂落职闲住。四十一年卒，年七十二。隆庆元年，赠礼部右侍郎，谥文庄。"

而喻。书院记文，整严精确，迥尔不群，皆是直写胸中实见，一洗近儒影响雕饰之习，不徒作矣。

【36.2】某近来却见得"良知"两字日益真切简易。朝夕与朋辈讲习，只是发挥此两字不出。缘此两字，人人所自有，故虽至愚下品，一提便省觉。若致其极，虽圣人天地不能无憾，故说此两字穷劫不能尽。世儒尚有致疑于此，谓未足以尽道者，只是未尝实见得耳。近有乡大夫请某讲学者云："除却良知，还有什么说得？"某答云："除却良知，还有什么说得！"不审迩来谦之于此两字，见得比旧又如何矣？无因一面扣之，以快倾渴。正之[1]去，当能略尽鄙怀，不能一一。

【36.3】后世大患，全是士夫以虚文相诳，略不知有诚心实意。流积成风，虽有忠信之质，亦且迷溺其间，不自知觉。是故以之为子，则非孝；以之为臣，则非忠。流毒扇祸，生民之乱，尚未知所抵极。今欲救之，惟有返朴还淳是对症之剂。故吾侪今日用工，务在鞭辟近里，删削繁文始得。然鞭辟近里，删削繁文，亦非草率可能，必须讲明致良知之学。每以言于同志，不识谦之亦以为何如也？讲学之后，望时及之。

1　正之：黄弘纲，字正之，号洛村，江西雩都（今于都）人。

37. 寄邹谦之书 其五 丙戌（1526年）

[背景简介] 可参看33.《答友人问书》和36.《寄邹谦之书·其三》之介绍。

施邦曜在《阳明先生集要》一书中就此文有评曰："人惟胜心最难驱除，其为害最大。故原宪以四者之不行为仁，而首之以克。学者能去其胜心，便是廓然大公，'毋意、毋必、毋固、毋我'之田地了。存一胜心，则是己非人，争门角户，无所不至，党锢诸贤，亦多罹此患。其关于学术人心不小，慎之哉！"

【37.1】张、陈二生来，适归余姚祭扫，遂不及相见，殊负深情也。

【37.2】"随事体认天理[1]，即戒慎恐惧功夫"，以为尚隔一尘，为世之所谓"事事物物皆有定理"[2]而求之于外者言之耳。若"致良知"之功明，则此语亦自无害，不然，即犹未免于毫厘千里也。来喻以为恐主于事者，盖已深烛其弊矣。

【37.3】寄示甘泉[3]《尊经阁记》，甚善甚善！其间大意亦与区区《稽山书院》[4]之作相同。《稽山》之作，向尝以寄甘泉，自谓于

1　随事体认天理：湛若水主讲"随处体认天理"，这是他的立言宗旨。

2　事事物物皆有定理：出自朱熹《大学或问》："能知所止，则方寸之间，事事物物皆有定理矣"。

3　甘泉：湛若水。可参看本书1.《阳明先生年谱》"1505年"条"湛甘泉若水"注释。

4　《稽山书院》：指阳明先生嘉靖乙酉（1525）所作《稽山书院尊经阁记》。宋代范仲淹在越州（今绍兴）为官，于州治创建稽山书院，后朱熹曾于此讲学敷政。明正德间，山阴知县张焕移建故址之西。嘉靖三年（1524）知府南大吉及山阴县令吴瀛拓书院，增建"明德堂""尊经阁"。阳明先生于此阐述"致良知"之学，并撰《稽山书院尊经阁记》，阐述何谓尊经。其中有道："经，常道也，其在于天谓之命，其赋于人谓之性，其主于身谓之心……故六经者，吾心之记籍也；而六经之实，则具于吾心，犹之产业库藏之实积，种种色色，具存于其家；其记籍者，特名状数目而已。"

此学颇有分毫发明。今甘泉乃谓"今之谓聪明知觉，不必外求诸经者，不必呼而能觉"之类，则似急于立言，而未暇细察鄙人之意矣。

后世学术之不明，非为后人聪明识见之不及古人，大抵多由胜心为患，不能取善相下。明明其说之已是矣，而又务为一说以高之，是以其说愈多而惑人愈甚。凡今学术之不明，使后学无所适从，徒以致人之多言者，皆吾党自相求胜之罪也。

今良知之说，已将学问头脑说得十分下落，只是各去胜心，务在共明此学，随人分限，以此循循善诱之，自当各有所至。若只要自立门户，外假卫道之名，而内行求胜之实，不顾正学之因此而益荒，人心之因此而愈惑，党同伐异，覆短争长，而惟以成其自私自利之谋，仁者之心有所不忍也！

甘泉之意，未必由此，因事感触，辄漫及之。盖今时讲学者，大抵多犯此症，在鄙人亦或有所未免，然不敢不痛自克治也。如何？如何？

38. 答聂文蔚[1] 书 其一 丙戌（1526年）

[背景简介] 可参看33.《答友人问书》一文介绍。《王文成公全书》年谱载："八月，答聂豹书。是年夏，豹以御史巡按福建，渡钱塘来见先生。别后致书，谓：'思、孟、周、程无意相遭于千载之下，与其尽信于天下，不若真信于一人。道固自在，学亦自在。'"于是有此答书。

施邦曜在《阳明先生集要》一书中就此文有评曰："圣人以天下为身，视人之喑哑聋聩，犹之身疾。故曰：'尧舜其犹病诸。'非尧舜之至仁，不能有是病，病正是尧舜之大仁也。孔子周流，孟子好辩，俱是视天下之病犹身病，欲一日安坐、一日无言不可得，真有大不得已者存乎其间。先生当喑哑聋聩之世，效谈笑于坠溺之旁，是谓不仁。其甘冒病狂丧心之讥，求申其不得已之意，真是圣贤之存心。"

【38.1】春间远劳迂途枉顾，问证惓惓，此情何可当也！已期二三同志，更处静地，扳留旬日，少效其鄙见，以求切劘之益，而公期俗绊，势有不能，别去极怏怏，如有所失。忽承笺惠，反复千余言，读之无甚浣慰。中间推许太过，盖亦奖掖之盛心，而规砺真

---

1 聂文蔚：黄宗羲《明儒学案·卷十七·江右王门学案二》有载："聂豹，字文蔚，号双江，永丰人也。正德十二年进士。知华亭县。清乾没一万八千金，以补逋赋，修水利，兴学校。识徐存斋于诸生中。召入为御史，劾奏大奄及柄臣，有能谏名。出为苏州知府。丁内外艰，家居十年。以荐起，知平阳府，修关练卒，先事以待，寇至不敢入。世宗闻之，顾谓侍臣曰：'豹何状乃能尔？'升陕西按察司副使，为辅臣夏贵溪所恶，罢归。寻复逮之，先生方与学人讲《中庸》，校突至，械系之。先生系毕，复与学人终前说而去。既入诏狱，而贵溪亦至，先生无怨色。贵溪大惭。逾年得出。嘉靖二十九年，京师戒严，存斋为宗伯，因荐先生。召为巡抚蓟州右金都御史，转兵部侍郎，协理京营戎政。仇鸾请调宣、大兵入卫，先生不可而止。寻陟尚书，累以边功加至太子少傅。东南倭乱，赵文华请视师，朱龙禧请差田赋开市舶，辅臣严嵩主之，先生皆以为不可，降俸二级。遂以老疾致仕。四十二年十一月四日卒，年七十七。隆庆元年，赠少保，谥贞襄。"另可参看本书1.《阳明先生年谱》"1526年"条。

切，思欲纳之于贤圣之域；又托诸崇一[1]以致其勤勤恳恳之怀，此非深交笃爱，何以及是！知感知愧，且惧其无以堪之也。虽然，仆亦何敢不自鞭勉，而徒以感愧辞让为乎哉？其谓"思、孟、周、程无意相遭于千载之下，与其尽信于天下，不若真信于一人。道固自在，学亦自在，天下信之不为多，一人信之不为少者。"斯固君子"不见是而无闷[2]"之心，岂世之谍谍屑屑者知足以及之乎？乃仆之情则有大不得已者存乎其间，而非以计人之信与不信也。

【38.2】夫人者，天地之心。天地万物，本吾一体者也，生民之困苦荼毒，孰非疾痛之切于吾身者乎？不知吾身之疾痛，无是非之心者也。是非之心，不虑而知，不学而能，所谓良知也。良知之在人心，无间于圣愚，天下古今之所同也。世之君子惟务致其良知，则自能公是非，同好恶，视人犹己，视国犹家，而以天地万物为一体，求天下无治，不可得矣。古之人所以能见善不啻若己出，见恶不啻若己入，视民之饥溺犹己之饥溺[3]，而一夫不获[4]，若己推而纳诸沟中者，非故为是而以祈天下之信己也，务致其良知，求自慊而已矣。尧、舜、三王之圣，言而民莫不信者，致其良知而言之也；行而民莫不说者，致其良知而行之也。是以其民"熙熙皞皞，杀之不怨，利之不庸"[5]，施及蛮貊，而凡有血气者莫不尊亲，为其良知之同也。呜呼！圣人之治天下，何其简且易[6]哉！

【38.3】后世良知之学不明，天下之人用其私智以相比轧，是以人各有心，而偏琐僻陋之见，狡伪阴邪之术，至于不可胜说。外假仁义之名，而内以行其自私自利之实；诡辞以阿俗，矫行以干誉；掩人之善，而袭以为己长；讦人之私，而窃以为己直；忿以相胜，而犹谓之徇义；险以相倾，而犹谓之疾恶；妒贤忌能，而犹自以为公是非；恣情纵欲，而犹自以为同好恶。相陵相贼，自其一家骨肉之亲，已不能无尔我胜负之意、彼此藩篱之形，而况于天下之大，

1　崇一：可参看本书 35.《答欧阳崇一书》中"欧阳崇一"条注释。

2　不见是而无闷：不被认可也没有烦恼。出自《易经·乾卦》："遁世无闷，不见是而无闷；乐则行之，忧则违之；确乎其不可拔，潜龙也。"

3　"视民之饥溺"句：出自《孟子·离娄下》："禹思天下有溺者，由己溺之也；稷思天下有饥者，由己饥之也。是以如是其急也。"

4　"一夫不获"句：一人不得其所。出自《尚书·说命》："一夫不获，则曰'时予之辜'。"

5　熙熙皞皞，杀之不怨，利之不庸："熙熙"，温和欢乐貌。"皞皞"，广大自得貌，音 hàohào。"庸"，酬谢意。出自《孟子·尽心上》："王者之民皞皞如也。杀之而不怨，利之而不庸，民日迁善而不知为之者。"

6　简且易：可参看【35.4】"恒易以知险"和"恒简以知阻"条注释。

127

民物之众，又何能一体而视之？则无怪于纷纷籍籍，而祸乱相寻于无穷矣！

【38.4】仆诚赖天之灵，偶有见于良知之学，以为必由此，而后天下可得而治。是以每念斯民之陷溺，则为之戚然痛心，忘其身之不肖，而思以此救之，亦不自知其量者。天下之人见其若是，遂相与非笑而诋斥之，以为是病狂丧心之人耳。呜呼！是奚足恤哉？吾方疾痛之切体，而暇计人之非笑乎！

人固有见其父子兄弟之坠溺于深渊者，呼号匍匐，裸跣颠顿，扳悬崖壁而下拯之。士之见者，方相与揖让谈笑于其傍，以为是弃其礼貌衣冠而呼号颠顿若此，是病狂丧心者也。故夫揖让谈笑于溺人之傍而不知救，此惟行路之人，无亲戚骨肉之情者能之，然已谓之"无恻隐之心，非人矣"。[1]若夫在父子兄弟之爱者，则固未有不痛心疾首，狂奔尽气，匍匐而拯之。彼将陷溺之祸有不顾，而况于病狂丧心之讥乎？而又况于祈人之信与不信乎？呜呼！今之人虽谓仆为病狂丧心之人，亦无不可矣。天下之人心皆吾之心也，天下之人犹有病狂者矣，吾安得而非病狂乎？犹有丧心者矣，吾安得而非丧心乎？

【38.5】昔者孔子之在当时，有议其为谄[2]者，有讥其为佞[3]者，有毁其未贤[4]，诋其为不知礼[5]，而侮之以为"东家丘"[6]者，有嫉而沮之[7]者，有恶而欲杀之[8]者。晨门、荷蒉之徒，皆当时之贤士，且曰：

1　无恻隐之心，非人矣：出自《孟子·公孙丑上》："所以谓人皆有不忍人之心者，今人乍见孺子将入于井，皆有怵惕恻隐之心——非所以内交于孺子之父母也，非所以要誉于乡党朋友也，非恶其声而然也。由是观之，无恻隐之心，非人也；无羞恶之心，非人也；无辞让之心，非人也；无是非之心，非人也。"

2　议其为谄：见《论语·八佾》："子曰：'事君尽礼，人以为谄也。'"

3　讥其为佞：见《论语·宪问》："微生亩谓孔子曰：'丘何为是栖栖者与？无乃为佞乎？'孔子曰：'非敢为佞也，疾固也。'"

4　毁其未贤：见《论语·子张》："叔孙武叔毁仲尼。子贡曰：'无以为也。仲尼，不可毁也。他人之贤者，丘陵也，犹可逾也。仲尼，日月也，无得而逾焉。人虽欲自绝，其何伤于日月乎？多见其不知量也。'"

5　诋其为不知礼：出自《论语·八佾》："子入太庙，每事问。或曰：'孰谓鄹人之子知礼乎？入太庙，每事问。'子闻之，曰：'是礼也。'"

6　东家丘：传说孔子西邻愚人不知孔子为圣人，称孔子为"东家丘"。如唐代李白在《送薛九被谗去鲁》诗中就有："宋人不辨玉，鲁贱东家丘。"多称该词出自《孔子家语》，但今本《孔子家语》中无此语。

7　嫉而沮之：孔子曾摄行鲁国相事。齐国怕鲁国强大对本国不利，于是给季桓子馈赠美女，果然他三天不问政事。孔子见此失望，遂弃官离鲁。见《论语·微子》："齐人归女乐，季桓子受之，三日不朝，孔子行。""归"通"馈"。

8　恶而欲杀之：见《论语·述而》："子曰：'天生德于予，桓魋其如予何？'"孔子路过宋国的时候，桓魋（音tuí）想杀掉孔子。

"是知其不可而为之者欤？"[1]"鄙哉！硁硁乎！莫己知也，斯已而已矣[2]。"虽子路在升堂之列，尚不能无疑于其所见，不悦于其所欲往[3]，而且以之为迂[4]，则当时之不信夫子者，岂特十之二三而已乎？然而夫子汲汲遑遑，若求亡子于道路，而不暇于暖席者，宁以祈人之知我、信我而已哉？盖其天地万物一体之仁疾痛迫切，虽欲已之而自有所不容已，故其言曰："吾非斯人之徒与而谁与[5]？""欲洁其身而乱大伦[6]。""果哉，末之难矣[7]！"呜呼！此非诚以天地万物为一体者，孰能以知夫子之心乎？若其"遁世无闷"，"乐天知命"者，则固"无入而不自得"，"道并行而不相悖"[8]也。

【38.6】仆之不肖，何敢以夫子之道为己任？顾其心亦已稍知疾痛之在身，是以傍徨四顾，将求其有助于我者，相与讲去其病耳。今诚得豪杰同志之士扶持匡翼，共明良知之学于天下，使天下之人皆知自致其良知，以相安相养，去其自私自利之蔽，一洗谗妒胜忿之习，以济于大同，则仆之狂病，固将脱然以愈，而终免于丧心之患矣，岂不快哉！

嗟乎！今诚欲求豪杰同志之士于天下，非如吾文蔚者而谁望之乎？如吾文蔚之才与志，诚足以援天下之溺者，今又既知其具之在我而无假于外求矣，循是而充，若决河注海，孰得而御哉？文蔚所谓"一人信之不为少"，其又能逊以委之何人乎？

【38.7】会稽素号山水之区，深林长谷，信步皆是，寒暑晦明，

1　是知其不可而为之者欤：出自《论语·宪问》："子路宿于石门。晨门曰：'奚自？'子路曰：'自孔氏。'曰：'是知其不可而为之者与？'""晨门"，掌管城门早晚开闭的人。

2　"鄙哉！硁硁乎！"句：大意为：可鄙啊！把磬敲得硁硁的，好像说无人明白自己似的。没人懂就没人懂吧，世道如此，该怎么样就怎么样吧。出自《论语·宪问》："子击磬于卫，有荷蒉而过孔氏之门者，曰：'有心哉，击磬乎！'既而曰：'鄙哉！硁硁乎！莫己知也，斯已而已矣。深则厉，浅则揭。'子曰：'果哉！末之难矣。'""荷蒉"，挑着草筐。硁，音 kēng。蒉，音 kuì。

3　不悦于其所欲往：见《论语·雍也》："子见南子，子路不悦。"可参看【30.3】条注释。

4　以之为迂：见《论语·子路》："子路曰：'卫君待子而为政，子将奚先？'子曰：'必也正名乎！'子路曰：'有是哉，子之迂也！奚其正？'"

5　吾非斯人之徒与而谁与：出自《论语·微子》："夫子怃然曰：'鸟兽不可与同群，吾非斯人之徒与而谁与？天下有道，丘不与易也。'"

6　欲洁其身而乱大伦：见《论语·微子》："子路曰：'不仕无义。长幼之节，不可废也；君臣之义，如之何其废之？欲洁其身，而乱大伦。君子之仕也，行其义也。道之不行，已知之矣。'"

7　果哉，末之难矣："果"，坚决意。"末之难"，没办法说服他。出自本条"鄙哉！硁硁乎！"句注释。

8　"无入而不自得"，"道并行而不相悖"：无论何种境遇都能自得于心，各循其道而不相抵触。两句皆出自《中庸》，可参看附录55.《中庸》【55.13】和【55.36】条。

无时不宜，安居饱食，尘嚣无扰，良朋四集，道义日新，优哉游哉，天地之间宁复有乐于是者！孔子云："不怨天，不尤人，下学而上达。"[1] 仆与二三同志，方将请事斯语，奚暇外慕？独其切肤之痛，乃有未能恝然[2]者，辄复云云尔。

　　咳疾暑毒，书札绝懒。盛使远来，迟留经月，临岐执笔，又不觉累纸。盖于相知之深，虽已缕缕至此，殊觉有所未能尽也。

1　不怨天，不尤人，下学而上达：出自《论语·宪问》。可参看【44.10】"问上达功夫"。

2　恝然：淡然、漠然。恝，音 jiá。

39. 与黄宗贤[1] 丁亥（1527年）

[背景简介] 1527年，嘉靖六年丁亥，阳明先生五十六岁。正月，先生与宗贤书。五月，任都察院左都御史，征思、田。《王文成公全书》年谱载："是月初八日，德洪与畿访张元冲舟中，因论为学宗旨。畿曰：'先生说知善知恶是良知，为善去恶是格物，此恐未是究竟话头。'德洪曰：'何如？'畿曰：'心体既是无善无恶，意亦是无善无恶，知亦是无善无恶，物亦是无善无恶。若说意有善有恶，毕竟心亦未是无善无恶。'德洪曰：'心体原来无善无恶，今习染既久，觉心体上见有善恶在，为善去恶，正是复那本体功夫。若见得本体如此，只说无功夫可用，恐只是见耳。'畿曰：'明日先生启行，晚可同进请问。'是日夜分，客始散，先生将入内，闻洪与畿候立庭下，先生复出，使移席天泉桥上。德洪举与畿论辩请问。先生喜曰：'正要二君有此一问！我今将行，朋友中更无有论证及此者，二君之见正好相取，不可相病。汝中须用德洪功夫，德洪须透汝中本体。二君相取为益，吾学更无遗念矣。'（此便是著名的天泉论道，详见本书语录【50.52】条）。十月，徐樾请见（见本书 1.《阳明先生年谱》"1527年"条）。十一月，至梧州。十有二月，命暂兼理巡抚两广。"本书中 40.《与马子莘》、41.《答魏师说书》也作于此年。

1　黄宗贤：黄绾，字宗贤，又作叔贤，号久庵、石龙。浙江温岭人。黄宗羲《明儒学案·卷十三·浙中王门学案三》载："以祖荫入官，授后军都事。告病归，家居十年。以荐起南京都察院经历。同张璁、桂萼上疏主大礼，升南京工部员外郎，累疏乞休。尚书席书纂修《明伦大典》，荐先生与之同事。起光禄寺少卿，转大理寺，改少詹事兼侍讲学士，充讲官。《大典》成，升詹事，兼侍读学士。出为南京礼部右侍郎，转礼部左侍郎。云中之变，往抚平之。知乙未贡举，丁忧服阕，起礼部尚书，兼翰林院学士，充安南正使，以迟缓不行。闲住，迁家翠屏山中。寒暑未尝释卷，享年七十有五。先生初师谢文肃，及官都事，闻阳明讲学，请见。阳明曰：'作何功夫？'对曰：'初有志，功夫全未。'阳明曰：'人患无志，不患无功夫可用。'复见甘泉，相与矢志于学。阳明归越，先生过之，闻致良知之教，曰：'简易直截，圣学无疑。先生真吾师也，尚可自处于友乎？'乃称门弟子。阳明既殁，桂萼龅龀之。先生上疏言：'昔议大礼，臣与萼合，臣遂直友以忠君。今萼毁臣师，臣不敢阿友以背师。'又以女妻阳明之子正亿，携之金陵，销其外侮。"

【39.1】人在仕途，比之退处山林时，其工夫之难十倍，非得良友时时警发砥砺，则其平日之所志向，鲜有不潜移默夺，驰然日就于颓靡者。近与诚甫[1]言，在京师相与者少，二君必须预先相约定，彼此但见微有动气处，即须提起致良知话头，互相规切。凡人言语正到快意时，便截然能忍默得；意气正到发扬时，便翕然能收敛得；愤怒嗜欲正到腾沸时，便廓然能消化得，此非天下之大勇者不能也。然见得良知亲切时，其工夫又自不难。缘此数病，良知之所本无，只因良知昏昧蔽塞而后有，若良知一提醒时，即如白日一出，而魍魉自消矣。

【39.2】《中庸》谓"知耻近乎勇"。[2]所谓知耻，只是耻其不能致得自己良知耳。今人多以言语不能屈服得人为耻，意气不能陵轧得人为耻，愤怒嗜欲不能直意任情得为耻，殊不知此数病者，皆是蔽塞自己良知之事，正君子之所宜深耻者。今乃反以不能蔽塞自己良知为耻，正是耻非其所当耻，而不知耻其所当耻也。可不大哀乎！

【39.3】诸君皆平日所知厚者，区区之心，爱莫为助，只愿诸君都做个"古之大臣"。古之所谓大臣者，更不称他有甚知谋才略，只是一个"断断无他技，休休如有容"[3]而已。诸君知谋才略，自是超然出于众人之上，所未能自信者，只是未能致得自己良知，未全得"断断休休"体段耳。

【39.4】今天下事势，如沈痾积痿，所望以起死回生者，实有在于诸君子。若自己病痛未能除得，何以能疗得天下之病！此区区一念之诚，所以不能不为诸君一竭尽者也。诸君每相见时，幸默以此意相规切之，须是克去己私，真能以天地万物为一体，实康济得天下，挽回三代之治，方是不负如此圣明之君，方能报得如此知遇，不枉了因此一大事来出世一遭也。

【39.5】病卧山林，只好修药饵苟延喘息。但于诸君出处，亦有痛痒相关者，不觉缕缕至此。幸亮此情也！

1　诚甫：可参看 9.《与黄诚甫书》"黄诚甫"注释。

2　知耻近乎勇：可参看附录 55.《中庸》【55.20】条。

3　"断断无他技"句："断断"，诚一貌。"休休"，宽容貌。出自《尚书·秦誓》："若有一介臣，断断今无他技，其心休休焉，其如有容。"

40. 与马子莘¹ 丁亥（1527年）

[背景简介] 可参看39.《与黄宗贤》一文介绍。

【40.1】连得所寄书，诚慰倾渴！缔观来书，其字画文彩皆有加于畴昔²。根本盛而枝叶茂，理固宜然，然草木之花，千叶者无实，其花繁者，其实鲜矣。迩来子莘之志，得无微有所溺乎？是亦不可以不省也！良知之说，往时亦尝备讲，不审迩来能益莹彻否？

【40.2】明道云："吾学虽有所受，然'天理'二字，却是自家体认出来。"³ 良知即是天理。体认者，实有诸己之谓耳，非若世之想像讲说者之为也。近时同志，莫不知以良知为说，然亦未见有能实体认之者，是以尚未免于疑惑。盖有谓良知不足以尽天下之理，而必假于穷索以增益之者。又以为徒致良知未必能合于天理，须以良知讲求其所谓天理者，而执之以为一定之则，然后可以率由而无弊。是其为说，非实加体认之功而真有以见夫良知者，则亦莫能辩其言之似是而非也！

【40.3】莆⁴中故多贤，国英及志道二三同志之外，相与切磋砥

1　马子莘：马明衡，字子莘。今福建省莆田县人。父马思聪，死宸濠难。正德九年（1514）中进士，任太常博士。嘉靖三年，授湖广道监察御史，此时正是朝廷上下为明世宗皇统问题上的政治争论极为尖锐之时（可参看本书1.《阳明先生年谱》"1524年"条"大礼议"注释），又逢明武宗的生母昭圣皇太后的寿辰，马明衡因反对明世宗"免命妇朝贺"的安排，上疏触怒明世宗，遂被下诏狱拷讯。当时明世宗欲杀死马明衡，内阁大臣蒋冕称道："陛下有尧舜之治，奈何还有杀死谏臣之名。"久之，明世宗稍微解气，遂欲戍之。蒋冕继续请奏，并为之哭泣。于是改为杖刑八十，除名为民。

2　畴昔：往昔。

3　"明道云"句：出自《二程全书·外书第十二》："吾学虽有所授受，天理两字却是自家体贴出来。"

4　莆：莆田。马子莘为莆田人。

砺者，亦复几人？良知之外，更无知；致知之外，更无学。外良知以求知者，邪妄之知矣；外致知以为学者，异端之学矣。道丧千载，良知之学久为赘疣，今之友朋知以此事日相讲求者，殆空谷之足音欤！想念虽切，无因面会一罄此怀，临书惘惘！不尽。

41. 答魏师说[1]书 丁亥（1527年）

[背景简介] 可参看 39.《与黄宗贤》一文介绍。

施邦曜在《阳明先生集要》一书中就此文有评曰："'体面事势'四字，惟周旋世务人自谓知得极透，然精神都用在周旋去处，终多拘格。一惟真心实意做去，便不见得有体面事势之为碍。此可悟诚意致知之学。"

师伊[2]至，备闻日新之功，兼得来书，志意恳切，喜慰无尽！

所云"任情任意，认作良知，及作意为之，不依本来良知，而自谓良知"者，既已察识其病矣。

"意"与"良知"当分别明白。凡应物起念处，皆谓之"意"。意则有是有非，能知得意之是与非者，则谓之"良知"。依得良知，即无有不是矣。

所疑"拘于体面，格于事势等患"，皆是致良知之心未能诚切专一。若能诚切专一，自无此也。凡作事不能谋始，与有轻忽苟且之弊者，亦皆致知之心未能诚一，亦是见得良知未透彻。若见得透彻，即体面事势中，莫非良知之妙用。除却体面事势之外，亦别无良知矣。岂得又为体面所局，事势所格？即已动于私意，非复良知之本然矣。今时同志中，虽皆知得良知无所不在，一涉酬应，便又将人情物理与良知看作两事，此诚不可以不察也。

1　魏师说：黄宗羲《明儒学案·卷十九·江右王门学案四》有载："魏良弼，字师说，号水洲，南昌新建人。嘉靖癸未（1523）进士。知松阳县，入为给事中，累迁礼科都给事中……永嘉复位，始以京察罢。先生居乡，情味真至。乡人见先生有所告诫，退辄称其说以教家人，其偶然者流为方语，而深切者垂为法言，曰：'魏水洲云云，不可易也。'疾痛则问药，旱潦则问捄（注：同'救'），先生因而付之，各毕所愿，闾里顿化，争讼亦息。人有夜梦先生者，明旦得嘉客。生儿者梦先生过其家，则里中相贺以为瑞。稻初登，果未落，家有老人不敢尝，必以奉先生。其为乡里所亲敬如此……隆庆改元，晋太常少卿致仕。万历乙亥卒，年八十有四。弟良政、良器。"

2　师伊：魏师说之弟，魏良政，字师伊。

42. 答聂文蔚书 其二 戊子（1528年）

[背景简介] 1528年，嘉靖七年戊子，阳明先生五十七岁，在广西梧州。二月，平定思、田之乱。四月，兴思、田学校。五月，抚新民。六月，兴南宁学校。七月，平八寨、断藤峡之乱。上《经略思田及八寨断藤峡事宜》。十月，先生以疾剧，上疏请告。同月，拜谒伏波庙，先生十五岁时尝梦谒伏波庙（见本书 1.《阳明先生年谱》"1486年"条注释），至是拜祠下，宛然如梦中，谓兹行殆非偶然。因识二诗（见本书 1.《阳明先生年谱》"1528年"条注释）。同月，谒增城先庙。该月给聂文蔚写了最后的这封书信。《王文成公全书》年谱载："十一月乙卯，先生卒于南安。是月廿五日，逾梅岭至南安。登舟时，南安推官门人周积来见。先生起坐，咳喘不已。徐言曰：'近来进学如何？'积以政对。遂问道体无恙。先生曰：'病势危亟，所未死者，元气耳。'积退而迎医诊药。廿八日晚泊，问：'何地？'侍者曰：'青龙铺。'明日，先生召积入。久之，开目视曰：'吾去矣！'积泣下，问：'何遗言？'先生微哂曰：'此心光明，亦复何言？'顷之，瞑目而逝，二十九日辰时也。"

施邦曜在《阳明先生集要》一书中就此文有评曰："学问惟得着实安顿处，自然放手不下，那得忘？自然应念而是，那用助？譬人既有一定栖身之所，便是常处了，欲忘不得也，业已安居了，欲助何为也？先生教人，只于事亲从兄上着力，何等真切着实。日事于此，自有生恶可已之妙，安有助忘？此便可识格物致知，着实用功处。"

【42.1】得书，见近来所学之骤进，喜慰不可言。谛视数过，其间虽亦有一二未莹彻处，却是致良知之功尚未纯熟。到纯熟时，自无此矣。譬之驱车，既由于康庄大道之中，或时横斜迂曲者，乃马性未调，衔勒不齐之故，然已只在康庄大道中，决不赚入傍蹊曲径矣。近时海内同志到此地位者曾未多见，喜慰不可言，斯道之幸也！

　　贱躯旧有咳嗽畏热之病，近入炎方，辄复大作。主上圣明洞察，责付甚重，不敢遽辞。地方军务冗沓，皆舆疾从事。今却幸已平定，已具本乞回养病。得在林下稍就清凉，或可瘳[1]耳。人还，伏枕草草，不尽倾企[2]。外惟濬[3]一简，幸达致之！来书所询，草草奉复一二。

　　【42.2】近岁来山中讲学者往往多说"勿忘勿助[4]"功夫甚难。问之则云："才着意便是助，才不着意便是忘，所以甚难。"区区因问之云："忘是忘个甚么？助是助个甚么？"其人默然无对。始请问。区区因与说我此间讲学，却只说个"必有事焉"，不说"勿忘勿助"。必有事焉者，只是时时去"集义[5]"。若时时去用"必有事"的功夫，而或有时间断，此便是忘了，即须"勿忘"；时时去用"必有事"的功夫，而或有时欲速求效，此便是助了，即须"勿助"。其功夫全在"必有事焉"上用，"勿忘勿助"只就其间提撕警觉而已。若是功夫原不间断，即不须更说"勿忘"；原不欲速求效，即不须更说"勿助"。此其功夫何等明白简易，何等洒脱自在！今却不去"必有事"上用功，而乃悬空守着一个"勿忘勿助"，此正如烧锅煮饭，锅内不曾渍水下米，而乃专去添柴放火，不知毕竟煮出个甚么物来？吾恐火候未及调停，而锅已先破裂矣。近日一种专在"勿忘勿助"上用功者，其病正是如此。终日悬空去做个"勿忘"，又悬空去做个"勿助"，渀渀荡荡[6]，全无实落下手处。究竟功夫只做得个沉空守寂，学成一个痴騃[7]汉，才遇些子事来，即便牵滞纷扰，不复能经纶宰制[8]。此皆有志之士，而乃使之劳苦缠缚，担阁[9]一生，皆由学术误人之故，甚可悯矣！

　　夫"必有事焉"，只是"集义"。"集义"只是"致良知"。说"集义"则一时未见头脑，说"致良知"即当下便有实地步可用功，故区区专说"致良知"。随时就事上致其良知，便是"格物"；着实去致良知，便是"诚意"；着实致其良知而无一毫"意必固我[10]"，便是"正

1　瘳：病愈。音 chōu。
2　倾企：倾慕之心。
3　惟濬：陈九川。可参看语录部分"陈九川录"注释。
4　勿忘勿助：出自《孟子·公孙丑上》："必有事焉而勿正，心勿忘，勿助长也。"
5　集义：可参看【12.4】条注释。
6　渀渀荡荡：不着边际。意思与后文"茫茫荡荡"（【43.6】注释）相同。渀，音 bèn。
7　騃：呆傻，音 ái。
8　经纶宰制：筹划治理国家大事。
9　担阁：同"耽搁"。
10　意必固我：出自《论语·子罕》。可参看【27.11】条注释。

心"。着实致良知则自无"忘"之病；无一毫"意必固我"则自无"助"之病：故说"格、致、诚、正[1]"则不必更说个"忘、助"。孟子说"忘、助"，亦就告子得病处立方。告子强制其心，是"助"的病痛，故孟子专说助长之害。告子助长，亦是他以义为外，不知就自心上"集义"，在"必有事焉"上用功，是以如此。若时时刻刻就自心上"集义"，则良知之体洞然明白，自然是是非非纤毫莫遁，又焉有"不得于言，勿求于心；不得于心，勿求于气"之弊乎？孟子"集义""养气"之说，固大有功于后学，然亦是因病立方，说得大段，不若《大学》"格、致、诚、正"之功，尤极精一简易，为彻上彻下，万世无弊者也。

圣贤论学，多是随时就事，虽言若人殊，而要其功夫头脑，若合符节。缘天地之间，原只有此性，只有此理，只有此良知，只有此一件事耳。故凡就古人论学处说功夫，更不必挽和兼搭而说，自然无不吻合贯通者。才须挽和兼搭而说，即是自己功夫未明彻也。近时有谓"集义"之功必须兼搭个"致良知"而后备者，则是"集义"之功尚未了彻也。"集义"之功尚未了彻，适足以为致良知之累而已矣。谓致良知之功必须兼搭一个"勿忘勿助"而后明者，则是致良知之功尚未了彻也。致良知之功尚未了彻，适足以为"勿忘勿助"之累而已矣。若此者，皆是就文义上解释牵附，以求混融凑泊，而不曾就自己实功夫上体验，是以论之愈精，而去之愈远。文蔚之论，其于"大本达道"既已沛然无疑，至于"致知""穷理"及"忘助"等说，时亦有挽和兼搭处，却是区区所谓康庄大道之中，或时横斜迂曲者。到得功夫熟后，自将释然矣。

【42.3】文蔚谓"致知之说，求之事亲从兄之间，便觉有所持循"者，此段最见近来真切笃实之功。但以此自为，不妨自有得力处，以此遂为定说教人，却未免又有因药发病之患，亦不可不一讲也。

盖良知只是一个天理，自然明觉发见处，只是一个真诚恻怛，便是他本体。故致此良知之真诚恻怛，以事亲便是孝；致此良知真诚恻怛，以从兄便是弟；致此良知之真诚恻怛，以事君便是忠。只是一个良知，一个真诚恻怛。若是从兄的良知不能致其真诚恻怛，即是事亲的良知不能致其真诚恻怛矣；事君的良知不能致其真诚恻怛，即是从兄的良知不能致其真诚恻怛矣。故致得事君的良知，便是致却从兄的良知；致得从兄的良知，便是致却事亲的良知。不是事君的良知不能致，却须又从事亲的良知上去扩充将来，如此又是

1　格、致、诚、正：格物、致知、诚意，正心。可参看附录54.《大学》【54.2】条。

脱却本原，着在支节上求了。良知只是一个，随他发见流行处当下具足，更无去求，不须假借。然其发见流行处却自有轻重厚薄，毫发不容增减者，所谓"天然自有之中"[1]也。虽则轻重厚薄毫发不容增减，而原又只是一个；虽则只是一个，而其间轻重厚薄又毫发不容增减。若可得增减，若须假借，即已非其真诚恻怛之本体矣。此良知之妙用，所以无方体，无穷尽，"语大天下莫能载，语小天下莫能破"[2]者也。

孟氏"尧、舜之道，孝弟而已"[3]者，是就人之良知发见得最真切笃厚、不容蔽昧处提省人，使人于事君、处友、仁民、爱物，与凡动静语默间，皆只是致他那一念事亲从兄、真诚恻怛的良知，即自然无不是道。盖天下之事虽千变万化，至于不可穷诘，而但惟致此事亲从兄一念真诚恻怛之良知以应之，则更无有遗缺渗漏者，正谓其只有此一个良知故也。事亲从兄一念良知之外，更无有良知可致得者，故曰："尧、舜之道，孝弟而已矣。"此所以为"惟精惟一"之学，放之四海而皆准，"施诸后世而无朝夕"[4]者也。文蔚云"欲于事亲从兄之间，而求所谓良知之学"，就自己用工得力处如此说，亦无不可。若曰"致其良知之真诚恻怛，以求尽夫事亲从兄之道焉"，亦无不可也。明道云"行仁自孝弟始，孝弟是仁之一事，谓之行仁之本则可，谓是仁之本则不可"[5]，其说是矣。

【42.4】"臆、逆、先觉"[6]之说，文蔚谓"诚则旁行曲防，皆良知之用"，甚善甚善！间有搀搭处，则前已言之矣。惟濬之言亦未为不是，在文蔚须有取于惟濬之言而后尽，在惟濬又须有取于文蔚之言而后明。不然，则亦未免各有倚着之病也。"舜察迩言[7]，而询刍荛[8]"，非是以迩言当察、刍荛当询而后如此，乃良知之发见流行，光明圆莹，更无挂碍遮隔处，此所以谓之大知，才有执着意必，

1　天然自有之中：出自《二程遗书·卷第十七·伊川先生语三》："识得则事事物物上皆天然有个中在那上，不待人安排也。安排着，则不中矣。"

2　语大天下莫能载，语小天下莫能破：此处言良知若天理，至大无外，至小无内。出自《中庸》，可参看附录55.《中庸》【55.11】条。

3　尧、舜之道，孝弟而已：出自《孟子·告子上》。

4　施诸后世而无朝夕：孝道不论将来什么时候都要施行。出自《礼记·祭义》。

5　"明道云"句：非程颢所说，应为程颐所说，出自《二程遗书·卷第十八·伊川先生语四》。

6　臆、逆、先觉：可参看【35.4】条"逆、臆"注释。

7　迩言：浅白之言。出自《中庸》："舜好问而好察迩言。"可参看附录55.《中庸》【55.5】条。

8　刍荛：割草砍柴之人。见《诗经·大雅·板》："先民有言，询于刍荛。"

其知便小矣。讲学中自有去取分辨，然就心地上着实用功夫，却须如此方是。

【42.5】"尽心"三节，区区曾有"生知、学知、困知"之说[1]，颇已明白，无可疑者。盖"尽心、知性、知天"者，不必说"存心、养性、事天"，不必说"夭寿不贰、修身以俟"[2]，而"存心养性"与"修身以俟"之功已在其中矣。"存心、养性、事天"者，虽未到得"尽心知天"的地位，然已是在那里做个求到"尽心知天"的功夫，更不必说"夭寿不贰、修身以俟"，而"夭寿不贰、修身以俟"之功已在其中矣。譬之行路，"尽心知天"者，如年力壮健之人，既能奔走往来于数千百里之间者也；"存心事天"者，如童稚之年，使之学习步趋于庭除之间者也；"夭寿不贰、修身以俟"者，如襁褓之孩，方使之扶墙傍壁而渐学起立移步者也。既已能奔走往来于数千里之间者，则不必更使之于庭除之间而学步趋，而步趋于庭除之间自无弗能矣；既已能步趋于庭除之间，则不必更使之扶墙傍壁而学起立移步，而起立移步自无弗能矣。然学起立移步，便是学步趋庭除之始；学步趋庭除，便是学奔走往来于数千里之基。固非有二事。但其功夫之难易，则相去悬绝矣。心也、性也、天也，一也，故及其知之成功则一，然而三者人品力量自有阶级，不可躐等而能也。

细观文蔚之论，其意以恐"尽心知天"者废却"存心修身"之功，而反为"尽心知天"之病。是盖为圣人忧功夫之或间断，而不知为自己忧功夫之未真切也。吾侪用工，却须专心致志在"夭寿不贰、修身以俟"上做，只此便是做"尽心知天"功夫之始。正如学起立移步，便是学奔走千里之始。吾方自虑其不能起立移步，而岂遽虑其不能奔走千里，又况为奔走千里者而虑其或遗忘于起立移步之习哉？文蔚识见，本自超绝迈往，而所论云然者，亦是未能脱去旧时解说文义之习。是为此三段书分疏比合，以求融会贯通，而自添许多意见缠绕，反使用工不专一也。近时悬空去做"勿忘勿助"者，其意见正有此病，最能担误人，不可不涤除耳。

【42.6】所谓"尊德性而道问学[3]"一节，至当归一，更无可疑。

1　区区曾有"生知、学知、困知"之说：可参看【43.7】【50.28】条。

2　"盖'尽心、知性、知天'者"句：出自《孟子·尽心上》："尽其心者，知其性也。知其性，则知天矣。存其心，养其性，所以事天也。夭寿不贰，修身以俟之，所以立命也。"

3　尊德性而道问学：可参看【12.4】条注释。

　　此便是文蔚曾着实用功，然后能为此言。此本不是险僻难见的道理，人或意见不同者，还是良知尚有纤翳潜伏。若除去此纤翳，即自无不洞然矣。

　　【42.7】已作书后，移卧檐间，偶遇无事，遂复答此。文蔚之学既已得其大者，此等处久当释然自解，本不必屑屑如此分疏。但承相爱之厚，千里差人远及，谆谆下问，而竟虚来意，又自不能已于言也。然直戆烦缕已甚，恃在信爱，当不为罪。惟濬处及谦之、崇一处各得转录一通，寄视之，尤承一体之好也。

语录

43. 徐爱[1] 录

【43.1】徐爱引言

先生于《大学》"格物"[2]诸说，悉以旧本[3]为正，盖先儒所谓误本[4]者也。爱始闻而骇，既而疑，已而殚精竭思，参互错综以质于先生，然后知先生之说若水之寒，若火之热，断断乎百世以俟圣人而不惑者也。先生明睿天授，然和乐坦易，不事边幅。人见其少时豪迈不羁，又尝泛滥于词章，出入二氏之学，骤闻是说，皆目以为立异好奇，漫不省究。不知先生居夷三载[5]，处困养静，精一[6]之功固已超入圣域，粹然大中至正之归矣。

爱朝夕炙门下，但见先生之道，即之若易而仰之愈高，见之若粗而探之愈精，就之若近而造之愈益无穷，十余年来竟未能窥其藩篱。世之君子，或与先生仅交一面，或犹未闻其謦欬[7]，或先怀忽易愤激之心，而遽欲于立谈之间，传闻之说，臆断悬度，如之何其可得也？从游之士，闻先生之教，往往得一而遗二，见其牝牡骊黄而弃其所

1 　徐爱：可参看 9.《与黄诚甫书》一文中"曰仁"注释。下文中"爱"，系徐爱自称。

2 　格物：见《大学》："致知在格物，物格然后知至。"阳明先生解读"格物"与朱熹不同，他认为格物从内心下功夫，"是去其心之不正，以全其本体之正"，而朱熹认为格物是对外探究，"即物而穷其理也"。

3 　旧本：指《礼记》中第四十二章的《大学》原文，阳明先生讲学以旧本为正。

4 　先儒所谓误本："先儒"此处指"程（程颢、程颐）朱（朱熹）"。"误本"之说的来源如下：《大学》内容原撰成在战国末期至西汉之间，后人怀疑因错简而导致《礼记》中《大学》原文的篇目次序有误。程颐、程颢先后对《大学》进行修订。后朱熹在二程改定的版本又将《大学》原文划分为"经"（一章），"传"（十章），并在其中补增了"传"一章。

5 　居夷三载：正德元年（1506），阳明先生为宦官刘瑾所害，被贬谪贵州龙场驿（今贵州修文县）三年。阳明先生在龙场获得了思想上的重大突破，被称为"龙场悟道"。可参看本书 1.《阳明先生年谱》1506 年至 1508 年记录。

6 　精一：可参看【18.2】条注释。

7 　謦欬：原意为咳嗽，引申为言谈、谈吐，如"亲临謦欬"。音 qǐngkài 。

谓千里[1]者。故爱备录平日之所闻，私以示夫同志，相与考而正之，庶无负先生之教云。

【43.2】爱问："'在亲民'，朱子谓当作'新民'，后章'作新民'之文似亦有据。先生以为宜从旧本作'亲民'，亦有所据否？"

先生曰："'作新民'之'新'是自新之民，与'在新民'之'新'不同，此岂足为据？'作'字却与'亲'字相对，然非'亲'字义。下面'治国平天下'处，皆于'新'字无发明，如云'君子贤其贤而亲其亲，小人乐其乐而利其利'，'如保赤子'，'民之所好好之，民之所恶恶之，此之谓民之父母'之类[2]，皆是'亲'字意。'亲民'犹孟子'亲亲仁民'[3]之谓，亲之即仁之也。百姓不亲，舜使契为司徒，敬敷五教[4]，所以亲之也。《尧典》'克明峻德[5]'便是'明明德'；'以亲九族'至'平章、协和'，便是'亲民'，便是'明明德于天下'。又如孔子言'修己以安百姓[6]'，'修己'便是'明明德'；'安百姓'便是'亲民'。说'亲民'便是兼教养意，说'新民'便觉偏了。"

【43.3】爱问："'知止而后有定'，朱子以为'事事物物皆有定理[7]'，似与先生之说相戾。"

先生曰："于事事物物上求至善，却是'义外'[8]也，至善是心之本体，只是'明明德'到'至精至一'处便是，然亦未尝离却事物，本注[9]所谓'尽夫天理之极，而无一毫人欲之私'者得之。"

【43.4】爱问："至善只求诸心，恐于天下事理有不能尽。"

先生曰："心即理也。天下又有心外之事，心外之理乎？"

爱曰："如事父之孝，事君之忠，交友之信，治民之仁，其间有许多理在，恐亦不可不察。"

1　"骊黄千里"句：牝，雌；牡，雄；骊，黑色；黄，黄色。出自《列子·说符篇》，以九方皋相马的故事说明人们常常犯的见外不见内、见粗不见精的问题。可参看成语"骊黄千里"。

2　"如云"等句：出自《大学》。可参看附录54.《大学》【54.5】【54.8】和【54.9】条。

3　亲亲仁民：出自《孟子·尽心上》："亲亲而仁民，仁民而爱物。"

4　敬敷五教：敷，施行。五教见《孟子·滕文公上》，指"父子有亲、君臣有义、夫妇有别、长幼有序、朋友有信"。

5　克明峻德："克"，能也；"峻"，大也，能够彰明高尚的品德。"平章"，平正昭明也。出自《尚书·尧典》："克明俊德，以亲九族。九族既睦，平章百姓。百姓昭明，协和万邦。"

6　修己以安百姓：出自《论语·宪问》："修己以安百姓，尧舜其犹病诸。"

7　事事物物皆有定理：可以参照【37.2】条注释。

8　义外：义属于内心之外。可参看【22.2】条"仁内义外"注释。

9　本注：朱熹《大学章句》第一章注。

先生叹曰："此说之蔽久矣，岂一语所能悟？今姑就所问者言之，且如事父，不成去父上求个孝的理？事君，不成去君上求个忠的理？交友治民，不成去友上、民上求个信与仁的理？都只在此心，心即理也。此心无私欲之蔽，即是天理，不须外面添一分。以此纯乎天理之心，发之事父便是孝，发之事君便是忠，发之交友治民便是信与仁。只在此心去人欲、存天理上用功便是。"

爱曰："闻先生如此说，爱已觉有省悟处。但旧说缠于胸中，尚有未脱然者。如事父一事，其间温凊定省[1]之类有许多节目，不知亦须讲求否？"

先生曰："如何不讲求？只是有个头脑，只是就此心去人欲、存天理上讲求。就如讲求冬温，也只是要尽此心之孝，恐怕有一毫人欲间杂。讲求夏凊，也只是要尽此心之孝，恐怕有一毫人欲间杂：只是讲求得此心。此心若无人欲，纯是天理，是个诚于孝亲的心，冬时自然思量父母的寒，便自要去求个温的道理；夏时自然思量父母的热，便自要去求个凊的道理。这都是那诚孝的心发出来的条件。却是须有这诚孝的心，然后有这条件发出来。譬之树木，这诚孝的心便是根，许多条件便是枝叶，须先有根然后有枝叶，不是先寻了枝叶然后去种根。《礼记》言：'孝子之有深爱者，必有和气；有和气者，必有愉色；有愉色者，必有婉容。'须是有个深爱做根，便自然如此。"

【43.5】郑朝朔问："至善亦须有从事物上求者？"

先生曰："至善只是此心纯乎天理之极便是，更于事物上怎生求？且试说几件看。"

朝朔曰："且如事亲，如何而为温凊之节，如何而为奉养之宜，须求个是当，方是至善，所以有学问思辨之功。"

先生曰："若只是温凊之节、奉养之宜，可一日二日讲之而尽，用得甚学问思辨？惟于温凊时，也只要此心纯乎天理之极；奉养时，也只要此心纯乎天理之极。此则非有学问思辨之功，将不免于毫厘千里之谬，所以虽在圣人犹加'精一'之训。若只是那些仪节求得是当，便谓至善，即如今扮戏子，扮得许多温凊奉养的仪节是当，亦可谓之至善矣。"

爱于是日又有省。

1　温凊定省：凊，音 qìng，意为凉。出自《礼记·曲礼上》："凡为人子之礼，冬温而夏凊，昏定而晨省。"冬天温被，夏天扇席，晚上侍候睡定，早晨前往请安。表示侍奉父母无微不至。

【43.6】爱因未会先生"知行合一"之训，与宗贤、惟贤往复辩论，未能决，以问于先生。

先生曰："试举看。"

爱曰："如今人尽有知得父当孝、兄当弟者，却不能孝、不能弟，便是知与行分明是两件。"

先生曰："此已被私欲隔断，不是知、行的本体了。未有知而不行者。知而不行，只是未知。圣贤教人知行，正是安复那本体，不是着你只恁[1]的便罢。故《大学》指个真知行与人看，说'如好好色，如恶恶臭[2]'。见好色属知，好好色属行。只见那好色时已自好了，不是见了后又立个心去好。闻恶臭属知，恶恶臭属行。只闻那恶臭时已自恶了，不是闻了后别立个心去恶。如鼻塞人虽见恶臭在前，鼻中不曾闻得，便亦不甚恶，亦只是不曾知臭。就如称某人知孝、某人知弟，必是其人已曾行孝行弟，方可称他知孝知弟，不成只是晓得说些孝弟的话，便可称为知孝弟。又如知痛，必已自痛了方知痛；知寒，必已自寒了；知饥，必已自饥了。知行如何分得开？此便是知行的本体，不曾有私意隔断的。圣人教人，必要是如此，方可谓之知，不然，只是不曾知。此却是何等紧切着实的工夫！如今苦苦定要说知行做两个，是甚么意？某要说做一个，是甚么意？若不知立言宗旨，只管说一个两个，亦有甚用？"

爱曰："古人说知行做两个，亦是要人见个分晓，一行做知的功夫，一行做行的功夫，即功夫始有下落。"

先生曰："此却失了古人宗旨也。某尝说知是行的主意，行是知的功夫；知是行之始，行是知之成。若会得时，只说一个知，已自有行在；只说一个行，已自有知在。古人所以既说一个知，又说一个行者，只为世间有一种人，懵懵懂懂的任意去做，全不解思维省察，也只是个冥行妄作，所以必说个知，方才行得是；又有一种人，茫茫荡荡[3]悬空去思索，全不肯着实躬行，也只是个揣摸影响，所以必说一个行，方才知得真。此是古人不得已补偏救弊的说话，若见得这个意时，即一言而足。今人却就将知行分作两件去做，以为必先知了然后能行，我如今且去讲习讨论做知的工夫，待知得真了方去做行的工夫，故遂终身不行，亦遂终身不知。此不是小病痛，

1 　恁：那样、如此。音 nèn 。
2 　如好好色，如恶恶臭：可参看附录 54.《大学》【54.4】条。
3 　茫茫荡荡：空旷远大，不着边际。

其来已非一日矣。某今说个知行合一，正是对病的药。又不是某凿空杜撰，知行本体原是如此。今若知得宗旨时，即说两个亦不妨，亦只是一个；若不会宗旨，便说一个，亦济得甚事？只是闲说话。"

【43.7】爱问："昨闻先生'止至善'之教，已觉功夫有用力处。但与朱子'格物'之训，思之终不能合。"

先生曰："格物是止至善之功，既知至善，即知格物矣。"

爱曰："昨以先生之教推之格物之说，似亦见得大略。但朱子之训，其于《书》之'精一'，《论语》之'博约'[1]，《孟子》之'尽心知性'[2]，皆有所证据，以是未能释然。"

先生曰："子夏笃信圣人，曾子反求诸己。笃信固亦是，然不如反求之切。今既不得于心，安可狃[3]于旧闻，不求是当？就如朱子，亦尊信程子，至其不得于心处，亦何尝苟从？'精一''博约''尽心'本自与吾说吻合，但未之思耳。朱子格物之训，未免牵合附会，非其本旨。'精'是'一'之功，'博'是'约'之功。曰仁既明知行合一之说，此可一言而喻。尽心、知性、知天，是'生知安行'事；存心、养性、事天，是'学知利行'事；夭寿不贰、修身以俟，是'困知勉行'[4]事。朱子错训'格物'，只为倒看了此意，以'尽心知性'为'物格知至'，要初学便去做生知安行事，如何做得？"

爱问："'尽心知性'何以为'生知安行'？"

先生曰："性是心之体，天是性之原，尽心即是尽性。惟天下至诚为能尽其性，知天地之化育。[5]存心者，心有未尽也。知天，如知州、知县之知，是自己分上事，已与天为一；事天，如子之事父，臣之事君，须是恭敬奉承，然后能无失，尚与天为二，此便是圣贤之别。至于'夭寿不贰其心'，乃是教学者一心为善，不可以穷通夭寿之故，便把为善的心变动了，只去修身以俟命。见得穷通寿夭有个命在，我亦不必以此动心。事天虽与天为二，已自见得个天在面前；俟命便是未曾见面，在此等候相似。此便是初学立心之始，有个困勉的

1　博约：可参看【12.4】条"博文约礼"注释。

2　尽心知性：出自《孟子·尽心上》："尽其心者，知其性也。知其性，则知天矣。存其心，养其性，所以事天也。夭寿不二，修身以俟之，所以立命也。"

3　狃：因袭、拘泥。音 niǔ。

4　生知安行、学知利行、困知勉行：出自《中庸》："或生而知之，或学而知之，或困而知之。及其知之，一也；或安而行之，或利而行之，或勉强而行之。及其成功，一也。"可参看附录55.《中庸》【55.19】条。

5　"惟天下"句：出自《中庸》："唯天下至诚为能尽其性，能尽其性则能尽人之性，能尽人之性则能尽物之性，能尽物之性则可以赞天地之化育，可以赞天地之化育则可以与天地参矣。"可参看附录55.《中庸》【55.26】条。

意在。今却倒做了，所以使学者无下手处。"

爱曰："昨闻先生之教，亦影影见得功夫须是如此。今闻此说，益无可疑。爱昨晚思格物的'物'字即是'事'字，皆从心上说。"

先生曰："然。身之主宰便是心；心之所发便是意；意之本体便是知；意之所在便是物。如意在于事亲，即事亲便是一物；意在于事君，即事君便是一物；意在于仁民爱物，即仁民爱物便是一物；意在于视听言动，即视听言动便是一物。所以某说无心外之理，无心外之物。《中庸》言'不诚无物'，《大学》'明明德'之功，只是个诚意。诚意之功只是个格物。"

先生又曰："格物，如孟子'大人格君心'[1]之'格'，是去其心之不正，以全其本体之正。但意念所在，即要去其不正以全其正，即无时无处不是存天理，即是穷理。天理即是'明德'，穷理即是'明明德'。"

又曰："知是心之本体，心自然会知。见父自然知孝，见兄自然知弟，见孺子入井自然知恻隐，此便是良知[2]，不假外求。若良知之发，更无私意障碍，即所谓'充其恻隐之心，而仁不可胜用矣'[3]。然在常人，不能无私意障碍，所以须用致知格物之功，胜私复理。即心之良知更无障碍，得以充塞流行，便是致其知。知致则意诚。"

【43.8】爱问："先生以'博文'为'约礼'功夫，深思之未能得，略请开示。"

先生曰："'礼'字即是'理'字。'理'之发见，可见者谓之'文'；'文'之隐微，不可见者谓之'理'。只是一物。'约礼'只是要此心纯是一个天理。要此心纯是天理，须就理之发见处用功。如发见于事亲时，就在事亲上学存此天理；发见于事君时，就在事君上学存此天理；发见于处富贵贫贱时，就在处富贵贫贱上学存此天理；发见于处患难夷狄时，就在处患难夷狄上学存此天理[4]，至于作止语默，无处不然，随他发见处，即就那上面学个存天理。这便是'博学之于文'，便是'约礼'的功夫。'博文'即是'惟精'，'约礼'即是'惟一'。"

1　大人格君心：出自《孟子·离娄上》："惟大人为能格君心之非。君仁，莫不仁；君义，莫不义；君正，莫不正。一正君，而国定矣。"

2　良知：出自《孟子·尽心上》："人之所不学而能者，其良能也。所不虑而知者，其良知也。"

3　"充其恻隐之心"句：出自《孟子·尽心下》："人能充无欲害人之心，而仁不可胜用也。"

4　"富贵贫贱、患难夷狄"句：可参看【7.2】条注释。

【43.9】爱问："'道心常为一身之主，而人心每听命。[1]'以先生'精一'之训推之，此语似有弊。"

先生曰："然。心一也，未杂于人谓之道心，杂以人伪谓之人心。人心之得其正者即道心；道心之失其正者即人心，初非有二心也。程子谓'人心即人欲，道心即天理[2]'，语若分析而意实得之。今日道心为主而人心听命，是二心也。天理人欲不并立，安有天理为主，人欲又从而听命者？"

【43.10】爱问文中子、韩退之[3]。

先生曰："退之文人之雄耳。文中子贤儒也。后人徒以文词之故推尊退之，其实退之去文中子远甚。"

爱问："何以有拟经之失？"

先生曰："拟经恐未可尽非。且说后世儒者著述之意，与拟经如何？"

爱曰："世儒著述，近名之意不无，然期以明道。拟经纯若为名。"

先生曰："著述以明道，亦何所效法？"

爱曰："孔子删述《六经》，以明道也。"

先生曰："然则拟经独非效法孔子乎？"

爱曰："著述即于道有所发明。拟经似徒拟其迹，恐于道无补。"

先生曰："子以明道者使其反朴还淳而见诸行事之实乎？抑将美其言辞而徒以譊譊[4]于世也？天下之大乱，由虚文胜而实行衰也。使道明于天下，则《六经》不必述。删述《六经》，孔子不得已也。自伏羲画卦，至于文王、周公，其间言《易》如《连山》《归藏》[5]之属，纷纷籍籍，不知其几，易道大乱。孔子以天下好文之风日盛，知其说之将无纪极，于是取文王、周公之说而赞之，以为惟此为得其宗。于是纷纷之说尽废，而天下之言易者始一。《书》《诗》《礼》

1　"道心常为"句：出自朱熹《中庸章句·序》："必使道心常为一身之主宰，而人心每听命焉。"

2　人心即人欲，道心即天理：出自《二程遗书·卷二十四·伊川先生语十》："人心私欲，故危殆。道心天理，故精微。灭私欲则天理明矣。"

3　文中子、韩退之：文中子，王通，字仲淹，隋朝河东郡龙门县通化镇（今山西山西河津）人。王通用了九年的时间著成《续六经》（亦称《王氏六经》），包括《续诗》《续书》《礼论》《乐经》《易赞》《元经》等，共80卷。韩退之，韩愈，字退之，唐代著名文学家、思想家、政治家，河南省河阳（今河南省焦作孟州市）人，世称韩昌黎，晚年任吏部侍郎。

4　譊譊：怒叫声、争辩声。音 náonáo。

5　《连山》《归藏》：相传夏朝的《易》叫《连山》，商朝的《易》叫《归藏》，但今俱已失传。

《乐》《春秋》皆然。《书》自《典》《谟》[1]以后，《诗》自《二南》以降，如《九丘》《八索》[2]，一切淫哇逸荡之词，盖不知其几千百篇；《礼》《乐》之名物度数[3]，至是亦不可胜穷。孔子皆删削而述正之，然后其说始废。如《书》《诗》《礼》《乐》中，孔子何尝加一语？今之《礼记》诸说，皆后儒附会而成，已非孔子之旧。至于《春秋》，虽称孔子作之，其实皆鲁史旧文。所谓'笔'者，笔其旧；所谓'削'者，削其繁，是有减无增。孔子述《六经》，惧繁文之乱天下，惟简之而不得，使天下务去其文以求其实，非以文教之也。《春秋》以后，繁文益盛，天下益乱。始皇焚书得罪，是出于私意，又不合焚《六经》。若当时志在明道，其诸反经叛理之说，悉取而焚之，亦正暗合删述之意。自秦、汉以降，文又日盛，若欲尽去之，断不能去。只宜取法孔子，录其近是者而表章之，则其诸怪悖之说，亦宜渐渐自废。不知文中子当时拟经之意如何？某切深有取于其事，以为圣人复起，不能易也。天下所以不治，只因文盛实衰，人出己见，新奇相高，以眩俗取誉。徒以乱天下之聪明，涂天下之耳目，使天下靡然争务修饰文词，以求知于世，而不复知有敦本尚实、反朴还淳之行，是皆著述者有以启之。"

【43.11】爱曰："著述亦有不可缺者，如《春秋》一经，若无《左传》，恐亦难晓。"

先生曰："《春秋》必待《传》而后明，是歇后谜语矣。圣人何苦为此艰深隐晦之词？《左传》多是鲁史旧文，若《春秋》须此而后明，孔子何必削之？"

爱曰："伊川[4]亦云'传是案，经是断'[5]。如书弑某君、伐某国，若不明其事，恐亦难断。"

先生曰："伊川此言，恐亦是相沿世儒之说，未得圣人作经之意。如书'弑君'，即弑君便是罪。何必更问其弑君之详？征伐当自天子出，书'伐国'，即伐国便是罪，何必更问其伐国之详？圣人述《六经》，只是要正人心，只是要存天理、去人欲，于存天理、去人欲之事，

1　《典》《谟》：指《尚书》中的"尧典、舜典、大禹谟、皋陶谟、益稷谟"。《尔雅》：典，经也。谟，谋也。

2　《二南》《九丘》《八索》：《二南》指《诗经》中的《周南》《召南》篇，《九丘》《八索》古书名称，现已无存。

3　名物度数：陈荣捷先生在《王阳明传习录详注集评》解释为："鸟兽草木之物皆有名，礼乐刑政之度皆有数。"

4　伊川：可参看【29.3】条注释。

5　传是案，经是断：传是案底，经是判决。出自《二程遗书·卷十五·伊川先生语一》："《春秋》传为案，经为断。"

则尝言之。或因人请问，各随分量而说，亦不肯多道，恐人专求之言语，故曰'予欲无言'[1]。若是一切纵人欲、灭天理的事，又安肯详以示人？是长乱导奸也。故孟子云：'仲尼之门无道桓、文之事者，是以后世无传焉。'[2]此便是孔门家法。世儒只讲得一个伯者[3]的学问，所以要知得许多阴谋诡计，纯是一片功利的心，与圣人作经的意思正相反，如何思量得通？"因叹曰："此非达天德者未易与言此也。"

又曰："孔子云'吾犹及史之阙文也'[4]；孟子云'尽信《书》不如无《书》，吾于《武成》取二三策而已'[5]。孔子删《书》，于唐、虞、夏四五百年间不过数篇，岂更无一事？而所述止此，圣人之意可知矣。圣人只是要删去繁文，后儒却只要添上。"

【43.12】爱曰："圣人作经只是要去人欲、存天理。如五伯以下事，圣人不欲详以示人，则诚然矣。至如尧、舜以前事，如何略不少见？"

先生曰："羲、黄之世，其事阔疏，传之者鲜矣。此亦可以想见其时，全是淳庞朴素，略无文采的气象。此便是太古之治，非后世可及。"

爱曰："如《三坟》[6]之类，亦有传者，孔子何以删之？"

先生曰："纵有传者，亦于世变渐非所宜。风气益开，文采日胜，至于周末，虽欲变以夏、商之俗，已不可挽，况唐、虞乎！又况羲、黄之世乎！然其治不同，其道则一。孔子于尧、舜则祖述之，于文、武则宪章[7]之。文、武之法，即是尧、舜之道。但因时致治，其设施政令已自不同。即夏、商事业，施之于周，已有不合，故周公思兼三王[8]，其有不合，仰而思之，夜以继日。况太古之治，岂复能行？斯固圣人之所可略也。"

1　予欲无言：出自《论语·阳货》："子曰：'予欲无言。'子贡曰：'子如不言，则小子何述焉？'子曰：'天何言哉？四时行焉，百物生焉，天何言哉？'"

2　"仲尼之门"句：出自《孟子·梁惠王上》："齐宣王问曰：'齐桓、晋文之事可得闻乎？'孟子对曰：'仲尼之徒无道桓、文之事者，是以后世无传焉，臣未之闻也。无以，则王乎！'"

3　伯者：霸者，成就霸业的人。"伯"通"霸"。

4　吾犹及史之阙文也：我还能够看到史书存疑的地方。出自《论语·卫灵公》："子曰：'吾犹及史之阙文也。有马者借人乘之，今亡矣夫！'"

5　"尽信《书》不如无《书》"句：《武成》是《尚书》中的篇名，旧说此篇主要记叙武王伐商成功后的重要政事。"二三策"，古时竹简的一片称为一策。出自《孟子·尽心下》："孟子曰：'尽信《书》则不如无《书》。吾于《武成》，取二三策而已矣。'"

6　《三坟》：《尚书序》云："伏牺、神农、黄帝之书，谓之《三坟》，言大道也。"

7　"祖述、宪章"句：见朱熹《中庸章句》云："祖述者，远宗其道。宪章者，近守其法。"

8　三王：指大禹、商汤、周文王。

又曰："专事无为，不能如三王之因时致治，而必欲行以太古之俗，即是佛、老的学术。因时致治，不能如三王之一本于道，而以功利之心行之，即是伯者以下事业。后世儒者许多讲来讲去，只是讲得个伯术。"

又曰："唐、虞以上之治，后世不可复也，略之可也；三代以下之治，后世不可法也，削之可也；惟三代之治可行。然而世之论三代者不明其本，而徒事其末，则亦不可复矣！"

【43.13】爱曰："先儒论《六经》，以《春秋》为史。史专记事，恐与"五经"¹事体终或稍异。"

先生曰："以事言谓之史，以道言谓之经。事即道，道即事。《春秋》亦经，"五经"亦史。《易》是庖牺氏²之史，《书》是尧、舜以下史，《礼》《乐》是三代史。其事同，其道同，安有所谓异？"

又曰：""五经"亦只是史，史以明善恶，示训戒。善可为训者，时存其迹，以示法；恶可为戒者，存其戒而削其事，以杜奸。"

爱曰："存其迹以示法，亦是存天理之本然；削其事以杜奸，亦是遏人欲于将萌否？"

先生曰："圣人作经，固无非是此意，然又不必泥着文句。"

爱又问："恶可为戒者，存其戒而削其事，以杜奸，何独于《诗》而不删郑、卫？先儒谓'恶者可以惩创人之逸志'³，然否？"

先生曰："《诗》非孔门之旧本矣。孔子云：'放郑声，郑声淫。'⁴又曰：'恶郑声之乱雅乐也'⁵，'郑、卫之音，亡国之音也。'⁶此本是孔门家法。孔子所定三百篇，皆所谓雅乐，皆可奏之郊庙，奏之乡党，皆所以宣畅和平，涵泳德性，移风易俗，安得有此？是长淫导奸矣。此必秦火之后，世儒附会，以足三百篇之数。盖淫泆之词，世俗多所喜传，如今闾巷皆然。'恶者可以惩创人之逸志'，是求

1　"五经"：指《诗经》《尚书》《周易》《礼记》《春秋》。"五经"加上《乐经》称为《六经》，但《乐经》已失传。

2　庖牺氏：即是伏羲。

3　恶者可以惩创人之逸志：那些不好的篇章则可以警示、惩戒人心中放荡之志，以使其心归于正。出自朱熹《论语集注》："凡诗之言，善者可以感发人之善心，恶者可以惩创人之逸志，其用归于使人得其情性之正而已。"

4　放郑声，郑声淫："放"，摒弃。出自《论语·卫灵公》："颜渊问为邦。子曰：'行夏之时，乘殷之辂，服周之冕，乐则韶、舞。放郑声，远佞人。郑声淫，佞人殆。'"

5　恶郑声之乱雅乐也：出自《论语·阳货》："子曰：'恶紫之夺朱也，恶郑声之乱雅乐也，恶利口之覆邦家者。'"

6　郑、卫之音，亡国之音也：出自《礼记·乐记》："郑、卫之音，乱世之音也，比于慢矣；桑间、濮上之音，亡国之音也，其政散，其民流，诬上行私而不可止。"

其说而不得，从而为之辞。"

【43.14】徐爱跋

爱因旧说汩没[1]，始闻先生之教，实是骇愕不定，无入头处。其后闻之既久，渐知反身实践，然后始信先生之学为孔门嫡传，舍是皆傍蹊小径、断港绝河矣！如说"格物"是"诚意"的功夫，"明善"是"诚身"[2]的功夫，"穷理"是"尽性"的功夫，"道问学"是"尊德性"[3]的功夫，"博文"是"约礼"的功夫，"惟精"是"惟一"的功夫，诸如此类，始皆落落难合，其后思之既久，不觉手舞足蹈。

1　汩没：沉浸、淹没。

2　明善诚身：出自《中庸》："诚身有道，不明乎善，不诚乎身矣。"可参看附录 55.《中庸》【55.23】条。

3　道问学、尊德性：可参看【12.4】条"尊德性而道问学"注释。

44. 陆澄[1] 录

【44.1】陆澄问："主一之功。如读书则一心在读书上，接客则一心在接客上，可以为主一乎？"

先生曰："好色则一心在好色上，好货则一心在好货上，可以为主一乎？是所谓逐物，非主一也。主一是专主一个天理。"

【44.2】问立志。

先生曰："只念念要存天理，即是立志。能不忘乎此，久则自然心中凝聚，犹道家所谓'结圣胎[2]'也。此天理之念常存，驯至于美大圣神[3]，亦只从此一念存养扩充去耳。"

【44.3】"日间功夫，觉纷扰，则静坐；觉懒看书，则且看书。是亦因病而药。"

【44.4】"处朋友，务相下则得益，相上则损。"

【44.5】孟源有自是好名之病，先生屡责之。一日警责方已，一友自陈日来功夫请正。源从旁曰："此方是寻着源旧时家当。"

先生曰："尔病又发。"

源色变，议拟欲有所辨。

先生曰："尔病又发。"因喻之曰："此是汝一生大病根。譬如方丈地内，种此一大树，雨露之滋，土脉之力，只滋养得这个大根；四傍纵要种些嘉谷，上面被此树叶遮覆，下面被此树根盘结，如何生长得成？须用伐去此树，纤根勿留，方可种植嘉种。不然，任汝

1 　陆澄：字原静，又作元静。可参看本书中 27.《与陆原静书》"陆原静"条注释。

2 　结圣胎："结"形容真灵凝结不散。清代全真道龙门派第十一代宗师刘一明在《象言破疑》中说："圣胎者，圣人之胎。即：无识无知，婴儿本来面目也。道至于无识无知，百神会集，万缘俱息，混混沌沌，入于恍惚杳冥之境，自有为而入无为矣。"

3 　美大圣神：出自《孟子·尽心下》："可欲之谓善，有诸己之谓信，充实之谓美，充实而有光辉之谓大，大而化之之谓圣，圣而不可知之之谓神。"

耕耘培壅，只是滋养得此根。"

【44.6】问："后世著述之多，恐亦有乱正学。"

先生曰："人心天理浑然，圣贤笔之书，如写真传神，不过示人以形状大略，使之因此而讨求其真耳。其精神意气言笑动止，固有所不能传也。后世著述，是又将圣人所画，摹仿誊写，而妄自分析加增，以逞其技，其失真愈远矣。"

【44.7】问："圣人应变不穷，莫亦是预先讲求否？"

先生曰："如何讲求得许多？圣人之心如明镜，只是一个明，则随感而应，无物不照。未有已往之形尚在，未照之形先具者。若后世所讲，却是如此，是以与圣人之学大背。周公制礼作乐以示天下，皆圣人所能为，尧、舜何不尽为之而待于周公？孔子删述《六经》以诏万世，亦圣人所能为，周公何不先为之而有待于孔子？是知圣人遇此时，方有此事。只怕镜不明，不怕物来不能照。讲求事变，亦是照时事，然学者却须先有个明的功夫。学者惟患此心之未能明，不患事变之不能尽。"

曰："然则所谓'冲漠无朕而万象森然已具者'[1]，其言如何？"

曰："是说本自好。只不善看，亦便有病痛。"

【44.8】"义理，无定在，无穷尽。吾与子言，不可以少有所得而遂谓止此也，再言之，十年、二十年、五十年未有止也。"

他日又曰："圣如尧、舜，然尧、舜之上，善无尽；恶如桀、纣，然桀、纣之下，恶无尽。使桀、纣未死，恶宁止此乎？使善有尽时，文王何以'望道而未之见'[2]？"

【44.9】问："静时亦觉意思好，才遇事便不同，如何？"

先生曰："是徒知静养而不用克己功夫也。如此临事，便要倾倒。人须在事上磨，方能立得住，方能'静亦定、动亦定'[3]。"

【44.10】问"上达"[4]功夫。

先生曰："后儒教人，才涉精微，便谓'上达'未当学，且说'下学'。是分'下学''上达'为二也。夫目可得见，耳可得闻，

1　"冲漠无朕"句：宇宙混沌、天地未判之时，万事万物的理已具其中。"冲漠"，虚寂意，"无朕"，没有征兆、迹象。出自《二程遗书·卷十五·伊川先生语一》："冲漠无朕，万象森然已具，未应不是先，已应不是后。"

2　望道而未之见：出自《孟子·离娄下》："文王视民如伤，望道而未之见。"朱熹《孟子集注》云："民已安矣，而视之若有伤；道已至矣，而望之犹若未见。""而"字读为"如"，古字通用。

3　静亦定、动亦定：可参见【22.4】条注释。

4　上达：出自《论语·宪问》："不怨天，不尤人，下学而上达。"

口可得言，心可得思者，皆'下学'也；目不可得见，耳不可得闻，口不可得言，心不可得思者，'上达'也。如木之栽培灌溉，是'下学'也；至于日夜之所息，条达畅茂，乃是'上达'。人安能预其力哉？故凡可用功、可告语者皆'下学'，'上达'只在'下学'里。凡圣人所说，虽极精微，俱是'下学'。学者只从'下学'里用功，自然'上达'去，不必别寻个'上达'的功夫。"

【44.11】问："'惟精惟一'[1]是如何用功？"

先生曰："'惟一'是'惟精'主意，'惟精'是'惟一'功夫，非'惟精'之外复有'惟一'也。'精'字从米，姑以米譬之：要得此米纯然洁白，便是'惟一'意；然非加春簸筛拣'惟精'之功，则不能纯然洁白也。春簸筛拣是'惟精'之功，然亦不过要此米到纯然洁白而已。博学、审问、慎思、明辨、笃行者[2]，皆所以为'惟精'而求'惟一'也。他如'博文'者，即'约礼'之功，'格物致知'者，即'诚意'之功，'道问学'即'尊德性'之功，'明善'即'诚身'之功，无二说也。"

【44.12】"知者行之始，行者知之成。圣学只一个功夫，知行不可分作两事。"

【44.13】"漆雕开曰：'吾斯之未能信。'夫子说之[3]。子路使子羔为费宰，子曰：'贼夫人之子。'[4]点言志，夫子许之。[5]圣人之意可见矣。"

【44.14】问："宁静存心时，可为'未发之中'[6]否？"

先生曰："今人存心，只定得气。当其宁静时，亦只是气宁静，不可以为'未发之中'。"

曰："'未'便是'中'，莫亦是求'中'功夫？"

曰："只要去人欲、存天理，方是功夫。静时念念去人欲、存天理，动时念念去人欲、存天理，不管宁静不宁静。若靠那宁静，不惟渐有喜静厌动之弊，中间许多病痛只是潜伏在，终不能绝去，遇事依

1　惟精惟一：可参看【6.2】条"惟精惟一"注释。

2　"博学，审问，慎思，明辨，笃行"句：出自《中庸》第二十章。

3　"吾斯之未能信"句：漆雕开说自己从政还不够自信，孔子听了很高兴。出自《论语·公冶长》"子使漆雕开仕"章。

4　"子路使子羔为费宰"句：子路劝子羔去出任费这个地方的长官，孔子说他这样做是会毁了别人的孩子。出自《论语·先进》"子路使子羔为费宰"章。

5　点言志，夫子许之：曾点谈及自己的志向，孔子很认可。出自《论语·先进》"子路、曾皙、冉有、公西华侍坐"章。

6　未发之中：可参看【27.5】条注释。

旧滋长。以循理为主，何尝不宁静；以宁静为主，未必能循理。"

【44.15】问："孔门言志：由、求任政事，公西赤任礼乐，多少实用。及曾皙说来，却似耍的事，圣人却许他，是意何如？"

曰："三子是有意必[1]，有意必便偏着一边，能此未必能彼；曾点这意思却无意必，便是'素其位而行，不愿乎其外''素夷狄行乎夷狄，素患难行乎患难，无入而不自得'[2]矣。三子所谓'汝器也[3]'，曾点便有'不器[4]'意。然三子之才，各卓然成章，非若世之空言无实者，故夫子亦皆许之。"

【44.16】问："知识不长进，如何？"

先生曰："为学须有本原，须从本原上用力，渐渐盈科而进[5]。仙家说婴儿，亦善譬。婴儿在母腹时，只是纯气，有何知识？出胎后方始能啼，既而后能笑，又既而后能认识其父母兄弟，又既而后能立能行、能持能负，卒乃天下之事无不可能。皆是精气日足，则筋力日强，聪明日开，不是出胎日便讲求推寻得来。故须有个本原。圣人到'位天地，育万物'[6]，也只从'喜怒哀乐未发之中'上养来。后儒不明格物之说，见圣人无不知无不能，便欲于初下手时讲求得尽，岂有此理？"

又曰："立志用功，如种树然。方其根芽，犹未有干；及其有干，尚未有枝；枝而后叶，叶而后花实。初种根时，只管栽培灌溉，勿作枝想，勿作叶想，勿作花想，勿作实想。悬想何益！但不忘栽培之功，怕没有枝叶花实？"

【44.17】问："看书不能明，如何？"

先生曰："此只是在文义上穿求，故不明。如此又不如为旧时学问，他到看得多解得去。只是他为学虽极解得明晓，亦终身无得。须于心体上用功，凡明不得，行不去，须反在自心上体当即可通。盖'四书''五经'不过说这心体，这心体即所谓道。心体明即是道明，更无二。此是为学头脑处。"

1　意必：可参看【27.11】条注释。

2　"素其位而行"两句：出自《中庸》。可参看【7.2】条注释。

3　汝器也：你像个器皿。出自《论语·公冶长》："子贡问曰：'赐也何如？'子曰：'汝器也。'曰：'何器也？'曰：'瑚琏也。'"

4　不器：指君子应不像固定的器具那样，作用仅仅限于某一方面，而当"志于道"，应万变，无入而不自得。出自《论语·为政》："子曰：'君子不器。'"

5　盈科而进：出自《孟子·离娄下》："原泉混混，不舍昼夜；盈科而后进，放乎四海。"朱熹《孟子集注》云："盈，满也，科，坎也。言其进以渐也。"

6　位天地，育万物：出自《中庸》："致中和，天地位焉，万物育焉。"可参看附录55.《中庸》【55.1】条。

【44.18】"'虚灵不昧，众理具而万事出'[1]。心外无理，心外无事。"

【44.19】或问："晦庵[2]先生曰：'人之所以为学者，心与理而已。'此语如何？"

曰："心即性，性即理，下一'与'字，恐未免为二。此在学者善观之。"

【44.20】或曰："人皆有是心。心即理，何以有为善，有为不善？"

先生曰："恶人之心，失其本体。"

【44.21】问："'析之有以极其精而不乱，然后合之有以尽其大而无余'[3]此言如何？"

先生曰："恐亦未尽。此理岂容分析，又何须凑合得？圣人说'精一'自是尽。"

【44.22】"省察是有事时存养，存养是无事时省察。"

【44.23】澄尝问象山[4]在人情事变上做功夫之说。

先生曰："除了人情事变，则无事矣。喜怒哀乐非人情乎？自视听言动，以至富贵贫贱、患难死生，皆事变也。事变亦只在人情里。其要只在致中和，致中和只在谨独[5]。"

【44.24】澄问："仁、义、礼、智之名，因已发而有？"

曰："然。"

他日，澄曰："恻隐、羞恶、辞让、是非，是性之表德邪？"

曰："仁、义、礼、智，也是表德。性一而已，自其形体也谓之天，主宰也谓之帝，流行也谓之命，赋于人也谓之性，主于身也谓之心。心之发也，遇父便谓之孝，遇君便谓之忠，自此以往，名至于无穷，只一性而已。犹人一而已，对父谓之子，对子谓之父，自此以往，至于无穷，只一人而已。人只要在性上用功，看得一性字分明，即万理灿然。"

【44.25】一日，论为学功夫。

---

1 "虚灵不昧"两句：出自朱熹《大学章句》注释"明明德"云："明德者，人之所得乎天，而虚灵不昧，以具众理而应万事者也。"

2 晦庵：朱熹。可参看本书1.《阳明先生年谱》"1489年"条"考亭"注释。

3 "析之，合之"句：出自朱熹《大学或问》："析之极精不乱，说条目功夫，然后合之尽大无余，说明明德于天下。"朱熹在《大学章句》序中说："凡传十章：前四章统论纲领指趣，后六章细论条目功夫。"而阳明先生则认为天理为一，不能作分和合来理解。

4 象山：可参看22.《象山文集序》"象山"注释。

5 谨独：出自《中庸》："是故君子戒慎乎其所不睹，恐惧乎其所不闻。莫见乎隐，莫显乎微，故君子慎其独也。"可参看附录55.《中庸》【55.1】条。

先生曰："教人为学，不可执一偏。初学时心猿意马，拴缚不定，其所思虑多是人欲一边，故且教之静坐息思虑。久之，俟其心意稍定，只悬空静守如槁木死灰，亦无用，须教他省察克治。省察克治之功，则无时而可间，如去盗贼，须有个扫除廓清之意。无事时将好色、好货、好名等私逐一追究，搜寻出来，定要拔去病根，永不复起，方始为快。常如猫之捕鼠，一眼看着，一耳听着，才有一念萌动，即与克去，斩钉截铁，不可姑容与他方便，不可窝藏，不可放他出路，方是真实用功，方能扫除廓清，到得无私可克，自有端拱时在。虽曰'何思何虑'[1]，非初学时事。初学必须思省察克治，即是思诚，只思一个天理。到得天理纯全，便是'何思何虑'矣。"

【44.26】澄问："有人夜怕鬼者，奈何？"

先生曰："只是平时不能集义[2]，而心有所慊[3]，故怕。若素行合于神明，何怕之有？"

子莘曰："正直之鬼，不须怕；恐邪鬼不管人善恶，故未免怕。"

先生曰："岂有邪鬼能迷正人乎？只此一怕，即是心邪。故有迷之者，非鬼迷也，心自迷耳。如人好色，即是色鬼迷；好货，即是货鬼迷；怒所不当怒，是怒鬼迷；惧所不当惧，是惧鬼迷也。"

【44.27】"定者心之本体，天理也。动静，所遇之时也。"

【44.28】澄问《学》《庸》同异。

先生曰："子思括《大学》一书之义，为《中庸》首章。"

【44.29】问："孔子正名[4]，先儒说'上告天子，下告方伯，废辄立郢[5]'。此意如何？"

先生曰："恐难如此。岂有一人致敬尽礼待我而为政，我就先去废他？岂人情天理？孔子既肯与辄为政，必已是他能倾心委国而听。圣人盛德至诚，必已感化卫辄，使知无父之不可以为人，必将痛哭奔走，往迎其父。父子之爱，本于天性，辄能悔痛真切如此，

1　何思何虑：可参看【28.6】条注释。

2　集义：可参看【12.4】条注释。

3　慊：不足、愧疚意。音 qiàn。

4　孔子正名：出自《论语·子路》："子路曰：'卫君待子而为政，子将奚先？'子曰：'必也正名乎……名不正，则言不顺，言不顺，则事不成。'"

5　"废辄立郢"句：朱熹在《论语集注》中引用南宋经学家胡安国之说："卫世子蒯聩（kuǎikuì）耻其母南子之淫乱，欲杀之不果而出奔。灵公欲立公子郢，郢辞。公卒，夫人立之，又辞。乃立蒯聩之子辄，以拒蒯聩。夫蒯聩欲杀母，得罪于父，而辄据国以拒父，皆无父之人也，其不可有国也明矣。夫子为政，而以正名为先。必将具其事之本末，告诸天王，请于方伯，命公子郢而立之。则人伦正，天理得，名正言顺而事成矣。"

蒯聩岂不感动底豫。蒯聩既还，辄乃致国请戮，聩已见化于子，又有夫子至诚调和其间，当亦决不肯受，仍以命辄。群臣百姓又必欲得辄为君，辄乃自暴其罪恶，请于天子，告于方伯诸侯，而必欲致国于父。聩与群臣百姓亦皆表辄悔悟仁孝之美，请于天子，告于方伯诸侯，必欲得辄而为之君。于是集命于辄，使之复君卫国。辄不得已，乃如后世上皇故事，率群臣百姓尊聩为太公，备物致养，而始退复其位焉。则君君、臣臣、父父、子子，名正言顺，一举而可为政于天下矣！孔子正名，或是如此。"

【44.30】澄在鸿胪寺[1]仓居[2]，忽家信至，言儿病危。澄心甚忧闷不能堪。

先生曰："此时正宜用功。若此时放过，闲时讲学何用？人正要在此等时磨炼。父之爱子，自是至情。然天理亦自有个中和处，过即是私意。人于此处多认做天理当忧，则一向忧苦，不知已是有所忧患，不得其正。大抵七情所感，多只是过，少不及者。才过便非心之本体，必须调停适中始得。就如父母之丧，人子岂不欲一哭便死，方快于心。然却曰'毁不灭性'[3]，非圣人强制之也，天理本体自有分限，不可过也。人但要识得心体，自然增减分毫不得。"

【44.31】"不可谓'未发之中'常人俱有。盖体用一源，有是体即有是用，有'未发之中'，即有'发而皆中节之和'。今人未能有'发而皆中节之和'，须知是他'未发之中'亦未能全得。"

【44.32】"《易》之辞，是'初九，潜龙勿用'[4]六字；《易》之象，是初画；《易》之变，是值其画；《易》之占，是用其辞。[5]"

【44.33】"'夜气'[6]，是就常人说。学者能用功，则日间有事

1　鸿胪寺：张廷玉等编《明史·职官志三》："鸿胪掌朝会、宾客、吉凶仪礼之事。"阳明先生于正德九年升任南京鸿胪寺卿。

2　仓居：暂住，另说居于衙舍。

3　毁不灭性：出自《孝经》："孝子之丧亲也，哭不衰，礼无容，言不文，服美不安，闻乐不乐，食旨不甘，此哀戚之情也。三日而食，教民无以死伤生，毁不灭性，此圣人之政也。"

4　初九，潜龙勿用：《易经》卦象里，用九代表阳爻，用六代表阴爻。最下一爻，一般称之"初爻"，乾卦初爻为阳，就称之为"初九"。爻辞意为，最初的阳爻，是龙（阳）初生之时，应当潜伏深渊，潜藏养晦，厚积实力，待时而出，不可轻易动用。

5　辞、象、变、占：出自《易经·系辞上》："《易》有圣人之道四焉：以言者尚其辞，以动者尚其变，以制器者尚其象，以卜筮者尚其占。"阳明先生认为无论是"辞、象、变、占"，乾卦可以说是整部《易经》的代表。

6　夜气：指人在夜间产生的清明平和之气。见《孟子·告子上》："其日夜之所息，平旦之气，其好恶与人相近也者几希，则其旦昼之所为，有梏亡之矣。梏之反覆，则其夜气不足以存；夜气不足以存，则其违禽兽不远矣。"

161

无事，皆是此气翕聚发生处。圣人则不消说'夜气'。"

【44.34】澄问"操存舍亡"章。

曰："'出入无时，莫知其乡。'[1]此虽就常人心说，学者亦须是知得心之本体亦元是如此，则操存功夫，始没病痛。不可便谓出为亡，入为存。若论本体，元是无出入的。若论出入，则其思虑运用是出，然主宰常昭昭在此，何出之有？既无所出，何入之有？程子所谓'腔子'[2]，亦只是天理而已。虽终日应酬而不出天理，即是在腔子里。若出天理，斯谓之放，斯谓之亡。"

又曰："出入亦只是动静，动静无端，岂有乡邪？"

【44.35】王嘉秀问："佛以出离生死诱人入道，仙以长生久视诱人入道，其心亦不是要人做不好，究其极至，亦是见得圣人上一截，然非入道正路。如今仕者有由科，有由贡，有由传奉，一般做到大官，毕竟非入仕正路，君子不由也。仙、佛到极处，与儒者略同，但有了上一截，遗了下一截，终不似圣人之全；然其上一截同者，不可诬也。后世儒者，又只得圣人下一截，分裂失真，流而为记诵、词章、功利、训诂，亦卒不免为异端。是四家者终身劳苦，于身心无分毫益。视彼仙、佛之徒，清心寡欲，超然于世累之外者，反若有所不及矣。今学者不必先排仙、佛，且当笃志为圣人之学。圣人之学明，则仙、佛自泯。不然，则此之所学，恐彼或有不屑，而反欲其俯就，不亦难乎？鄙见如此，先生以为何如？"

先生曰："所论大略亦是。但谓上一截，下一截，亦是人见偏了如此。若论圣人大中至正之道，彻上彻下，只是一贯[3]，更有甚上一截，下一截？'一阴一阳之谓道'[4]，但'仁者见之便谓之仁，智者见之便谓之智，百姓又日用而不知，故君子之道鲜矣[5]'。仁、智岂可不谓之道？但见得偏了，便有弊病。"

【44.36】"蓍固是《易》，龟亦是《易》。"[6]

【44.37】问："孔子谓武王未尽善[7]，恐亦有不满意？"

1　"操存舍亡"句：操，保有，舍，放弃。乡，方向，通"向"。见《孟子·告子上》："孔子曰：'操则存，舍则亡；出入无时，莫知其乡。'惟心之谓欤？"

2　腔子：见《二程遗书·卷七·二先生语七》"心要在腔子里"。

3　一贯：可参看【22.2】条注释。

4　一阴一阳之谓道：出自《周易·系辞上》。

5　"仁者见之便谓之仁"句：出自《周易·系辞上》。

6　蓍固是《易》，龟亦是《易》：用蓍（shī）草的茎占卜和用龟甲占卜，都属于运用《易经》的范畴。

7　孔子谓武王未尽善：出自《论语·八佾》："子谓《韶》：'尽美矣，又尽善也。'谓《武》：'尽美矣，未尽善也。'"

先生曰："在武王自合如此。"

曰："使文王未没，毕竟如何？"

曰："文王在时，天下三分已有其二。若到武王伐商之时，文王若在，或者不致兴兵，必然这一分亦来归了。文王只善处纣，使不得纵恶而已。"

【44.38】问孟子言"执中无权犹执一"[1]。

先生曰："中只是天理，只是易，随时变易，如何执得？须是因时制宜，难预先定一个规矩在。如后世儒者要将道理一一说得无罅[2]漏，立定个格式，此正是执一。"

【44.39】唐诩问："立志是常存个善念，要为善去恶否？"

曰："善念存时，即是天理。此念即善，更思何善？此念非恶，更去何恶？此念如树之根芽，立志者长立此善念而已。'从心所欲，不逾矩'[3]，只是志到熟处。"

【44.40】"精神、道德、言动，大率收敛为主，发散是不得已。天、地、人、物皆然。"

【44.41】问："文中子是如何人？"

先生曰："文中子庶几'具体而微'[4]，惜其早死！"

问："如何却有续经之非？"

曰："续经亦未可尽非。"

请问。

良久，曰："更觉'良工心独苦[5]'。"

【44.42】"许鲁斋[6]谓儒者以'治生为先'[7]之说亦误人。"

【44.43】问仙家元气、元神、元精。

先生曰："只是一件：流行为气，凝聚为精，妙用为神。"

1　执中无权犹执一：权，权变、机动。执一，固守不变。见《孟子·尽心上》："子莫执中，执中为近之，执中无权，犹执一也。"

2　罅：缝隙、裂缝。音 xià。

3　从心所欲，不逾矩：出自《论语·为政》："子曰：'吾十有五而志于学，三十而立，四十而不惑，五十而知天命，六十而耳顺，七十而从心所欲，不逾矩。'"

4　具体而微：已具圣人之体，但尚欠广大。出自《孟子·公孙丑上》："昔者窃闻之：子夏、子游、子张，皆有圣人之一体，冉牛、闵子、颜渊，则具体而微。"

5　良工心独苦：自知，难为他人道。出自杜甫《题李尊师松树障子歌》。

6　许鲁斋：许衡，字仲平，学者称之鲁斋先生，祖籍怀州河内（今河南省焦作市沁阳）。元初中国北方的理学家、教育家，金元之际南方理学北传的倡导人物之一。

7　治生为先：经营生计为先。见《鲁斋遗书·卷十三》："为学者，治生最为先务。苟生理不足，则于为学之道有所妨。彼旁求妄进及作官嗜利者，殆亦窘于生理之所致也……治生者，农工商贾。士君子当以务农为生，商贾虽为逐末，亦有可为者。果处不失义理，或以姑济一时，亦无不可。若以教学与作官规图生计，恐非古人之意也。"

【44.44】"喜怒哀乐，本体自是中和的。才自家着些意思，便过不及，便是私。"

【44.45】问"哭则不歌"[1]。

先生曰："圣人心体自然如此。"

【44.46】"克己须要扫除廓清，一毫不存方是。有一毫在，则众恶相引而来。"

【44.47】问《律吕新书》[2]。

先生曰："学者当务为急。算得此数熟，亦恐未有用，必须心中先具礼乐之本方可。且如其书说多用管以候气[3]，然至冬至那一刻时，管灰之飞，或有先后，须臾之间，焉知那管正值冬至之刻？须自中心先晓得冬至之刻始得。此便有不通处。学者须先从礼乐本原上用功。"

【44.48】曰仁云："心犹镜也。圣人心如明镜，常人心如昏镜。近世格物之说，如以镜照物，照上用功，不知镜尚昏在，何能照！先生之格物，如磨镜而使之明，磨上用功，明了后亦未尝废照。"

【44.49】问"道之精粗"。

先生曰："道无精粗，人之所见有精粗。如这一间房，人初进来，只见一个大规模如此；处久便柱壁之类，一一看得明白；再久，如柱上有些文藻，细细都看出来。然只是一间房。"

【44.50】先生曰："诸公近见时少疑问，何也？人不用功，莫不自以为已知，为学只循而行之是矣。殊不知私欲日生，如地上尘，一日不扫，便又有一层，着实用功，便见道无终穷，愈探愈深，必使精白无一毫不彻方可。"

【44.51】问："知至然后可以言诚意。今天理人欲，知之未尽，如何用得克己功夫？"

先生曰："人若真实切己用功不已，则于此心天理之精微日见一日，私欲之细微亦日见一日。若不用克己功夫，终日只是说话而已，天理终不自现，私欲亦终不自现。如人走路一般，走得一段，方认得一段；走到歧路处，有疑便问，问了又走，方渐能到得欲到之处。今人于已知之天理不肯存，已知之人欲不肯去，且只管愁不能尽知。

---

1 哭则不歌：见《论语·述而》："子于是日哭，则不歌。"

2 《律吕新书》：一部中国古代的乐律学文献。作者蔡元定，字季通，学者称西山先生，南宋建州建阳（今属福建）人。

3 候气：又称"候气法"，指中国古代根据阴阳之气的变化规律，用十二支律管来测定二十四节气中的十二气的发生时刻。属于"律吕之学"。

只管闲讲，何益之有？且待克得自己无私可克，方愁不能尽知，亦未迟在。"

【44.52】问："道一而已。古人论道往往不同，求之亦有要乎？"

先生曰："道无方体，不可执着。却拘滞于文义上求道，远矣。如今人只说天，其实何尝见天？谓日月风雷即天，不可；谓人物草木不是天，亦不可。道即是天，若识得时，何莫而非道？人但各以其一隅之见认定，以为道止如此，所以不同。若解向里寻求，见得自己心体，即无时无处不是此道。亘古亘今，无终无始，更有甚同异？心即道，道即天，知心则知道、知天。"

又曰："诸君要实见此道，须从自己心上体认，不假外求始得。"

【44.53】问："名物度数[1]，亦须先讲求否？"

先生曰："人只要成就自家心体，则用在其中。如养得心体，果有'未发之中'，自然有'发而中节之和'，自然无施不可。苟无是心，虽预先讲得世上许多名物度数，与己原不相干，只是装缀，临时自行不去。亦不是将名物度数全然不理，只要知所先后，则近道。"

又曰："人要随才成就。才是其所能为，如夔之乐，稷[2]之种，是他资性合下便如此。成就之者，亦只是要他心体纯乎天理。其运用处，皆从天理上发来，然后谓之才。到得纯乎天理处，亦能'不器[3]'，使夔、稷易艺而为，当亦能之。"

又曰："如'素富贵行乎富贵，素患难行乎患难'，皆是'不器'。此惟养得心体正者能之。"

【44.54】"与其为数顷无源之塘水，不若为数尺有源之井水，生意不穷。"时先生在塘边坐，傍有井，故以之喻学云。

【44.55】问："世道日降，太古时气象如何复见得？"

先生曰："一日便是一元[4]。人平旦时起坐，未与物接，此心清明景象，便如在伏羲时游一般。"

【44.56】问："心要逐物，如何则可？"

先生曰："人君端拱清穆，六卿分职，天下乃治。心统五官，亦要如此。今眼要视时，心便逐在色上；耳要听时，心便逐在声上，如人君要选官时，便自去坐在吏部；要调军时，便自去坐在兵部。如此岂惟失却君体，六卿亦皆不得其职。"

1　名物度数：可参看【43.10】条注释。

2　夔、稷：可参看【32.14】条注释。

3　不器：可参看【44.15】条注释。

4　一元：中国古代计时单位，一元等于 129600 年。可参看【27.7】条注释。

【44.57】"善念发而知之，而充之；恶念发而知之，而遏之。知与充与遏者，志也，天聪明也。圣人只有此，学者当存此。"

【44.58】澄曰："好色、好利、好名等心，固是私欲，如闲思杂虑，如何亦谓之私欲？"

先生曰："毕竟从好色、好利、好名等根上起，自寻其根便见。如汝心中，决知是无有做劫盗的思虑，何也？以汝元无是心也。汝若于货色名利等心，一切皆如不做劫盗之心一般，都消灭了，光光只是心之本体，看有甚闲思虑？此便是'寂然不动'，便是'未发之中'，便是'廓然大公'！自然'感而遂通'，自然'发而中节'，自然'物来顺应'。"

【44.59】问"志至气次"[1]。

先生曰："'志之所至，气亦至焉'之谓，非极至、次贰之谓。持其志，则养气在其中；无暴其气，则亦持其志矣。孟子救告子[2]之偏，故如此夹持说。"

【44.60】问："先儒曰：'圣人之道，必降而自卑；贤人之言，则引而自高。'[3]如何？"

先生曰："不然。如此，却乃伪也。圣人如天，无往而非天，三光之上天也，九地之下亦天也，天何尝有降而自卑？此所谓大而化之也。贤人如山岳，守其高而已。然百仞者不能引而为千仞，千仞者不能引而为万仞，是贤人未尝引而自高也，引而自高则伪矣。"

【44.61】问："伊川谓不当于喜怒哀乐未发之前求中，延平[4]却教学者看未发之前气象，何如？"

先生曰："皆是也。伊川恐人于未发前讨个中，把中做一物看，如吾向所谓'认气定时做中'，故令只于涵养省察上用功。延平恐人未便有下手处，故令人时时刻刻求未发前气象，使人正目而视惟此，倾耳而听惟此，即是戒慎不睹，恐惧不闻的功夫。皆古人不得已诱人之言也。"

1　志至气次：见《孟子·公孙丑上》："夫志，气之帅也；气，体之充也；夫志至焉，气次焉。故曰：'持其志，无暴其气。'"

2　告子：战国时思想家。名不详，一说名不害。善口辩，讲仁义，曾与孟子论人性问题，认为"生之谓性"，"食色，性也"。人性和水一样，"水无分于东西"，性也"无分于善不善"。"以人性为仁义"，犹如"以杞柳为桮棬"。其言论见《孟子·告子》篇。

3　"先儒曰"一句：出自《二程遗书·卷三》："孔子曰：'二三子以吾为隐乎？吾无隐乎尔。'无知之谓也。圣人之教人，俯就之若此，犹恐众人以为高远而不亲也。圣人之言，必降而自卑，不如此则人不亲。贤人之言，必引而自高，不如此则道不尊。"

4　延平：李侗，南宋学者，字愿中，福建省南平人，世号延平先生。李侗为程颐的二传弟子，朱熹曾在武夷山从其门下，将其语录辑成《延平答问》。

【44.62】澄问："喜怒哀乐之'中、和'，其全体常人固不能有，如一件小事当喜怒者，平时无有喜怒之心，至其临时，亦能中节，亦可谓之'中、和'乎？"

先生曰："在一时一事，固亦可谓之中和，然未可谓之'大本、达道[1]'。人性皆善，'中、和'是人人原有的，岂可谓无？但常人之心既有所昏蔽，则其本体虽亦时时发见，终是暂明暂灭，非其全体大用矣。无所不中，然后谓之'大本'；无所不和，然后谓之'达道'。惟天下之至诚，然后能立天下之大本。"

曰："澄于'中'字之义尚未明。"

曰："此须自心体认出来，非言语所能喻。'中'只是天理。"

曰："何者为天理？"

曰："去得人欲，便识天理。"

曰："天理何以谓之'中'？"

曰："无所偏倚。"

曰："无所偏倚是何等气象？"

曰："如明镜然，全体莹彻，略无纤尘染着。"

曰："偏倚是有所染着。如着在好色、好利、好名等项上，方见得偏倚；若未发时，美色名利皆未相着，何以便知其有所偏倚？"

曰："虽未相着，然平日好色、好利、好名之心，原未尝无。既未尝无，即谓之有，既谓之有，则亦不可谓无偏倚。譬之病疟之人，虽有时不发，而病根原不曾除，则亦不得谓之无病之人矣。须是平时好色、好利、好名等项一应私心扫除荡涤，无复纤毫留滞，而此心全体廓然，纯是天理，方可谓之喜怒哀乐'未发之中'，方是天下之'大本'。"

【44.63】问："'颜子没而圣学亡'，此语不能无疑。"

先生曰："见圣道之全者惟颜子。观'喟然一叹'[2]，可见其谓'夫子循循然善诱人，博我以文，约我以礼'，是见破后如此说。博文约礼，如何是善诱人？学者须思之。道之全体，圣人亦难以语人，须是学者自修自悟。颜子'虽欲从之'，末由也已，即文王'望道未见'意[3]。'望道未见'，乃是真见。颜子没，而圣学之正派遂不尽传矣。"

1　大本、达道：出自《中庸》："中也者，天下之大本也；和也者，天下之达道也。"可参看附录55.《中庸》【55.1】条。

2　"喟然一叹"句：出自《论语·子罕》："颜渊喟然叹曰：'夫子循循善诱人。博我以文，约我以礼。欲罢不能。既竭吾才，如有所立卓尔。虽欲从之，末由也已。'"

3　文王"望道未见"意：可参看【44.8】条注释。

【44.64】问：“身之主为心，心之灵明是知，知之发动是意，意之所着为物，是如此否？”

先生曰：“亦是。”

【44.65】“只存得此心常见在，便是学。过去未来事，思之何益？徒放心[1]耳！”

【44.66】“言语无序，亦足以见心之不存。”

【44.67】尚谦[2]问孟子之“不动心”与告子异。

先生曰：“告子是硬把捉着此心，要他不动；孟子却是‘集义’到自然不动。”

又曰：“心之本体原自不动。心之本体即是性，性即是理，性元不动，理元不动。集义是复其心之本体。”

【44.68】“万象森然时，亦冲漠无朕；冲漠无朕，即万象森然。冲漠无朕者‘一’之父，万象森然者‘精’之母。一中有精，精中有一。”

【44.69】“心外无物。如吾心发一念孝亲，即孝亲便是物。”

【44.70】先生曰：“今为吾所谓格物之学者，尚多流于口耳。况为口耳之学者，能反于此乎？天理人欲，其精微必时时用力省察克治，方日渐有见。如今一说话之间，虽口讲天理，不知心中倏忽之间已有其多少私欲。盖有窃发而不知者，虽用力察之，尚不易见，况徒口讲而可得尽知乎？今只管讲天理来顿放着不循，讲人欲来顿放着不去，岂格物致知之学？后世之学，其极至，只做得个‘义袭而取’[3]的功夫。”

【44.71】问格物。

先生曰：“格者，正也。正其不正，以归于正也。”

【44.72】问：“知止[4]者，知至善只在吾心，元不在外也，而后志定？”

曰：“然。”

【44.73】问：“格物于动处用功否？”

先生曰：“格物无间动静，静亦物也。孟子谓‘必有事焉’[5]，是动静皆有事。”

1　放心：放逸、亡失之心。可参看【4.2】条注释。

2　尚谦：薛侃，字尚谦，可参看 45.《薛侃录》注释。

3　义袭而取：出自《孟子·公孙丑上》。可参看【12.4】条“集义”注释。朱熹《孟子集注》云：“由只行一事偶合于义，便可掩袭于外而得之。”

4　知止：出自《大学》：“知止而后有定，定而后能静，静而后能安，安而后能虑，虑而后能得。”可参看附录 54.《大学》【54.1】条。

5　必有事焉：可参看【27.13】条注释。

【44.74】"功夫难处，全在格物致知上。此即诚意之事。意既诚，大段心亦自正，身亦自修。但正心修身功夫，亦各有用力处，修身是已发边，正心是未发边。心正则中，身修则和。"

【44.75】"自'格物致知'至'平天下'，只是一个'明明德'。虽'亲民'，亦'明德'事也。'明德'是此心之德，即是仁。'仁者以天地万物为一体'，使有一物失所，便是吾仁有未尽处。"

【44.76】"至善者性也，性元无一毫之恶，故曰至善。止之，是复其本然而已。"

【44.77】问："知至善即吾性，吾性具吾心，吾心乃至善所止之地，则不为向时之纷然外求，而志定矣。定则不扰扰而静，静而不妄动则安，安则一心一意只在此处，千思万想，务求必得此至善，是能虑而得矣。如此说是否？"

先生曰："大略亦是。"

【44.78】问："程子云'仁者以天地万物为一体'，何墨氏'兼爱'[1]反不得谓之仁？"

先生曰："此亦甚难言，须是诸君自体认出来始得。仁是造化生生不息之理，虽弥漫周遍，无处不是，然其流行发生，亦只有个渐，所以生生不息。如冬至一阳生，必自一阳生，而后渐渐至于六阳，若无一阳之生，岂有六阳？阴亦然。惟其渐，所以便有个发端处；惟其有个发端处，所以生；惟其生，所以不息。譬之木，其始抽芽，便是木之生意发端处。抽芽然后发干，发干然后生枝生叶，然后是生生不息。若无芽，何以有干有枝叶？能抽芽，必是下面有个根在。有根方生，无根便死。无根何从抽芽？父子兄弟之爱，便是人心生意发端处，如木之抽芽。自此而仁民，而爱物，便是发干生枝生叶。墨氏兼爱无差等，将自家父子兄弟与途人一般看，便自没了发端处。不抽芽便知得他无根，便不是生生不息，安得谓之仁？孝弟为仁之本，却是仁理从里面发生出来。"

1　兼爱：春秋战国之际，墨子针对儒家"爱有等差"的说法，主张爱无差别等级，不分厚薄亲疏。《墨子》中有《兼爱》三篇，阐述其主张。

45. 薛侃[1] 录

【45.1】侃问："持志如心痛,一心在痛上,安有工夫说闲语、管闲事？"

先生曰："初学工夫,如此用亦好。但要使知'出入无时,莫知其乡'[2]。心之神明,原是如此,功夫方有着落。若只死死守着,恐于功夫上又发病。"

【45.2】侃问："专涵养而不务讲求,将认欲作理,则如之何？"

先生曰："人须是知学,讲求亦只是涵养。不讲求只是涵养之志不切。"

曰："何谓知学？"

曰："且道为何而学？学个甚？"

曰："尝闻先生教,学是学存天理。心之本体即是天理,体认天理只要自心地无私意。"

曰："如此则只须克去私意便是,又愁甚理欲不明？"

曰："正恐这些私意认不真。"

曰："总是志未切。志切,目视耳听皆在此,安有认不真的道理？是非之心人皆有之,不假外求。讲求亦只是体当自心所见,不成去心外别有个见？"

【45.3】先生问在坐之友："比来功夫何似？"

---

1 薛侃:字尚谦,号中离,世人称之为中离先生,广东省揭阳县(现属潮州市潮安县)人。正德十二年（1517）擢进士,疏乞归养,往赣州师从阳明先生四年。十六年授行人,而后官至司正。他是王阳明理学在岭南的继承人和推行者。薛侃归田后,在桑浦山设宗山书院讲王阳明理学,使阳明理学在岭南有了更大的影响。嘉靖乙酉为解决内河交通,倡导浚通桑浦山东侧的河道,沟通了龙溪、榕江两大水系,全长7.5千米,后世人称之为"中离溪"。著有《中离集》。

2 出入无时,莫知其乡:可参看【44.34】条注释。

一友举虚明[1]意思。先生曰："此是说光景。"一友叙今昔异同。先生曰："此是说效验。"二友惘然，请是。

先生曰："吾辈今日用功，只是要为善之心真切。此心真切，见善即迁，有过即改，方是真切功夫。如此则人欲日消，天理日明。若只管求光景、说效验，却是助长外驰病痛，不是功夫。"

【45.4】朋友观书，多有摘议晦庵[2]者。

先生曰："是有心求异即不是。吾说与晦庵时有不同者，为入门下手处有毫厘千里之分，不得不辨。然吾之心与晦庵之心未尝异也。若其余文义解得明当处，如何动得一字？"

【45.5】希渊[3]问："圣人可学而至。然伯夷、伊尹[4]于孔子才力终不同，其同谓之圣者安在？"

先生曰："圣人之所以为圣，只是其心纯乎天理，而无人欲之杂。犹精金之所以为精，但以其成色足而无铜铅之杂也。人到纯乎天理方是圣，金到足色方是精。然圣人之才力，亦有大小不同，犹金之分两有轻重。尧、舜犹万镒[5]，文王、孔子有九千镒，禹、汤、武王犹七八千镒，伯夷、伊尹犹四五千镒。才力不同而纯乎天理则同，皆可谓之圣人，犹分两虽不同，而足色则同，皆可谓之精金。以五千镒者而入于万镒之中，其足色同也；以夷、尹而厕之尧、孔之间，其纯乎天理同也。盖所以为精金者，在足色而不在分两；所以为圣者，在纯乎天理而不在才力也。故虽凡人而肯为学，使此心纯乎天理，则亦可为圣人，犹一两之金比之万镒，分两虽悬绝，而其到足色处可以无愧，故曰：'人皆可以为尧、舜'者以此。学者学圣人，不过是去人欲而存天理耳，犹炼金而求其足色。金之成色所争不多，则锻炼之工省而功易成，成色愈下则锻炼愈难。人之气质清浊粹驳，有中人以上、中人以下，其于道有生知安行、学知利行，其下者必须人一己百、人十己千，及其成功则一。后世不知作圣之本是纯乎天理，却专去知识才能上求圣人。以为圣人无所不知，无所不能，我须是将圣人许多知识才能逐一理会始得。故不务去天理

1　虚明：指内心清虚空明的状态。与【50.3】条"一友静坐有见"的"见"，境界类似。

2　晦庵：即朱熹，可参看本书 1.《阳明先生年谱》"1489年"条"考亭"注释。

3　希渊：蔡宗兖，字希渊。可参看 8.《寄希渊书》一文注释。

4　伯夷、伊尹："伯夷"为商末孤竹君之长子。初，孤竹君欲以次子叔齐为继承人，及父卒，叔齐让位于伯夷。伯夷以为逆父命，遂逃之，而叔齐亦不肯立，亦逃之。"伊尹"，名伊，一说名挚，夏末商初人。因为善于烹饪被汤看中，曾辅佐商汤王建立商朝，被后人尊为中国历史上的贤相，奉祀为"商元圣"。可参看【50.23】条注释。

5　镒：古代重量单位，合二十两（一说二十四两）。音 yì。

上着功夫，徒弊精竭力，从册子上钻研，名物上考索，形迹上比拟。知识愈广而人欲愈滋，才力愈多，而天理愈蔽。正如见人有万镒精金，不务锻炼成色，求无愧于彼之精纯，而乃妄希分两，务同彼之万镒，锡铅铜铁杂然而投，分两愈增而成色愈下，既其梢末，无复有金矣。"

时曰仁在旁，曰："先生此喻足以破世儒支离之惑，大有功于后学。"

先生又曰："吾辈用功只求日减，不求日增。减得一分人欲，便是复得一分天理。何等轻快脱洒！何等简易！"

【45.6】士德[1]问曰："格物之说如先生所教，明白简易，人人见得。文公[2]聪明绝世，于此反有未审，何也？"

先生曰："文公精神气魄大，是他早年合下便要继往开来，故一向只就考索著述上用功。若先切己自修，自然不暇及此。到得德盛后，果忧道之不明，如孔子退修六籍，删繁就简，开示来学，亦大段不费甚考索。文公早岁便著许多书，晚年方悔是倒做了。"

士德曰："晚年之悔，如谓'向来定本之误'，又谓'虽读得书，何益于吾事'，又谓'此与守书籍，泥言语，全无交涉'，是他到此方悔从前用功之错，方去切己自修矣。"

曰："然此是文公不可及处。他力量大，一悔便转，可惜不久即去世，平日许多错处皆不及改正。"

【45.7】侃去花间草，因曰："天地间何善难培，恶难去？"

先生曰："未培未去耳。"

少间，曰："此等看善恶，皆从躯壳起念，便会错。"

侃未达。

曰："天地生意，花草一般，何曾有善恶之分？子欲观花，则以花为善，以草为恶；如欲用草时，复以草为善矣。此等善恶，皆由汝心好恶所生，故知是错。"

曰："然则无善无恶乎？"

曰："无善无恶者理之静，有善有恶者气之动。不动于气，即无善无恶，是谓至善。"

曰："佛氏亦无善无恶，何以异？"

曰："佛氏着在无善无恶上，便一切都不管，不可以治天下。圣人无善无恶，只是无有作好，无有作恶，不动于气。然'遵王之道'，

1　士德：杨骥，字士德，广州省潮州人。先从游于湛若水，后受学于阳明先生。为粤中王学代表人物。

2　文公：朱熹谥号为"文"，故称文公。

'会其有极'，[1]便自一循天理，便有个裁成辅相[2]。"

曰："草既非恶，即草不宜去矣。"

曰："如此却是佛、老意见。草若有碍，何妨汝去？"

曰："如此又是作好作恶？"

曰："不作好恶，非是全无好恶，却是无知觉的人。谓之不作者，只是好恶一循于理，不去又着一分意思。如此，即是不曾好恶一般。"

曰："去草如何是一循于理，不着意思？"

曰："草有妨碍，理亦宜去，去之而已。偶未即去，亦不累心。若着了一分意思，即心体便有贻累，便有许多动气处。"

曰："然则善恶全不在物？"

曰："只在汝心循理便是善，动气便是恶。"

曰："毕竟物无善恶。"

曰："在心如此，在物亦然。世儒惟不知此，舍心逐物，将格物之学错看了，终日驰求于外，只做得个'义袭而取'，终身'行不著，习不察'[3]。"

曰"'如好好色，如恶恶臭'[4]，则如何？"

曰："此正是一循于理。是天理合如此，本无私意作好作恶。"

曰："'如好好色，如恶恶臭'，安得非意？"

曰："却是诚意，不是私意。诚意只是循天理。虽是循天理，亦着不得一分意，故有所忿懥、好乐则不得其正[5]，须是廓然大公，方是心之本体。知此即知未发之中[6]。"

伯生[7]曰："先生云'草有妨碍，理亦宜去'，缘何又是躯壳起念？"

曰："此须汝心自体当。汝要去草，是甚么心？周茂叔窗前草不除[8]，是甚么心？"

1 　"无有作好、无有作恶"句："会其有极"归于法度、准则。见《尚书·洪范》："无偏无陂，遵王之义；无有作好，遵王之道；无有作恶，尊王之路。无偏无党，王道荡荡；无党无偏，王道平平；无反无侧，王道正直。会其有极，归其有极。"

2 　裁成辅相："财（裁）成"，裁节以成；"辅相"，扶助、相助。出自《易经·泰卦·象辞传》："天地交泰，后以财成天地之道，辅相天地之宜，以左右民。"

3 　行不著，习不察：可参看【27.15】条注释。

4 　如好好色，如恶恶臭：可参看附录 54.《大学》【54.4】条。

5 　"有所忿懥、好乐"句：出自《大学》："所谓修身在正其心者，身有所忿懥则不得其正，有所恐惧则不得其正，有所好乐则不得其正，有所忧患则不得其正"。懥，音 zhì。可参看附录 54.《大学》【54.6】条。

6 　未发之中：可参看【27.5】条注释。

7 　伯生：孟源，字伯生，阳明先生弟子。

8 　周茂叔窗前草不除：《二程遗书·卷三》："周茂叔窗前草不除，问之，曰：'与自家意思一般。'"周敦颐，字茂叔，号濂溪，程颐的老师。可参看本书 1.《阳明先生年谱》"1501 年"条"周濂溪"注释。

【45.8】先生谓学者曰："为学须得个头脑，功夫方有着落。纵未能无间，如舟之有舵，一提便醒。不然，虽从事于学，只做个'义袭而取'，只是'行不著，习不察'，非'大本达道'也。"

又曰："见得时，横说竖说皆是。若于此处通，彼处不通，只是未见得。"

【45.9】或问为学以亲故，不免业举之累。

先生曰："以亲之故而业举，为累于学，则治田以养其亲者，亦有累于学乎？先正云'惟患夺志'[1]，但恐为学之志不真切耳。"

【45.10】崇一[2]问："寻常意思多忙，有事固忙，无事亦忙，何也？"

先生曰："天地气机，元无一息之停。然有个主宰，故不先不后，不急不缓，虽千变万化，而主宰常定，人得此而生。若主宰定时，与天运一般不息，虽酬酢万变，常是从容自在，所谓'天君泰然，百体从令'。若无主宰，便只是这气奔放，如何不忙？"

【45.11】先生曰："为学大病在好名。"

侃曰："从前岁自谓此病已轻，比来精察，乃知全未。岂必务外为人？只闻誉而喜，闻毁而闷，即是此病发来？"

曰："最是。名与实对。务实之心重一分，则务名之心轻一分，全是务实之心，即全无务名之心。若务实之心如饥之求食，渴之求饮，安得更有工夫好名？"

又曰："'疾没世而名不称'[3]，'称'字去声读，亦'声闻过情，君子耻之'[4]之意。实不称名，生犹可补，没则无及矣。'四十、五十而无闻'[5]，是不闻道，非无声闻也。孔子云'是闻也，非达也'[6]，安肯以此望人？"

【45.12】侃多悔。

先生曰："悔悟是去病之药，然以改之为贵。若留滞于中，则

1　先正云"惟患夺志"：先正，指程颐，可参看【4.2】条注释。

2　崇一：欧阳德，字崇一。可参看本书35.《答欧阳崇一书》注释。

3　疾没世而名不称：出自《论语·卫灵公》："子曰：'君子疾没世而名不称焉。'"疾为恨，没世指死亡。

4　声闻过情，君子耻之：出自《孟子·离娄下》。声誉超过了实际的才德，君子就会对此感到耻辱。

5　四十、五十而无闻：出自《论语·子罕》："子曰：'后生可畏，焉知来者之不如今也。四十五十而无闻焉，斯亦不足畏也已！'"

6　是闻也，非达也：出自《论语·颜渊》："子张问：'士何如斯可谓达人矣？'子曰：'何哉，尔所谓达者？'子张对：'在邦必闻，在家必闻。'子曰：'是闻也，非达也，夫达也者，质直而好义，察言而观色，虑以下人。在邦必达，在家必达。夫闻也者，色取而行违，居之不疑，在邦必闻，在家必闻。'"

又因药发病。"

【45.13】德章曰："闻先生以精金喻圣，以分两喻圣人之分量，以锻炼喻学者之功夫，最为深切。惟谓尧、舜为万镒，孔子为九千镒，疑未安。"

先生曰："此又是躯壳上起念，故替圣人争分两。若不从躯壳上起念，即尧、舜万镒不为多，孔子九千镒不为少。尧、舜万镒只是孔子的，孔子九千镒只是尧、舜的，原无彼我。所以谓之圣，只论精一，不论多寡。只要此心纯乎天理处同，便同谓之圣。若是力量气魄，如何尽同得？后儒只在分两上较量，所以流入功利。若除去了比较分两的心，各人尽着自己力量精神，只在此心纯天理上用功，即人人自有，个个圆成，便能大以成大，小以成小，不假外慕，无不具足。此便是实实落落明善诚身的事。后儒不明圣学，不知就自己心地良知良能上体认扩充，却去求知其所不知，求能其所不能，一味只是希高慕大，不知自己是桀、纣心地，动辄要做尧、舜事业，如何做得？终年碌碌，至于老死，竟不知成就了个甚么，可哀也已！"

【45.14】侃问："先儒以心之静为体，心之动为用，如何？"

先生曰："心不可以动静为体用。动静，时也。即体而言用在体，即用而言体在用，是谓体用一源。若说静可以见其体，动可以见其用，却不妨。"

【45.15】问："上智、下愚如何不可移[1]？"

先生曰："不是不可移，只是不肯移。"

【45.16】问"子夏门人问交"[2]章。

先生曰："子夏是言小子之交，子张是言成人之交。若善用之，亦俱是。"

【45.17】子仁[3]问："'学而时习之，不亦说乎'，先儒以'学'为'效先觉之所为'[4]，如何？"

先生曰："'学'是学去人欲，存天理。从事于去人欲，存天理，则自正诸先觉、考诸古训，自下许多问辨思索、存省克治功夫。然

1　"上智下愚"句：出自《论语·阳货》"唯上智与下愚不移"。

2　子夏门人问交：出自《论语·子张》"子夏之门人问交于子张。子张曰：'子夏云何？'对曰：'子夏曰：'可者与之，其不可者拒之。''子张曰："异乎吾所闻：君子尊贤而容众，嘉善而矜不能。我之大贤与，于人何所不容？我之不贤与，人将拒我，如之何其拒人也？"

3　子仁：冯恩，字子仁，号南江，今上海松江人。撰有《刍荛录》二十卷。

4　效先觉之所为：出自朱熹《论语集注》："'学'之为言，'效'也。人性皆善，而觉有先后。后觉者，必效先觉之所为，乃可以明善而复其初也。"

不过欲去此心之人欲，存吾心之天理耳。若曰效先觉之所为，则只说得学中一件事，亦似专求诸外了。'时习'者，'坐如尸'，非专习坐也，坐时习此心也；'立如斋'[1]，非专习立也，立时习此心也。'说'是'理义之说我心'之'说'，人心本自说理义，如目本说色，耳本说声，惟为人欲所蔽所累，始有不说。今人欲日去，则理义日洽浃，安得不说？"

【45.18】国英[2]问："曾子三省[3]虽切，恐是未闻'一贯[4]'时功夫？"

先生曰："'一贯'是夫子见曾子未得用功之要，故告之，学者果能'忠恕'上用功，岂不是'一贯'？'一'如树之根本，'贯'如树之枝叶，未种根何枝叶之可得？体用一源，体未立，用安从生？谓'曾子于其用处，盖已随事精察而力行之，但未知其体之一[5]'，此恐未尽。"

【45.19】黄诚甫[6]问"汝与回也，孰愈"章[7]。

先生曰："子贡多学而识，在闻见上用功，颜子在心地上用功，故圣人问以启之。而子贡所对又只在知见上，故圣人叹惜之，非许之也。"

【45.20】"颜子'不迁怒，不贰过'[8]，亦是有'未发之中'，始能。"

【45.21】"种树者必培其根，种德者必养其心。欲树之长，必于始生时删其繁枝；欲德之盛，必于始学时去夫外好。如外好诗文，则精神日渐漏泄在诗文上去。凡百外好皆然。"

又曰："我此论学，是无中生有的功夫，诸公须要信得及，只是立志。学者一念为善之志，如树之种，但勿助勿忘，只管培植将去，

1　坐如尸、立如斋：出自《礼记·曲礼》。指坐的时候端正肃穆，站的时候毕恭毕敬。

2　国英：陈杰，字国英，号万严，莆田人，正德三年进士，授景陵知县，擢南御史。从阳明先生游。

3　三省：出自《论语·学而》："曾子曰：吾日三省吾身。为人谋而不忠乎？与朋友交而不信乎？传不习乎？"

4　一贯：可参看【22.2】条注释。

5　"曾子于其用处"句：出自朱熹《论语集注》。

6　黄诚甫：可参看9.《与黄诚甫书》注释。

7　"汝与回也，孰愈"章：见《论语·公冶长》："子谓子贡曰：'汝与回也，孰愈？'对曰：'赐也何敢望回？回也闻一知十，赐也闻一以知二。'子曰：'弗如也，吾与汝弗如也。'"

8　颜子"不迁怒，不贰过"：见《论语·雍也》："有颜回者好学，不迁怒，不贰过。不幸短命死矣。"

自然日夜滋长，生气日完，枝叶日茂。树初生时，便抽繁枝，亦须刊落。然后根干能大。初学时亦然。故立志贵专一。"

【45.22】因论先生之门，某人在涵养上用功，某人在识见上用功。

先生曰："专涵养者日见其不足，专识见者日见其有余。日不足者日有余矣，日有余者日不足矣。"

【45.23】梁日孚[1]问："'居敬''穷理'是两事[2]，先生以为一事，何如？"

先生曰："天地间只有此一事，安有两事？若论万殊，礼仪三百，威仪三千，又何止两？公且道'居敬'是如何？'穷理'是如何？"

曰："'居敬'是存养功夫，'穷理'是穷事物之理。"

曰："存养个甚？"

曰："是存养此心之天理。"

曰："如此亦只是穷理矣。"

曰："且道如何穷事物之理？"

曰："如事亲便要穷孝之理，事君便要穷忠之理。"

曰："忠与孝之理在君亲身上，在自己心上？若在自己心上，亦只是穷此心之理矣。且道如何是'敬'？"

曰："只是'主一'。"

曰："如何是'主一'？"

曰："如读书便一心在读书上，接事便一心在接事上。"

曰："如此则饮酒便一心在饮酒上，好色便一心在好色上，却是逐物，成甚居敬功夫？"

日孚请问。

曰："'一'者，天理。'主一'是一心在天理上。若只知主一，不知一即是理，有事时便是逐物，无事时便是着空。惟其有事无事，一心皆在天理上用功，所以'居敬'亦即是'穷理'。就'穷理'专一处说，便谓之'居敬'；就'居敬'精密处说，便谓之'穷理'。却不是'居敬'了别有个心'穷理'，'穷理'时别有个心'居敬'。名虽不同，功夫只是一事。就如《易》言'敬以直内，义以方外'[3]，'敬'即是无事时'义'，'义'即是有事时'敬'，两句合说一件。

1　梁日孚：梁焯，字日孚，号象峰。今广东佛山人。阳明先生弟子。官至兵部职方司员外郎。

2　"居敬""穷理"是两事：出自朱熹《朱子语类》："学者功夫，唯在居敬、穷理二事。"

3　敬以直内，义以方外：可参看【12.4】条注释。

如孔子言'修己以敬'[1]，即不须言'义'，孟子言'集义'[2]即不须言'敬'，会得时横说竖说功夫总是一般。若泥文逐句，不识本领，即支离决裂，功夫都无下落。"

问："'穷理'何以即是'尽性'？"

曰："心之体，性也，性即理也。穷仁之理，真要仁极仁，穷义之理，真要义极义。仁、义只是吾性，故穷理即是尽性。如孟子说'充其恻隐之心，至仁不可胜用'[3]，这便是穷理功夫。"

日孚曰："先儒谓'一草一木亦皆有理，不可不察'，如何？"

先生曰："'夫我则不暇'[4]。公且先去理会自己性情，须能尽人之性，然后能尽物之性。"

日孚悚然有悟。

【45.24】惟乾[5]问："知如何是心之本体？"

先生曰："知是理之灵处。就其主宰处说，便谓之心，就其禀赋处说，便谓之性。孩提之童无不知爱其亲，无不知敬其兄，只是这个灵能不为私欲遮隔，充拓得尽，便完完是他本体，便与天地合德。自圣人以下不能无蔽，故须格物以致其知。"

【45.25】守衡问："《大学》功夫只是'诚意'，'诚意'功夫只是'格物'。'修、齐、治、平'，只'诚意'尽矣。又有'正心'之功，'有所忿懥好乐，则不得其正'，何也？"

先生曰："此要自思得之，知此则知'未发之中'矣。"

守衡再三请。

曰："为学功夫有浅深。初时若不着实用意去好善恶恶，如何能为善去恶？这着实用意便是'诚意'。然不知心之本体原无一物，一向着意去好善恶恶，便又多了这分意思，便不是廓然大公。《书》所谓'无有作好作恶'[6]，方是本体。所以说'有所忿懥、好乐，则不得其正'。'正心'只是诚意功夫里面体当自家心体，常要鉴空衡平，这便是'未发之中'。"

---

1 修己以敬：见《论语·宪问》："子路问君子。子曰：'修己以敬。'"

2 集义：可参看【12.4】条注释。

3 "充其恻隐之心"句：出自《孟子·尽心下》："人能充无欲害人之心，而仁不可胜用也；人能充无穿窬之心，而义不可胜用也。"

4 夫我则不暇：我没有那个空闲。出自《论语·宪问》："子贡方人。子曰：'赐也贤乎哉？夫我则不暇。'"

5 惟乾：即冀元亨，可参看 1.《阳明先生年谱》"1520 年"条注释。

6 无有作好作恶：可参看【45.7】条注释。

【45.26】正之[1]问："'戒惧'是己所不知时功夫，'慎独'是己所独知时功夫，此说如何？"

先生曰："只是一个功夫，无事时固是独知，有事时亦是独知。人若不知于此独知之地用力，只在人所共知处用功，便是作伪，便是'见君子而后厌然'[2]。此独知处便是诚的萌芽，此处不论善念恶念，更无虚假，一是百是，一错百错，正是王霸、义利、诚伪、善恶界头。于此一立立定，便是端本澄源，便是立诚。古人许多诚身的功夫，精神命脉全体只在此处。真是莫见莫显，无时无处，无终无始，只是此个功夫。今若又分戒惧为己所不知，即功夫便支离，亦有间断。既戒惧即是知，己若不知，是谁戒惧？如此见解，便要流入断灭禅定。"

曰："不论善念恶念，更无虚假，则独知之地更无无念时邪？"

曰："'戒惧'亦是念。戒惧之念无时可息。若戒惧之心稍有不存，不是昏聩，便已流入恶念。自朝至暮，自少至老，若要无念，即是己不知，此除是昏睡，除是槁木死灰。"

【45.27】志道[3]问："荀子云：'养心莫善于诚'，先儒非之，何也？"

先生曰："此亦未可便以为非。'诚'字有以功夫说者，诚是心之本体，求复其本体，便是思诚的功夫。明道说'以诚敬存之'[4]，亦是此意。《大学》'欲正其心，先诚其意。'荀子之言固多病，然不可一例吹毛求疵。大凡看人言语，若先有个意见，便有过当处。'为富不仁'[5]之言，孟子有取于阳虎，此便见圣贤大公之心。"

【45.28】萧惠问："己私难克，奈何？"

先生曰："将汝己私来，替汝克。"

先生曰："人须有为己之心，方能克己；能克己，方能成己。"

萧惠曰："惠亦颇有为己之心，不知缘何不能克己？"

先生曰："且说汝有为己之心是如何。"

惠良久曰："惠亦一心要做好人，便自谓颇有为己之心。今思之，

1　正之：可参看【36.2】条注释。

2　见君子而后厌然：出自《大学》："小人闲居为不善，无所不至，见君子而后厌然，揜其不善而著其善，人之视己如见其肺肝然，则何益矣。此谓诚于中，形于外，故君子必慎其独也。"可参看附录54.《大学》【54.4】条。

3　志道：管志道，字登之，号东溟。今江苏太仓人。隆庆五年（1571）进士。

4　以诚敬存之：出自《二程遗书·卷第二上·二先生语二上》："学者须先识仁。仁者，浑然与物同体；义、礼、知、信皆仁也。识得此理，以诚敬存之而已，不须防检，不须穷索。"

5　为富不仁：见《孟子·滕文公上》："阳虎曰：'为富不仁矣，为仁不富矣。'"阳虎即《论语·阳货》中记录的阳货，是一个儒家认为不符合仁义的人物。

看来亦只是为得个躯壳的己，不曾为个真己。"

先生曰："真己何曾离着躯壳！恐汝连那躯壳的己也不曾为。且道汝所谓躯壳的己，岂不是耳目口鼻四肢？"

惠曰："正是。为此，目便要色，耳便要声，口便要味，四肢便要逸乐，所以不能克。"

先生曰："'美色令人目盲，美声令人耳聋，美味令人口爽，驰骋田猎令人发狂'，这都是害汝耳目口鼻四肢的，岂得是为汝耳目口鼻四肢？若为着耳目口鼻四肢时，便须思量耳如何听，目如何视，口如何言，四肢如何动。必须非礼勿视听言动，方才成得个耳目口鼻四肢，这个才是为着耳目口鼻四肢。汝今终日向外驰求，为名为利，这都是为着躯壳外面的物事。汝若为着耳目口鼻四肢，要非礼勿视听言动时，岂是汝之耳目口鼻四肢自能勿视听言动，须由汝心。这视听言动皆是汝心，汝心之视，发窍于目；汝心之听，发窍于耳；汝心之言，发窍于口；汝心之动，发窍于四肢。若无汝心，便无耳目口鼻四肢。所谓汝心，亦不专是那一团血肉。若是那一团血肉，如今已死的人，那一团血肉还在，缘何不能视听言动？所谓汝心，却是那能视听言动的，这个便是性，便是天理。有这个性才能生，这性之生理便谓之仁。这性之生理，发在目便会视，发在耳便会听，发在口便会言，发在四肢便会动，都只是那天理发生，以其主宰一身，故谓之心。这心之本体，原只是个天理，原无非礼，这个便是汝之真己。这个真己是躯壳的主宰。若无真己，便无躯壳。真是有之即生，无之即死。汝若真为那个躯壳的己，必须用着这个真己，便须常常保守着这个真己的本体，戒慎不睹，恐惧不闻，惟恐亏损了他一些。才有一毫非礼萌动，便如刀割，如针刺，忍耐不过，必须去了刀，拔了针，这才是有为己之心，方能克己。汝今正是认贼作子，缘何却说有为己之心，不能克己？"

【45.29】有一学者病目，戚戚甚忧。

先生曰："尔乃贵目贱心。"

【45.30】萧惠好仙、释。

先生警之曰："吾亦自幼笃志二氏，自谓既有所得，谓儒者为不足学。其后居夷三载，见得圣人之学若是其简易广大，始自叹悔错用了三十年气力。大抵二氏之学，其妙与圣人只有毫厘之间。汝今所学乃其土苴[1]，辄自信自好若此，真鸱鸮窃腐鼠[2]耳！"

惠请问二氏之妙。

先生曰："向汝说圣人之学简易广大，汝却不问我悟的，只问我悔的！"

惠惭谢，请问圣人之学。

先生曰："汝今只是了人事问，得汝办个真要求为圣人的心，来与汝说。"

惠再三请。

先生曰："已与汝一句道尽，汝尚自不会。"

【45.31】刘观时问："'未发之中'是如何？"

先生曰："汝但戒慎不睹，恐惧不闻，养得此心纯是天理，便自然见。"

观时请略示气象。

先生曰："哑子吃苦瓜，与你说不得。你要知此苦，还须你自吃。"

时曰仁在傍，曰："如此才是真知，即是行矣。"

一时在座诸友皆有省。

【45.32】萧惠问死生之道。

先生曰："知昼夜即知死生。"

问昼夜之道。

曰："知昼则知夜。"

曰："昼亦有所不知乎？"

先生曰："汝能知昼！懵懵而兴，蠢蠢而食，行不著，习不察，终日昏昏，只是梦昼。惟'息有养，瞬有存'[3]，此心惺惺明明，天理无一息间断，才是能知昼。这便是天德，便是'通乎昼夜之道而知[4]'，更有甚么死生？"

【45.33】马子莘[5]问："修道之教[6]，旧说谓圣人品节[7]吾性之固

1　土苴：渣滓，糟粕。苴，音 jū。

2　鸱鸮窃腐鼠：引用《庄子·秋水》中的典故。此处批评萧惠兴趣之所在，所求极为低下。鸱鸮，音 chī xiāo。

3　息有养，瞬有存：心无时无刻都存养天理，出自张载《张子全书》。

4　通乎昼夜之道而知：出自《易经·系辞上》："范围天地之化而不过，曲成万物而不遗，通乎昼夜之道而知，故神无方而易无体。"

5　马子莘：马明衡，字子莘，福建莆田人，官至御史。可参看40.《与马子莘》注释。

6　修道之教：见《中庸》："天命之谓性，率性之谓道，修道之谓教。"可参看附录55.《中庸》【55.1】条。

7　品节：对人性高低进行划分，并规定行为规范。出自朱熹《中庸章句集注》："修，品节之也。性道虽同，而气禀或异，故不能无过、不及之差，圣人因人物之所当行者而品节之，以为法于天下，则谓之教，若礼、乐、刑、政之属是也。"

有，以为法于天下，若礼、乐、刑、政之属。此意如何？"

先生曰："道即性、即命，本是完完全全，增减不得，不假修饰的，何须要圣人品节？却是不完全的物件。礼、乐、刑、政是治天下之法，固亦可谓之教，但不是子思本旨。若如先儒之说，下面由教入道的，缘何舍了圣人礼、乐、刑、政之教，别说出一段戒慎恐惧功夫？却是圣人之教为虚设矣。"

子莘请问。

先生曰："子思'性、道、教'，皆从本原上说。天命于人，则命便谓之'性'；率性而行，则性便谓之'道'；修道而学，则道便谓之'教'。率性是'诚者'事，所谓'自诚明，谓之性'也；修道是'诚之者'事，所谓'自明诚，谓之教'[1]也。圣人率性而行，即是道。圣人以下，未能率性于道，未免有过、不及，故须修道。修道则贤知者不得而过、愚不肖者不得而不及，都要循着这个道，则道便是个教。此'教'字与'天道至教'[2]，'风雨霜露无非教也'[3]之'教'同。'修道'字与'修道以仁'[4]同。人能修道，然后能不违于道，以复其性之本体，则亦是圣人率性之道矣。下面'戒慎恐惧'便是修道的功夫，'中和'便是复其性之本体，如《易》所谓'穷理尽性以至于命'，'中和''位育'[5]便是尽性至命。"

【45.34】黄诚甫问："先儒以孔子告颜渊为邦[6]之问，是立万世常行之道，如何？"

先生曰："颜子具体圣人，其于为邦的大本大原都已完备。夫子平日知之已深，到此都不必言，只就制度文为上说。此等处亦不可忽略，须要是如此方尽善。又不可因自己本领是当了，便于防范上疏阔，须是要'放郑声，远佞人'。盖颜子是个克己向里、德上用心的人，孔子恐其外面末节或有疏略，故就他不足处帮补说。若在他人，须告以'为政在人，取人以身，修身以道，修道以仁'，

---

1   "率性是'诚者'事"句：阳明先生认为"诚是心之本体"（参照【45.27】条），"诚者"即心合天道，本体已明的人，"诚之者"是求复本体之人。"自诚明，谓之性""自明诚，谓之教"两句出自《中庸》。可参看附录55.《中庸》【55.25】条。

2   天道至教：出自《礼记·礼器》："天道至教，圣人至德。"

3   风雨霜露无非教也：出自《礼记·孔子闲居》："天有四时，春秋冬夏，风雨霜露，无非教也。"

4   修道以仁：出自《中庸》，可参看附录55.《中庸》【55.19】条。

5   中和、位育：出自《中庸》，可参看附录55.《中庸》【55.1】条。

6   孔子告颜渊为邦：出自《论语·卫灵公》："颜渊问为邦。子曰：'行夏之时，乘殷之辂，服周之冕，乐则韶舞。放郑声，远佞人。郑声淫，佞人殆。'"

'达道''九经'及'诚身'¹许多功夫，方始做得，这个方是万世常行之道。不然，只去行了夏时，乘了殷辂，服了周冕，作了韶舞，天下便治得？后人但见颜子是孔门第一人，又问个'为邦'，便把做天大事看了。"

【45.35】蔡希渊问："文公《大学》新本先'格致'而后'诚意'功夫，似与首章次第相合。若如先生从旧本之说，即诚意反在格致之前，于此尚未释然。"

先生曰："《大学》功夫即是'明明德'；'明明德'只是个'诚意'；'诚意'的功夫只是'格物致知'。若以'诚意'为主，去用'格物致知'的功夫，即功夫始有下落，即为善去恶无非是'诚意'的事。如新本先去穷格事物之理，即茫茫荡荡，都无着落处。须用添个'敬'字方才牵扯得向身心上来，然终是没根源。若须用添个'敬'字，缘何孔门倒将一个最紧要的字落了，直待千余年后要人来补出？正谓以诚意为主，即不须添'敬'字，所以提出个'诚意'来说，正是学问的大头脑处。于此不察，真所谓毫厘之差，千里之谬。大抵《中庸》功夫只是'诚身'，诚身之极便是至诚；《大学》功夫只是'诚意'，诚意之极便是'至善'。功夫总是一般。今说这里补个'敬'字，那里补个'诚'字，未免画蛇添足。"

1　"达道""九经""诚身"：出自《中庸》。达道有五：君臣也，父子也，夫妇也，昆弟也，朋友之交也。九经：修身、尊贤、亲亲、敬大臣、体群臣、子庶民、来百工、柔远人、怀诸侯。诚身："诚身有道，不明乎善，不诚乎身矣。"可分别参照附录 55.《中庸》【55.19】【55.20】【55.23】条。

46. 陈九川 [1] 录

【46.1】正德乙亥，九川初见先生于龙江，先生与甘泉先生论"格物"之说，甘泉持旧说。先生曰："是求之于外了。"甘泉曰："若以格物理为外，是自小其心也。"九川甚喜旧说之是。先生又论《尽心》一章，九川一闻，却遂无疑。

后家居，复以"格物"遗质。先生答云："但能实地用功，久当自释。"山间乃自录《大学》旧本读之，觉朱子格物之说非是；然亦疑先生以"意之所在为物"，"物"字未明。

己卯归自京师，再见先生于洪都。先生兵务倥偬，乘隙讲授。首问："近年用功何如？"

九川曰："近年体验得'明明德'功夫只是'诚意'。自'明明德于天下'，步步推入根源，到'诚意'上，再去不得，如何以前又有格致功夫？后又体验，觉得意之诚伪，必先知觉乃可，以颜子'有不善未尝不知，知之未尝复行'为证，豁然若无疑；却又多了'格物'功夫。又思来吾心之灵，何有不知意之善恶，只是物欲蔽了，须格去物欲，始能如颜子未尝不知耳。又自疑功夫颠倒，与'诚意'不成片段。后问希颜，希颜曰：'先生谓格物致知是诚意功夫，极好。'九川曰：'如何是诚意功夫？'希颜令再思体看。九川终不悟，请问。"

先生曰："惜哉！此可一言而悟！惟濬所举颜子事便是了，只

1 　陈九川：字惟濬，又写作惟浚，号竹亭，后号明水。江西临川人。正德九年（1514）进士。授太常博士。武宗南巡时，陈九川与赣籍官员修撰舒芬、考功员外郎夏良胜、礼部主事万潮等，连疏谏反对，触怒武宗，入狱，罚跪午门五昼夜，几死廷杖，削为民。此四人被称为"江西四谏"。世宗即位后，复任礼部主客司郎中。后迭遭变故，辞官归家，以读书、讲学自遣，易号明水，周游讲学名山以终。陈九川崇尚理学，曾拜阳明先生为师，是江右王门的代表人物。黄宗羲《明儒学案·卷十九·江右王门学案四》载："先生自请告入虔师阳明，即自焚其著书。后凡再见，竟所未闻。阳明殁，往拜其墓，复经理其家。"

要知身、心、意、知、物是一件。"

九川疑曰："物在外，如何与身、心、意、知是一件？"

先生曰："耳、目、口、鼻、四肢，身也，非心安能视听言动？心欲视、听、言、动，无耳、目、口、鼻、四肢亦不能，故无心则无身，无身则无心。但指其充塞处言之谓之'身'，指其主宰处言之谓之'心'，指心之发动处谓之'意'，指意之灵明处谓之'知'，指意之涉着处谓之'物'，只是一件。意未有悬空的，必着事物，故欲诚意，则随意所在某事而格之，去其人欲而归于天理，则良知之在此事者，无蔽而得致矣。此便是诚意的功夫。"

九川乃释然，破数年之疑。

又问："甘泉近亦信用《大学》古本，谓'格物'犹言'造道'。又谓'穷理'如'穷其巢穴'之'穷'，以身至之也。故'格物'亦只是'随处体认天理'，似与先生之说渐同。"

先生曰："甘泉用功，所以转得来。当时与说'亲民'字不须改，他亦不信，今论格物亦近，但不须换'物'字作'理'字，只还他一'物'字便是。"

后有人问九川曰："今何不疑'物'字？"

曰："《中庸》曰'不诚无物'，程子曰'物来顺应'，又如'物各付物''胸中无物'之类，皆古人常用字也。"他日先生亦云然。

【46.2】九川问："近年因厌泛滥之学，每要静坐，求屏息念虑。非惟不能，愈觉扰扰。如何？"

先生曰："念如何可息？只是要正。"

曰："当自有无念时否？"

先生曰："实无无念时。"

曰："如此却如何言'静'？"

曰："静未尝不动，动未尝不静。戒谨恐惧即是念，何分动静？"

曰："周子何以言'定之以中正仁义而主静'[1]？"

曰："无欲故静，是'静亦定，动亦定'的'定'字。'主'，其本体也。戒惧之念是活泼泼地。此是天机不息处，所谓'维天之命，于穆不已'[2]，一息便是死。非本体之念，即是私念。"

【46.3】又问："用功收心时，有声、色在前，如常闻见，恐不是专一。"

1　定之以中正仁义而主静：可参看【24.2】条"主静"注释。

2　维天之命，于穆不已：天道幽远深邃，运行永不停歇。出自《诗经·周颂》。

曰："如何欲不闻见？除是槁木死灰，耳聋目盲则可。只是虽闻见而不流去，便是。"

曰："昔有人静坐，其子隔壁读书，不知其勤惰，程子[1]称其甚敬。何如？"

曰："伊川恐亦是讥他。"

【46.4】又问："静坐用功，颇觉此心收敛，遇事又断了。旋起个念头，去事上省察。事过又寻旧功，还觉有内外，打不作一片。"

先生曰："此格物之说未透。心何尝有内外？即如惟濬，今在此讲论，又岂有一心在内照管？这听讲说时专敬，即是那静坐时心，功夫一贯，何须更起念头，人须在事上磨炼做功夫，乃有益。若只好静，遇事便乱，终无长进。那静时功夫，亦差似收敛，而实放溺也。"

后在洪都，复与于中、国裳[2]论内外之说。渠皆云："物自有内外，但要内外并着功夫，不可有间耳！"以质先生。

曰："功夫不离本体；本体原无内外。只为后来做功夫的分了内外，失其本体了。如今正要讲明功夫不要有内外，乃是本体功夫。"

是日俱有省。

【46.5】又问："陆子之学何如？"

先生曰："濂溪、明道之后，还是象山[3]，只是粗些。"

九川曰："看他论学，篇篇说出骨髓，句句似针膏肓，却不见他粗。"

先生曰："然他心上用过功夫，与揣摹依仿，求之文义，自不同。但细看有粗处，用功久当见之。"

【46.6】庚辰往虔州，再见先生，问："近来功夫，虽若稍知头脑，然难寻个稳当快活处。"

先生曰："尔却去心上寻个天理，此正所谓'理障'。此间有个诀窍。"

曰："请问如何？"

曰："只是致知。"

曰："如何致？"

曰："尔那一点良知，是尔自家的准则。尔意念着处，他是便知是，非便知非，更瞒他一些不得。尔只不要欺他，实实落落依着他做去，

1　程子：程颐，号伊川。可参看【29.3】条"伊川"注释。

2　国裳：舒芬，字国裳，号梓溪，明进贤县人（今属江西南昌），正德丁丑年状元，授翰林修撰。

3　濂溪、明道、象山：周敦颐、程颢、陆九渊。关于陆九渊，可参看本书22.《象山文集序》一文。

善便存、恶便去。他这里何等稳当快乐。此便是格物的真诀，致知的实功。若不靠着这些真机，如何去格物？我亦近年体贴出来如此分明。初犹疑，只依他恐不足，精细看，无些少欠阙。"

【46.7】在虔，与于中、谦之同侍。

先生曰："人胸中各有个圣人，只自信不及，都自埋倒了。"因顾于中曰："尔胸中原是圣人。"

于中起，不敢当。

先生曰："此是尔自家有的，如何要推？"

于中又曰："不敢。"

先生曰："众人皆有之，况在于中，却何故谦起来？谦亦不得。"于中乃笑受。

又论："良知在人，随你如何不能泯灭，虽盗贼亦自知不当为盗，唤他做贼，他还忸怩。"

于中曰："只是物欲遮蔽，良心在内，自不会失；如云自蔽日，日何尝失了！"

先生曰："于中如此聪明，他人见不及此。"

【46.8】先生曰："这些子看得透彻，随他千言万语，是非诚伪，到前便明。合得的便是，合不得的便非。如佛家说'心印'相似，真是个试金石、指南针。"

【46.9】先生曰："人若知这良知诀窍，随他多少邪思枉念，这里一觉，都自消融。真个是灵丹一粒，点铁成金。"

【46.10】崇一曰："先生致知之旨，发尽精蕴，看来这里再去不得。"

先生曰："何言之易也？再用功半年，看如何？又用功一年，看如何？功夫愈久，愈觉不同，此难口说。"

【46.11】先生问九川："于'致知'之说体验如何？"

九川曰："自觉不同往时，操持常不得个恰好处，此乃是恰好处。"

先生曰："可知是体来与听讲不同。我初与讲时，知尔只是忽易，未有滋味。只这个要妙，再体到深处，日见不同，是无穷尽的。"

又曰："此'致知'二字，真是个千古圣传之秘。见到这里，百世以俟圣人而不惑！"

【46.12】九川问曰："伊川说到'体用一原，显微无间'处，门人已说是泄天机，先生'致知'之说，莫亦泄天机太甚否？"

先生曰："圣人已指以示人，只为后人掩匿，我发明耳，何故说泄？

此是人人自有的，觉来甚不打紧一般。然与不用实功人说，亦甚轻忽可惜，彼此无益。与实用功而不得其要者提撕之，甚沛然得力。"

又曰："知来本无知，觉来本无觉，然不知则遂沦埋。"

【46.13】先生曰："大凡朋友，须箴规指摘处少，诱掖奖劝意多，方是。"

后又戒九川云："与朋友论学，须委曲谦下，宽以居之。"

【46.14】九川卧病虔州。

先生云："病物亦难格，觉得如何？"

对曰："功夫甚难。"

先生曰："常快活便是功夫。"

【46.15】九川问："自省念虑，或涉邪妄，或预料理天下事，思到极处，井井有味，便缱绻难屏。觉得早则易，觉迟则难，用力克治，愈觉捍格。惟稍迁念他事，则随两忘。如此廓清，亦似无害。"

先生曰："何须如此！只要在良知上着功夫。"

九川曰："正谓那一时不知。"

先生曰："我这里自有功夫，何缘得他来？只为尔功夫断了，便蔽其知。既断了，则继续旧功便是，何必如此。"

九川曰："真是难鏖，虽知，丢他不去。"

先生曰："须是勇。用功久，自有勇。故曰'是集义[1]所生者'，胜得容易，便是大贤。"

【46.16】九川问："此功夫却于心上体验明白，只解书不通。"

先生曰："只要解心。心明白，书自然融会。若心上不通，只要书上文义通，却自生意见。"

【46.17】有一属官，因久听讲先生之学，曰："此学甚好。只是簿书讼狱繁难，不得为学。"

先生闻之曰："我何尝教尔离了簿书讼狱，悬空去讲学？尔既有官司之事，便从官司的事上为学，才是真格物。如问一词讼，不可因其应对无状，起个怒心；不可因他言语圆转，生个喜心；不可恶其嘱托，加意治之；不可因其请求，屈意从之；不可因自己事务烦冗，随意苟且断之；不可因旁人谮毁罗织，随人意思处之。这许多意思皆私，只尔自知，须精细省察克治，惟恐此心有一毫偏倚，枉人是非，这便是格物致知。簿书讼狱之间，无非实学；若离了事物为学，却是着空。"

1　集义：可参看【12.4】条注释。

【46.18】虔州将归，有诗别先生云："良知何事系多闻，妙合当时已种根。好恶从之为圣学，将迎无处是乾元。"

先生曰："若未来讲此学，不知说好恶从之'从'个甚么？"

敷英在座，曰："诚然。尝读先生《大学古本序》，不知所说何事。及来听讲许时，乃稍知大意。"

【46.19】于中、国裳辈同侍食。

先生曰："凡饮食只是要养我身，食了要消化；若徒蓄积在肚里，便成痞了，如何长得肌肤？后世学者博闻多识，留滞胸中，皆伤食之病也。"

【46.20】先生曰："圣人亦是'学知'，众人亦是'生知'。"

问曰："何如？"

曰："这良知人人皆有。圣人只是保全，无些障蔽，兢兢业业，亹亹翼翼[1]，自然不息，便也是学，只是生的分数多，所以谓之'生知安行'。众人自孩提之童，莫不完具此知，只是障蔽多，然本体之知自难泯息，虽问学克治也只凭他，只是学的分数多，所以谓之'学知利行'。"

1　亹亹翼翼：亹亹，勤勉貌；翼翼，谨慎貌。亹，音 wěi 。

47. 黄直[1] 录

【47.1】黄以方问："先生'格致'之说，随时格物以致其知，则知是一节之知，非全体之知也。何以到得'溥博如天，渊泉如渊'[2]地位？"

先生曰："人心是天、渊。心之本体无所不该，原是一个天，只为私欲障碍，则天之本体失了；心之理无穷尽，原是一个渊，只为私欲窒塞，则渊之本体失了。如今念念致良知，将此障碍窒塞一齐去尽，则本体已复，便是天、渊了。"

乃指天以示之曰："比如面前见天，是昭昭之天；四外见天，也只是昭昭之天。只为许多房子墙壁遮蔽，便不见天之全体。若撤去房子墙壁，总是一个天矣。不可道眼前天是昭昭之天，外面又不是昭昭之天也。于此便见一节之知，即全体之知；全体之知，即一节之知。总是一个本体。"

【47.2】先生曰："圣贤非无功业、气节，但其循着这天理，则便是道。不可以事功、气节名矣。"

【47.3】"'发愤忘食'，是圣人之志如此，真无有已时；'乐

1　黄直：字以方，号卓峰，今江西省金溪县人。张廷玉等编《明史·列传第九十五》载："嘉靖二年会试，主司发策极诋守仁之学。直与同门欧阳德不阿主司意，编修马汝骥奇之，两人遂中式。直既成进士，即疏陈'隆圣治、保圣躬、敦圣孝、明圣鉴、勤圣学、务圣道'六事。除漳州推官。以漳俗尚鬼，尽废境内淫祠，易其材以茸桥梁、公廨。御史诬以罪，送吏部降用。行至中途，疏请早定储贰。帝怒，遣缇骑逮问。无何，得释，贬沔阳判官。尝署崇阳县事，有惠政。外艰（为父亲居丧）归，三年不御酒肉。服阕赴部，适名、宗明下狱。直抗疏言：'九经之首曰修身，其中曰敬大臣，体群臣。今杨名以直言置诏狱，非所以体群臣。黄宗明以论救与同罪，非所以敬大臣。二者未尽，天下后世疑陛下修身之道亦有所未尽矣。'帝大怒，并下诏狱拷掠，命发极边，编成雷州卫。赦还，贫甚，妻纺织以给朝夕，直读书谈道自如。久之，卒。隆庆初，赠光禄少卿。"

2　溥博如天，渊泉如渊：可参看【34.3】条注释。

以忘忧'[1]，是圣人之道如此，真无有戚时。恐不必云'得不得'[2]也。"

【47.4】先生曰："我辈致知，只是各随分限所及。今日良知见在如此，只随今日所知扩充到底；明日良知又有开悟，便从明日所知扩充到底。如此方是'精一'功夫。与人论学，亦须随人分限所及。如树有这些萌芽，只把这些水去灌溉。萌芽再长，便又加水。自拱把以至合抱，灌溉之功皆是随其分限所及。若些小萌芽，有一桶水在，尽要倾上，便浸坏他了。"

【47.5】问"知行合一"。

先生曰："此须识我立言宗旨。今人学问，只因知行分作两件，故有一念发动，虽是不善，然却未曾行，便不去禁止。我今说个'知行合一'，正要人晓得一念发动处，便即是行了。发动处有不善，就将这不善的念克倒了。须要彻根彻底，不使那一念不善潜伏在胸中。此是我立言宗旨。"

【47.6】"圣人无所不知，只是知个天理；无所不能，只是能个天理。圣人本体明白，故事事知个天理所在，便去尽个天理。不是本体明后，却于天下事物都便知得，便做得来也。天下事物，如名物度数、草木鸟兽之类，不胜其烦，圣人虽是本体明了，亦何缘能尽知得？但不必知的，圣人自不消求知；其所当知的，圣人自能问人。如'子入太庙，每事问'[3]之类，先儒谓'虽知亦问，敬谨之至'。此说不可通。圣人于礼乐名物，不必尽知。然他知得一个天理，便自有许多节文度数出来。不知能问，亦即是天理节文所在。"

【47.7】问："先生尝谓'善恶只是一物'。善恶两端，如冰炭相反，如何谓只一物？"

先生曰："至善者，心之本体。本体上才过当些子，便是恶了。不是有一个善，却又有一个恶来相对也。故善恶只是一物。"

直因闻先生之说，则知程子所谓"善固性也，恶亦不可不谓之性"。又曰："善恶皆天理。谓之恶者本非恶，但于本性上过与不及之间耳。"其说皆无可疑。

【47.8】先生尝谓："人但得好善如好好色，恶恶如恶恶臭[4]，便是圣人。"

1　发愤忘食，乐以忘忧：出自《论语·述而》："其为人也，发愤忘食，乐以忘忧。"

2　得不得：指朱熹《论语集注》中所说："未得，则发愤以忘食；已得，则乐之以忘忧。"

3　子入太庙，每事问：可参看【38.5】条"讥其为不知礼"注释。

4　好善如好好色，恶恶如恶恶臭：可参看附录 54.《大学》【54.4】条注释。

直初时闻之觉甚易，后体验得来，此个功夫着实是难。如一念虽知好善恶恶，然不知不觉，又夹杂去了。才有夹杂，便不是"好善如好好色，恶恶如恶恶臭"的心。善能实实的好，是无念不善矣；恶能实实的恶，是无念及恶矣，如何不是圣人？故圣人之学，只是一诚而已。

【47.9】问《修道说》[1]言，"率性之谓道"，属圣人分上事；"修道之谓教"，属贤人分上事。

先生曰："众人亦'率性'也。但率性在圣人分上较多，故'率性之谓道'属圣人事；圣人亦'修道'也，但修道在贤人分上多，故'修道之谓教'属贤人事。"

又曰："《中庸》一书，大抵皆是说'修道'的事。故后面凡说君子，说颜渊，说子路，皆是能修道的；说小人，说贤、知、愚、不肖，说庶民，皆是不能修道的；其他言舜、文、周公、仲尼至诚至圣之类，则又圣人之自能修道者也。"

【47.10】问："儒者到三更时分，扫荡胸中思虑，空空静静，与释氏之静只一般，两下皆不用，此时何所分别？"

先生曰："动、静只是一个。那三更时分空空静静的，只是存天理，即是如今应事接物的心；如今应事接物的心，亦是循此天理，便是那三更时分空空静静的心。故动、静只是一个，分别不得。知得动、静合一，释氏毫厘差处亦自莫掩矣。"

【47.11】门人在座，有动止甚矜持者。

先生曰："人若矜持太过，终是有弊。"

曰："矜持太过，如何有弊？"

曰："人只有许多精神，若专在容貌上用功，则于中心照管不及者多矣。"

有太直率者。

先生曰："如今讲此学，却外面全不检束，又分心与事为二矣。"

【47.12】门人作文送友行。问先生曰："作文字不免费思，作了后又一二日，常记在怀。"

曰："文字思索亦无害。但作了常记在怀，则为文所累，心中有一物矣，此则未可也。"

又作诗送人，先生看诗毕，谓曰："凡作文字要随我分限所及。

1　《修道说》：阳明先生作于正德十三年（1518）。文中强调唯有至诚尽性致中和，才是修道之极功。

若说得太过了，亦非'修辞立诚'矣。"

【47.13】"文公格物之说，只是少头脑，如所谓'察之于念虑之微'，此一句不该与'求之文字之中'，'验之于事为之著'，'索之讲论之际'混作一例看，是无轻重也。"

【47.14】问"有所忿懥"一条。

先生曰："忿懥几件[1]，人心怎能无得？只是不可有耳！凡人忿懥着了一分意思，便怒得过当，非廓然大公之体了。故有所忿懥，便不得其正也。如今于凡忿懥等件，只是个物来顺应，不要着一分意思，便心体廓然大公，得其本体之正了。且如出外见人相斗，其不是的，我心亦怒；然虽怒，却此心廓然，不曾动些子气。如今怒人，亦得如此，方才是正。"

1　忿懥几件：指《大学》中所说"身"有所"忿懥、恐惧、好乐、忧患"，则皆不能得其正。可参看【45.7】条"有所忿懥好乐"句注释。

48. 黄修易[1] 录

【48.1】黄勉叔问："心无恶念时，此心空空荡荡的，不知亦须存个善念否？"

先生曰："既去恶念，便是善念，便复心之本体矣。譬如日光，被云来遮蔽，云去，光已复矣。若恶念既去，又要存个善念，即是日光之中添燃一灯。"

【48.2】问："近来用功，亦颇觉妄念不生。但腔子里黑窣窣的，不知如何打得光明。"

先生曰："初下手用功，如何腔子里便得光明？譬如奔流浊水，才贮在缸里，初然虽定，也只是昏浊的。须俟澄定既久，自然渣滓尽去，复得清来。汝只要在良知上用功。良知存久，黑窣窣自能光明矣。今便要责效，却是助长，不成功夫。"

【48.3】先生曰："吾教人致良知在'格物'上用功，却是有根本的学问。日长进一日，愈久愈觉精明。世儒教人事事物物上去寻讨，却是无根本的学问。方其壮时，虽暂能外面修饰，不见有过，老则精神衰迈，终须放倒。譬如无根之树，移栽水边，虽暂时鲜好，终久要憔悴。"

【48.4】问"志于道"[2]一章。

先生曰："只'志道'一句，便含下面数句功夫，自住不得。譬如做此屋，'志于道'是念念要去择地鸠材，经营成个区宅。'据德'却是经画已成，有可据矣。'依仁'却是常常住在区宅内，更不离去，'游艺'却是加些画采，美此区宅。艺者，义也，理之所宜者也，如诵诗、

1　黄修易：字勉叔。阳明先生弟子。

2　志于道：出自《论语·述而》："志于道，据于德，依于仁，游于艺。"

读书、弹琴、习射之类，皆所以调习此心，使之熟于道也。苟不'志道'而'游艺'，却如无状小子，不先去置造区宅，只管要去买画挂做门面，不知将挂在何处？"

【48.5】问："读书所以调摄此心，不可缺的。但读之之时，一种科目意思[1]牵引而来，不知何以免此？"

先生曰："只要良知真切，虽做举业，不为心累。纵有累亦易觉，克之而已。且如读书时，良知知得强记之心不是，即克去之；有欲速之心不是，即克去之；有夸多斗靡之心不是，即克去之。如此，亦只是终日与圣贤印对，是个纯乎天理之心。任他读书，亦只是调摄此心而已，何累之有？"

曰："虽蒙开示，奈资质庸下，实难免累。窃闻穷通有命，上智之人恐不屑此。不肖为声利牵缠，甘心为此，徒自苦耳。欲屏弃之，又制于亲，不能舍去，奈何？"

先生曰："此事归辞于亲者多矣，其实只是无志。志立得时，良知千事万为只是一事。读书作文安能累人？人自累于得失耳。"因叹曰："此学不明，不知此处耽搁了几多英雄汉！"

【48.6】问："'生之谓性'[2]，告子亦说得是，孟子如何非之？"

先生曰："固是性，但告子认得一边去了，不晓得头脑。若晓得头脑，如此说亦是。孟子亦曰'形色天性也'，这也是指气说。"

又曰："凡人信口说，任意行，皆说此是依我心性出来，此是所谓'生之谓性'。然却要有过差。若晓得头脑，依吾'良知'上说出来，行将去，便自是停当。然'良知'亦只是这口说，这身行，岂能外得气，别有个去行去说？故曰'论性不论气，不备；论气不论性，不明'[3]。气亦性也，性亦气也，但须认得头脑是当。"

【48.7】又曰："诸君功夫最不可助长。上智绝少，学者无超入圣人之理。一起一伏，一进一退，自是功夫节次。不可以我前日用得功夫了，今却不济，便要矫强，做出一个没破绽的模样。这便是助长，连前些子功夫都坏了。此非小过，譬如行路的人，遭一蹶跌，起来便走，不要欺人做那不曾跌倒的样子出来。诸君只要常常怀个'遁

1　科目意思：科举的想法。
2　生之谓性：可参看【29.8】条"生之谓性"注释。
3　论性不论气，不备；论气不论性，不明：可参看【29.8】条注释。

世无闷，不见是而无闷'之心，依此良知，忍耐做去，不管人非笑，不管人毁谤，不管人荣辱，任他功夫有进有退，我只是这致良知的主宰不息，久久自然有得力处，一切外事亦自能不动。"

又曰："人若着实用功，随人毁谤，随人欺谩，处处得益，处处是进德之资。若不用功，只是魔也，终被累倒。"

【48.8】先生一日出游禹穴，顾田间禾曰："能几何时，又如此长了。"

范兆期[2]在傍曰："此只是有根。学问能自植根，亦不患无长。"

先生曰："人孰无根？良知即是天植灵根，自生生不息，但着了私累，把此根戕贼蔽塞，不得发生耳。"

【48.9】一友常易动气责人。

先生警之曰："学须反己。若徒责人，只见得人不是，不见自己非。若能反己，方见自己有许多未尽处，奚暇责人？舜能化得象的傲，其机括只是不见象的不是。若舜只要正他的奸恶，就见得象的不是矣。象是傲人，必不肯相下，如何感化得他？"

是友感悔。

曰："你今后只不要去论人之是非，凡尝责辩人时，就把做一件大己私克去方可。"

【48.10】先生曰："凡朋友问难，纵有浅近粗疏，或露才扬己，皆是病发。当因其病而药之可也。不可便怀鄙薄之心，非君子与人为善之心矣。"

【48.11】问："《易》，朱子主卜筮，程《传》主理[3]，何如？"

先生曰："卜筮是理，理亦是卜筮。天下之理孰有大于卜筮者乎？只为后世将卜筮专主在占卦上看了，所以看得卜筮似小艺。不知今之师友问答，博学、审问、慎思、明辨、笃行之类，皆是卜筮，卜筮者，不过求决狐疑，神明吾心而已。《易》是问诸天，人有疑，自信不及，故以《易》问天。谓人心尚有所涉，惟天不容伪耳。"

【48.12】黄勉之问："'无适也，无莫也，义之与比'[4]，事事

1　遁世无闷，不见是而无闷：虽避世而内心无忧，不被认可也无有烦闷。出自《易经·乾卦》："初九曰：'潜龙勿用。'何谓也？子曰：'龙德而隐者也。不易乎世，不成乎名；遁世无闷，不见是而无闷；乐则行之，忧则违之；确乎其不可拔，潜龙也。'"

2　范兆期：范引年，字兆期，号半野，青田县教谕，阳明先生晚年弟子。

3　程《传》主理：程颐作《易传》，认为《易经》是阐述天理的。

4　"无适也"句：适，固执认可。莫，固执反对。义之与比，唯义是从，出自《论语·里仁》："君子之于天下也，无适也，无莫也，义与之比。"

要如此否？”

先生曰：“固是事事要如此，须是识得个头脑乃可。‘义’即是良知，晓得良知是个头脑，方无执著。且如受人馈送，也有今日当受的，他日不当受的；也有今日不当受的，他日当受的。你若执著了今日当受的，便一切受去；执著了今日不当受的，便一切不受去，便是‘适、莫’，便不是良知的本体，如何唤得做‘义’？

49. 黄省曾[1] 录

【49.1】问："'思无邪[2]'一言，如何便盖得三百篇之义？"

先生曰："岂特三百篇，《六经》只此一言便可该贯，以至穷古今天下圣贤的话，'思无邪'一言也可该贯。此外更有何说？此是一了百当的功夫。"

【49.2】问"道心""人心"。

先生曰："'率性之谓道'便是'道心'。但着些人的意思在，便是'人心'。'道心'本是'无声无臭'，故曰'微'。依着'人心'行去，便有许多不安稳处，故曰'惟危'。"

【49.3】问："'中人以下，不可以语上'[3]，愚的人与之语上尚且不进，况不与之语可乎？"

先生曰："不是圣人终不与语，圣人的心忧不得人人都做圣人。只是人的资质不同，施教不可躐等[4]。中人以下的人，便与他说'性'、说'命'，他也不省得，也须慢慢琢磨他起来。"

【49.4】一友问："读书不记得，如何？"

先生曰："只要晓得，如何要记得？要晓得已是落第二义了，只要明得自家本体。若徒要记得，便不晓得；若徒要晓得，便明不得自家的本体。"

【49.5】问："'逝者如斯'[5]，是说自家心性活泼泼地否？"

1　黄省曾：字勉之。可参看本书中 28.《与黄勉之书》"黄勉之"注释。

2　思无邪：出自《论语·为政》："子曰：'诗三百，一言以蔽之，曰：思无邪。'"

3　中人以下，不可以语上：出自《论语·雍也》："中人以上，可以语上也；中人以下，不可以语上也。"

4　躐等：逾越等级；不按次序。躐，音 liè。

5　逝者如斯：出自《论语·子罕》："子在川上曰：'逝者如斯夫？不舍昼夜。'"

先生曰："然。须要时时用致良知的功夫，方才活泼泼地，方才与他川水一般。若须臾间断，便与天地不相似。此是学问极至处，圣人也只如此。"

【49.6】问"志士仁人"[1]章。

先生曰："只为世上人都把生身命子看得来太重，不问当死不当死，定要宛转委曲保全，以此把天理却丢去了。忍心害理，何者不为？若违了天理，便与禽兽无异，便偷生在世上百千年，也不过做了千百年的禽兽。学者要于此等处看得明白。比干、龙逢[2]只为他看得分明，所以能成就他的仁。"

【49.7】问："叔孙武叔毁仲尼[3]，大圣人如何犹不免于毁谤？"

先生曰："毁谤自外来的，虽圣人如何免得？人只贵于自修，若自己实实落落是个圣贤，纵然人都毁他，也说他不着，却若浮云掩[4]日，如何损得日的光明？若自己是个象恭色庄、不坚不介[5]的，纵然没一个人说他，他的恶慝[6]终须一日发露。所以孟子说'有求全之毁，有不虞之誉[7]'。毁誉在外的，安能避得，只要自修何如尔。"

【49.8】刘君亮要在山中静坐。

先生曰："汝若以厌外物之心去求之静，是反养成一个骄惰之气了，汝若不厌外物，复于静处涵养，却好。"

1　志士仁人：出自《论语·卫灵公》："志士仁人，无求生以害仁，有杀身以成仁。"

2　龙逢（féng）：亦作龙逢（páng），即关龙逢。夏之贤人，因谏而被桀所杀，后用为忠尘之代称。

3　叔孙武叔毁仲尼：出自《论语·子张》。

4　掩：同"掩"。音 yǎn。

5　象恭色庄、不坚不介：貌似恭敬端庄，实则不坚贞、不正直。

6　慝：奸邪，邪恶。音 tè。

7　有求全之毁，有不虞之誉：既有因为求全的诋毁，也有没有想到的赞誉。出自《孟子·离娄上》。

【49.9】王汝中[1]、省曾侍坐。

先生握扇命曰："你们用扇。"

省曾起对曰："不敢。"

先生曰："圣人之学不是这等捆缚苦楚的，不是装做道学的模样。"

汝中曰："观'仲尼与曾点言志'一章略见。"

先生曰："然。以此章观之，圣人何等宽洪包含气象。且为师者问志于群弟子，三子皆整顿以对。至于曾点，飘飘然不看那三子在眼，自去鼓起瑟来，何等狂态。及至言志，又不对师之问目，都是狂言。设在伊川，或斥骂起来了。圣人乃复称许他，何等气象！圣人教人，不是个束缚他通做一般，只如狂者便从狂处成就他，狷者便从狷处成就他[2]，人之才气如何同得？"

【49.10】先生语陆原静曰："原静少年亦要解"五经"，志亦好博。但圣人教人，只怕人不简易，他说的皆是简易之规。以今人好博之心观之，却似圣人教人差了。"

【49.11】先生曰："孔子无不知而作，颜子有不善未尝不知。此是圣学真血脉路。"

1　王汝中：王畿，字汝中，号龙溪，学者称龙溪先生。浙江山阴（今绍兴）人。师事阳明先生，为王门浙中派创始人，著有《龙溪全集》二十卷。他是明朝中晚期阳明学派的代表人物，对阳明学的发展有重要贡献，并影响了日本阳明学的形成与发展。黄宗羲《明儒学案·卷十二·浙中王门学案二》载："弱冠举于乡，嘉靖癸未下第，归而受业于文成。丙戌试期，遂不欲往。文成曰：'吾非以一第为子荣也，顾吾之学，疑信参半，子之京师，可以发明耳。'先生乃行，中是年会试。时当国者不说学，先生谓钱绪山曰：'此岂吾与子仕之时也？'皆不廷试而归。文成门人益进，不能遍授，多使之见先生与绪山。先生和易宛转，门人日亲。文成征思、田，先生送至严滩而别。明年，文成卒于南安。先生方赴廷试，闻之，奔丧至广信，斩衰以毕葬事，而后心丧。壬辰，始廷对。授南京职方主事，寻以病归。起原官，稍迁至武选郎中。时相夏贵溪恶之。三殿灾，吏科都给事中戚贤上疏，言先生学有渊源，可备顾问。贵溪草制：'伪学小人，党同妄荐。'谪贤外任。先生因再疏乞休而归。逾年，当考察，南考功薛方山与先生学术不同，欲借先生以正学术，遂填察典。先生林下四十余年，无日不讲学，自两都及吴、楚、闽、越、江、浙，皆不有讲舍莫不以先生为宗盟。年八十，犹周流不倦。万历癸未六月七日卒，年八十六。"

2　狂、狷：见《论语·子路》："子曰：'不得中行而与之，必也狂狷乎。狂者进取，狷者有所不为也。'"

50. 钱德洪¹录

【50.1】何廷仁²、黄正之³、李侯璧⁴、汝中、德洪侍坐。

先生顾而言曰："汝辈学问不得长进，只是未立志。"

侯璧起而对曰："琪亦愿立志。"

先生曰："难说不立，未是'必为圣人之志耳。'"

对曰："愿立'必为圣人之志。'"

先生曰："你真有圣人之志，良知上更无不尽。良知上留得些子别念挂带，便非'必为圣人之志矣。'"

初闻时心若未服，听说到此，不觉悚汗。

【50.2】先生曰："良知是造化的精灵，这些精灵，生天生地，成鬼成帝，皆从此出，真是与物无对。人若复得他完完全全，无少亏欠，自不觉手舞足蹈，不知天地间更有何乐可代。"

【50.3】一友静坐有见，驰问先生。

答曰："吾昔居滁时，见诸生多务知解口耳异同，无益于得，

---

1 钱德洪：黄宗羲《明儒学案·卷十一·浙中王门学案一》载："钱德洪字洪甫，号绪山，浙江余姚人。王文成平濠归越，先王与同邑范引年、管州、郑寅、柴凤、徐珊、吴仁数十人会于中天阁，同禀学焉。明年，举于乡。时四方之士来学于越者甚众，先生与龙溪疏通其大旨，而后卒业于文成，一时称为教授师。嘉靖五年举于南宫，不廷试而归。文成征思、田，先生与龙溪居守越中书院。七年，奔文成之丧，至于贵溪，问丧服，邵竹峰曰：'昔者孔子殁，子贡若丧父而无服，礼也。'先生曰：'吾夫子殁于道路，无主丧者，弟子不可以无服。然某也有父母在，麻衣布绖，弗敢有加焉。'筑室于场，以终心制。十一年，始赴廷试，出为苏学教授。丁内艰（注：为母居丧）。服阕，补国子监丞，寻升刑部主事，稍迁员外郎，署陕西司事……穆宗朝，进阶朝列大夫，致仕。万历初，复进阶一级。在野三十年，无日不讲学。江、浙、宣、歙、楚、广名区奥地，皆有讲舍。先生与龙溪迭捧珠盘。年七十，作《颐闲疏》告四方，始不出游。二年十月二十六日卒，年七十九。"

2 何廷仁：字性之，号善山。江西雩都县（今江西于都）人。从王守仁学，为王门高弟。其学主"致良知"，论学务为平实。

3 黄正之：可参看【36.2】条注释。

4 李侯璧：名琪，浙江永康人，阳明先生弟子。

201

姑教之静坐。一时窥见光景，颇收近效。久之，渐有喜静厌动，流入枯槁之病。或务为玄解妙觉，动人听闻。故迩来只说致良知。良知明白，随你去静处体悟也好，随你去事上磨练也好，良知本体原是无动无静的。此便是学问头脑。我这个话头自滁州到今，亦较过几番，只是'致良知'三字无病。医经折肱，方能察人病理。"

【50.4】一友问："功夫欲得此知时时接续，一切应感处反觉照管不及；若去事上周旋，又觉不见了。如何则可？"

先生曰："此只认良知未真，尚有内外之间。我这里功夫不由人急心，认得良知头脑是当，去朴实用功，自会透彻。到此便是内外两忘，又何心、事不合一？"

又曰："功夫不是透得这个真机，如何得他充实光辉？若能透得时，不由你聪明知解接得来，须胸中渣滓浑化，不使有毫发沾滞始得。"

【50.5】先生曰："'天命之谓性'，'命'即是'性'；'率性之谓道'，'性'即是'道'；'修道之谓教'，'道'即是'教'。"

问："如何'道'即是'教'？"

曰："'道'即是良知。良知原是完完全全，是的还他是，非的还他非，是非只依着他，更无有不是处。这良知还是你的明师。"

【50.6】问："'不睹不闻'是说本体，'戒慎恐惧'是说功夫否？"

先生曰："此处须信得本体原是'不睹不闻'的，亦原是'戒慎恐惧'的。'戒慎恐惧'不曾在'不闻不睹'上加得些子。见得真时，便谓'戒慎恐惧'是本体，'不闻不睹'是功夫亦得。"

【50.7】问"通乎昼夜之道而知"。

先生曰："良知原是知昼知夜的。"

又问："人睡熟时，良知亦不知了？"

曰："不知何以一叫便应？"

曰："良知常知，如何有睡熟时？"

曰："向晦宴息[1]，此亦造化常理。夜来天地混沌，形色俱泯，人亦耳目无所睹闻，众窍俱翕，此即良知收敛凝一时。天地既开，庶物露生，人亦耳目有所睹闻，众窍俱辟，此即良知妙用发生时。可见人心与天地一体，故'上下与天地同流'。今人不会宴息，夜

---

1 向晦宴息：到了晚上就要睡觉休息。关于"宴息"，阳明先生弟子王龙溪在《王龙溪先生全集》中说："古之至人，有息无睡，故曰'向晦入燕息'……若知燕息之法，当向晦时，耳无闻，目无见，口无吐纳，鼻无呼吸，手足无动静，心无私累，一点元神，与先天清气相依相люб，如炉中种火相似，比之后天昏气所养，奚啻什百。是谓'通乎昼夜之道而知'。"

来不是昏睡，即是妄思魇寐。"

曰："睡时功夫如何用？"

先生曰："知昼即知夜矣。日间良知是顺应无滞的，夜间良知即是收敛凝一的，有梦即先兆。"

又曰："良知在'夜气'发的方是本体，以其无物欲之杂也。学者要使事物纷扰之时，常如'夜气'一般，就是'通乎昼夜之道而知'。"

【50.8】先生曰："良知之'虚'，便是天之太虚；良知之'无'，便是太虚之无形。日月风雷、山川民物，凡有貌象形色，皆在太虚无形中发用流行，未尝作得天的障碍。圣人只是顺其良知之发用，天地万物，俱在我良知的发用流行中，何尝又有一物超于良知之外，能作得障碍？"

【50.9】或问"异端"。

先生曰："与愚夫愚妇同的，是谓同德；与愚夫愚妇异的，是谓异端。"

【50.10】先生曰："孟子'不动心'与告子'不动心'，所异只在毫厘间。告子只在不动心上用功，孟子便直从此心原不动处分晓。心之本体原是不动的，只为所行有不合义便动了。孟子不论心之动与不动，只是'集义'[1]，所行无不是义，此心自然无可动处。若告子只要此心不动，便是把捉此心，将他生生不息之根反阻挠了。此非徒无益，而又害之。孟子'集义'功夫，自是养得充满，并无馁歉，自是纵横自在，活泼泼地，此便是浩然之气。"

又曰："告子病源，从'性无善无不善'上见来。性无善无不善，虽如此说，亦无大差。但告子执定看了，便有个无善无不善的性在内；有善有恶，又在物感上看，便有个物在外。却做两边看了，便会差。无善无不善，性原是如此。悟得及时，只此一句便尽了，更无有内外之间。告子见一个性在内，见一个物在外，便见他于性有未透彻处。"

【50.11】朱本思[2]问："人有虚灵，方有良知。若草木瓦石之类，亦有良知否？"

先生曰："人的良知，就是草木瓦石的良知。若草木瓦石无人的良知，不可以为草木瓦石矣。岂惟草木瓦石为然，天地无人的良知，

1　集义：可参看【12.4】条注释。

2　朱本思：朱得之，字本思，号近斋，明代直隶靖江（今江苏靖江县）人。

亦不可为天地矣。盖天地万物与人原是一体，其发窍之最精处，是人心一点灵明。风雨露雷、日月星辰、禽兽草木、山川土石，与人原只一体，故五谷、禽兽之类，皆可以养人；药石之类，皆可以疗疾。只为同此一气，故能相通耳。"

【50.12】先生游南镇，一友指岩中花树问曰："天下无心外之物，如此花树，在深山中自开自落，于我心亦何相关？"

先生曰："你未看此花时，此花与汝心同归于寂；你来看此花时，则此花颜色一时明白起来。便知此花不在你的心外。"

【50.13】问："大人与物同体，如何《大学》又说个厚薄？"[1]

先生曰："惟是道理，自有厚薄。比如身是一体，把手足捍头目，岂是偏要薄手足，其道理合如此。禽兽与草木同是爱的，把草木去养禽兽，又忍得？人与禽兽同是爱的，宰禽兽以养亲，与供祭祀，燕宾客，心又忍得？至亲与路人同是爱的，如箪食豆羹，得则生，不得则死，不能两全，宁救至亲，不救路人，心又忍得？这是道理合该如此。及至吾身与至亲，更不得分别彼此厚薄。盖以仁民爱物，皆从此出，此处可忍，更无所不忍矣。《大学》所谓厚薄，是良知上自然的条理，不可逾越，此便谓之义；顺这个条理，便谓之礼；知此条理，便谓之智；终始是这条理，便谓之信。"

【50.14】又曰："目无体，以万物之色为体；耳无体，以万物之声为体；鼻无体，以万物之臭为体；口无体，以万物之味为体；心无体，以天地万物感应之是非为体。"

【50.15】问"夭寿不贰"[2]。

先生曰："学问功夫，于一切声利嗜好俱能脱落殆尽，尚有一种生死念头毫发挂带，便于全体有未融释处。人于生死念头，本从生身命根上带来，故不易去。若于此处见得破，透得过，此心体方是流行无碍，方是尽性至命之学。"

【50.16】一友问："欲于静坐时，将好名、好色、好货等根逐一搜寻，扫除廓清，恐是剜肉做疮否？"

先生正色曰："这是我医人的方子，真是去得人病根。更有大本事人，过了十数年亦还用得着。你如不用，且放起，不要作坏我的方子。"

是友愧谢。

1　"说个厚薄"句：出自《大学》："其所厚者薄，而其所薄者厚，未之有也。"可参看附录54.《大学》【54.3】条。

2　夭寿不贰：出自《孟子·尽心上》："夭寿不贰，修身以俟之，所以立命也。"

少间曰："此量非你事，必吾门稍知意思者，为此说以误汝。"在座者皆悚然。

【50.17】一友问"功夫不切"。

先生曰："学问功夫，我已曾一句道尽。如何今日转说转远，都不着根？"

对曰："'致良知'盖闻教矣。然亦须讲明。"

先生曰："既知'致良知'，又何可讲明？良知本是明白，实落用功便是。不肯用功，只在语言上转说转糊涂。"

曰："正求讲明致之之功。"

先生曰："此亦须你自家求，我亦无别法可道。昔有禅师，人来问法，只把麈尾[1]提起。一日，其徒将其麈尾藏过，试他如何设法。禅师寻麈尾不见，又空手提起。我这个良知就是设法的麈尾，舍了这个，有何可提得？"

少间，又一友请问功夫切要。先生旁顾曰："我麈尾安在？"一时在座者皆跃然。

【50.18】或问"至诚""前知"[2]。

先生曰："'诚'是实理，只是一个良知。实理之妙用流行就是'神'，其萌动处就是'几'，'诚、神、几曰圣人'[3]。圣人不贵前知，祸福之来，虽圣人有所不免。圣人只是知'几'，遇变而通耳。良知无前后，只知得见在的'几'，便是一了百了。若有个'前知'的心，就是私心，就有趋避利害的意。邵子[4]必于前知，终是利害心未尽处。"

【50.19】先生曰："无知无不知，本体原是如此。譬如日未尝有心照物，而自无物不照。无照无不照，原是日的本体。良知本无知，今却要有知；本无不知，今却疑有不知。只是信不及耳。"

【50.20】先生曰："'惟天下至圣，为能聪明睿智'[5]，旧看何

1　麈尾：魏晋清谈家经常用来拂秽清暑，显示身份的一种道具。直到唐代，还在士大夫间流行。宋朝以后逐渐失传。形如树叶，下部靠柄处则常为平直状。后也称拂尘为麈尾。麈，音 zhǔ 。

2　至诚、前知：出自《中庸》："至诚之道，可以前知。国家将兴，必有祯祥；国家将亡，必有妖孽。"

3　诚、神、几曰圣人：出自周敦颐《通书》："寂然不动者，诚也；感而遂通者，神也；动而未形，有无之间者，几也。诚精故明，神应故妙，几微故幽。诚、神、几曰圣人。"

4　邵子：即邵雍，北宋哲学家、易学家，有"内圣外王"之誉。字尧夫，谥号康节，自号安乐先生、伊川翁。少有志，读书苏门山百源上，后人称百源先生。创"先天学"，以为万物皆由"太极"演化而成。著有《观物篇》《先天图》《伊川击壤集》《皇极经世》等。

5　惟天下至圣，为能聪明睿智：出自《中庸》。可参看附录55.《中庸》【55.37】条。

等玄妙，今看来原是人人自有的。耳原是聪，目原是明，心思原是睿智，圣人只是一能之尔。能处正是良知，众人不能，只是个不致知。何等明白简易！"

【50.21】问："孔子所谓'远虑'[1]，周公'夜以继日'[2]，与'将迎'[3]不同。何如？"

先生曰："'远虑'不是茫茫荡荡去思虑，只是要存这天理。天理在人心，亘古亘今，无有终始。天理即是良知，千思万虑，只是要致良知。良知愈思愈精明，若不精思，漫然随事应去，良知便粗了。若只着在事上茫茫荡荡去思教做'远虑'，便不免有毁誉、得丧、人欲搀入其中，就是'将迎'了。周公终夜以思，只是'戒慎不睹，恐惧不闻'的功夫。见得时，其气象与'将迎'自别。"

【50.22】问："'一日克己复礼，天下归仁'[4]，朱子作效验说[5]，如何？"

先生曰："圣贤只是为己之学，重功夫不重效验。仁者以万物一体，不能一体，只是己私未忘。全得仁体，则天下皆归于吾仁，就是'八荒皆在我闼'[6]意，天下皆与，其仁亦在其中。如'在邦无怨，在家无怨'[7]，亦只是自家不怨，如'不怨天，不尤人'[8]之意。然家邦无怨，于我亦在其中，但所重不在此。"

【50.23】问："孟子'巧力圣智'[9]之说。朱子云：'三子[10]力有余而巧不足。'何如？"

先生曰："三子固有力，亦有巧。巧、力实非两事。巧亦只在用力处，力而不巧，亦是徒力。三子譬如射：一能步箭，一能马箭，一能远箭，他射得到，俱谓之力，中处俱可谓之巧。但步不能马，

1　远虑：出自《论语·卫灵公》："子曰：'人无远虑，必有近忧。'"

2　周公"夜以继日"：出自《孟子·离娄下》："周公思兼三王，以施四事。其有不合者，仰而思之，夜以继日，幸而得之，坐以待旦。"

3　将迎：可参看【24.2】条注释。

4　一日克己复礼，天下归仁：出自《论语·颜渊》："颜渊问仁。子曰：'克己复礼为仁。一日克己复礼，天下归仁焉。为仁由己，而由人乎哉？'"

5　朱子作效验说：朱熹《论语集注》："极言其效之甚远而至大也。"

6　闼：意为门，音 tà。

7　在邦无怨，在家无怨：出自《论语·颜渊》："己所不欲，勿施于人，在邦无怨，在家无怨。"

8　不怨天，不尤人：出自《论语·宪问》："不怨天，不尤人，下学而上达。"

9　巧力圣智：出自《孟子·万章下》："伯夷，圣之清者也。伊尹，圣之任者也。柳下惠，圣之和者也。孔子，圣之时者也。孔子之谓集大成……智，譬则巧也。圣，譬则力也。"

10　三子：指伯夷、伊尹和柳下惠。

马不能远，各有所长，便是才力分限有不同处。孔子则三者皆长。然孔子之和，只到得柳下惠而极；清，只到得伯夷而极；任，只到得伊尹而极。何曾加得些子？若谓三子力有余而巧不足，则其力反过孔子了。巧、力只是发明圣、知之义，若识得圣、知本体是何物，便自了然。"

【50.24】先生曰："'先天而天弗违'，天即良知也；'后天而奉天时'[1]，良知即天也。"

【50.25】"良知只是个是非之心，是非只是个好恶。只好恶就尽了是非，只是非就尽了万事万变。"

又曰："是非两字是个大规矩，巧处则存乎其人。"

【50.26】"圣人之知如青天之日，贤人如浮云天日，愚人如阴霾天日。虽有昏明不同，其能辨黑白则一。虽昏黑夜里，亦影影见得黑白，就是日之余光未尽处。困学功夫，亦只从这点明处精察去耳。"

【50.27】问："知譬日，欲譬云，云虽能蔽日，亦是天之一气合有的，欲亦莫非人心合有否？"

先生曰："喜、怒、哀、惧、爱、恶、欲，谓之'七情'。七者俱是人心合有的，但要认得良知明白。比如日光，亦不可指着方所，一隙通明，皆是日光所在，虽云雾四塞，太虚中色象可辨，亦是日光不灭处。不可以云能蔽日，教天不要生云。七情顺其自然之流行，皆是良知之用，不可分别善恶，但不可有所着。七情有着，俱谓之欲，俱为良知之蔽。然才有着时，良知亦自会觉，觉即蔽去，复其体矣！此处能勘得破，方是简易透彻功夫。"

【50.28】问："圣人'生知安行'是自然的，如何？有甚功夫？"

先生曰："'知行'二字即是功夫，但有浅深难易之殊耳。良知原是精精明明的，如欲孝亲，'生知安行'的只是依此良知实落尽孝而已；'学知利行'者只是时时省觉，务要依此良知尽孝而已；至于'困知勉行'者，蔽锢已深，虽要依此良知去孝，又为私欲所阻，是以不能，必须加人一己百、人十己千之功，方能依此良知以尽其孝。圣人虽是'生知而行'，然其心不敢自是，肯做'困知勉行'的功夫。'困知勉行'的却要思量做'生知安行'的事，怎生成得？"

【50.29】问："乐是心之本体，不知遇大故于哀哭时，此乐还

1　先天而天弗违，后天而奉天时：圣人有天地万物一体之仁，圣人先于天而动，天不违于圣人；天先于圣人而动，圣人从天而动，不违于天。出自《易经·乾·文言》："夫大人者，与天地合其德，与日月合其明，与四时合其序，与鬼神合其吉凶。先天而天弗违，后天而奉天时。天且弗违，而况于人乎？况于鬼神乎？"

在否？"

先生曰："须是大哭一番方乐，不哭便不乐矣。虽哭，此心安处，即是乐也，本体未尝有动。"

【50.30】问："良知一而已。文王作象，周公系爻，孔子赞《易》[1]，何以各自看理不同？"

先生曰："圣人何能拘得死格？大要出于良知同，便各为说何害？且如一园竹，只要同此枝节，便是大同。若拘定枝枝节节，都要高下大小一样，便非造化妙手矣。汝辈只要去培养良知，良知同更不妨有异处。汝辈若不肯用功，连笋也不曾抽得，何处去论枝节？"

【50.31】乡人有父子讼狱，请诉于先生。侍者欲阻之，先生听之，言不终辞，其父子相抱恸哭而去。

柴鸣治入问曰："先生何言，致伊感悔之速？"

先生曰："我言舜是世间大不孝的子，瞽瞍是世间大慈的父。"

鸣治愕然请问。

先生曰："舜常自以为大不孝，所以能孝。瞽瞍常自以为大慈，所以不能慈。瞽瞍只记得舜是我提孩长的，今何不曾豫悦我？不知自心已为后妻所移了，尚谓自家能慈，所以愈不能慈。舜只思父提孩我时如何爱我，今日不爱，只是我不能尽孝，日思所以不能尽孝处，所以愈能孝。及至瞽瞍底豫时，又不过复得此心原慈的本体。所以后世称舜是个古今大孝的子，瞽瞍亦做成个慈父。"

【50.32】先生曰："孔子有鄙夫来问，未尝先有知识以应之，其心只空空而已。但叩他自知的是非两端，与之一剖决，鄙夫之心便已了然。鄙夫自知的是非，便是他本来天则，虽圣人聪明，如何可与增减得一毫？他只不能自信，夫子与之一剖决，便已竭尽无余了。若夫子与鄙夫言时，留得些子知识在，便是不能竭他的良知，道体即有二了。"

【50.33】先生曰："'烝烝乂[2]，不格奸'，本注说象已进进于乂，不至大为奸恶。舜征庸后，象犹日以杀舜为事，何大奸恶如之。舜只是自进于乂，以乂薰蒸，不去正他奸恶。凡文过掩慝，此是恶人常态，若要指摘他是非，反去激他恶性。舜初时致得象要杀己，亦是要象好的心太急，此就是舜之过处。经过来，乃知功夫只在自己，

1　文王作象，周公系爻，孔子赞《易》：文王作解释卦义的文辞，周公作了爻辞，孔子晚年韦编三绝，为《易经》做《十翼》（即十篇关于周易的注释）。象，音 tuàn。

2　烝烝乂：烝，音 zhēng；乂，音 yì。出自《尚书·尧典》。

不去责人，所以致得克谐，此是舜动心忍性，增益不能处。古人言语，俱是自家经历过来，所以说得亲切，遗之后世，曲当人情。若非自家经过，如何得他许多苦心处？"

【50.34】先生曰："古乐不作久矣。今之戏子，尚与古乐意思相近。"

未达，请问。

先生曰："《韶》之九成，便是舜的一本戏子。《武》之九变，便是武王的一本戏子。圣人一生实事，俱播在乐中。所以有德者闻之，便知他尽善尽美与尽美未尽善处。若后世作乐，只是做些词调，于民俗风化绝无关涉，何以化民善俗？今要民俗反朴还淳，取今之戏子，将妖淫词调俱去了，只取忠臣孝子故事，使愚俗百姓人人易晓，无意中感激他良知起来，却于风化有益。然后古乐渐次可复矣。"

【50.35】先生曰："学问也要点化，但不如自家解化者，自一了百当。不然，亦点化许多不得。"

【50.36】"孔子气魄极大，凡帝王事业，无不一一理会，也只从那心上来。譬如大树有多少枝叶，也只是根本上用得培养功夫，故自然能如此，非是从枝叶上用功做得根本也。学者学孔子，不在心上用功，汲汲然去学那气魄，却倒做了。"

【50.37】"人有过，多于过上用功，就是补甑[1]，其流必归于文过[2]。"

【50.38】"今人于吃饭时，虽无一事在前，其心常役役不宁。只缘此心忙惯了，所以收摄不住。"

【50.39】"琴瑟、简编，学者不可无，盖有业以居之，心就不放。"

【50.40】先生叹曰："世间知学的人，只有这些病痛打不破，就不是'善与人同'[3]。"

崇一曰："这病痛只是个'好高不能忘己'尔。"

【50.41】问："良知原是中和的，如何却有过、不及？"

先生曰："知得过、不及处，就是中和。"

【50.42】"'所恶于上'是良知，'毋以使下'即是致知[4]。"

1　补甑：修补蒸饭的瓦器，甑，音 zèng 。

2　其流必归于文过：其流弊最终就是文过饰非。

3　善与人同：善与人通，行善的标准与人相通。出自《孟子·公孙丑上》："善与人同，舍己从人，乐取于人以为善。"

4　"所恶、毋以"句：出自《大学》："所恶于上毋以使下；所恶于下毋以事上。"可参看附录 54.《大学》【54.9】条。

【50.43】先生曰："苏秦、张仪[1]之智，也是圣人之资。后世事业文章，许多豪杰名家，只是学得仪、秦故智。仪、秦学术，善揣摩人情，无一些不中人肯綮，故其说不能穷。仪、秦亦是窥见得良知妙用处，但用之于不善尔。"

【50.44】或问"未发、已发"。

先生曰："只缘后儒将'未发''已发'分说了，只得劈头说个'无未发已发'，使人自思得之。若说有个'已发''未发'，听者依旧落在后儒见解。若真见得'无未发已发'，说个有'未发''已发'原不妨，原有个'未发''已发'在。"

问曰："未发未尝不'和'，已发未尝不'中'。譬如钟声，未扣不可谓无，既扣不可谓有，毕竟有个扣与不扣，何如？"

先生曰："未扣时原是惊天动地，既扣时也只是寂天寞地。"

【50.45】问："古人论'性'，各有异同，何者乃为定论？"

先生曰："性无定体，论亦无定体，有自本体上说者，有自发用上说者，有自源头上说者，有自流弊处说者，总而言知，只是一个'性'，但所见有浅深尔。若执定一边，便不是了。'性'之本体原是无善无恶的；发用上也原是可以为善，可以为不善的；其流弊也原是一定善、一定恶的。譬如眼有喜时的眼，有怒时的眼，直视就是看的眼，微视就是觑的眼。总而言之，只是这个眼，若见得怒时眼，就说未尝有喜的眼；见得看时眼，就说未尝有觑的眼，皆是执定，就知是错。孟子说'性'，直从源头上说来，亦是说个大概如此。荀子性恶之说，是从流弊上说来，也未可尽说他不是，只是见得未精耳。众人则失了心之本体。"

问："孟子从源头上说'性'，要人用功在源头上明彻；荀子从流弊说'性'，功夫只在末流上救正，便费力了。"

先生曰："然。"

【50.46】先生曰："用功到精处，愈着不得言语，说理愈难。若着意在精微上，全体功夫反蔽泥了。"

【50.47】"人一日间，古今世界都经过一番，只是人不见耳。夜气清明时，无视无听，无思无作，淡然平怀，就是羲皇世界。平旦时，神清气朗，雍雍穆穆，就是尧、舜世界。日中以前，礼仪交会，气象秩然，就是三代世界。日中以后，神气渐昏，往来杂扰，就是春秋、

1 　苏秦、张仪：苏秦，字季子，东周洛阳人，主张六国合纵抗秦。张仪，魏国大梁人，曾随鬼谷子学习纵横之术，以连横之策，破苏秦合纵之谋。

战国世界。渐渐昏夜，万物寝息，景象寂寥，就是人消物尽世界。学者信得良知过，不为气所乱，便常做个羲皇已上人。"

【50.48】薛尚谦、邹谦之、马子莘、王汝止[1]侍坐。因叹先生自征宁藩以来，天下谤议益众，请各言其故。有言先生功业势位日隆，天下忌之者日众；有言先生之学日明，故为宋儒争是非者亦日博；有言先生自南都以后，同志信从者日众，而四方排阻者日益力。

先生曰："诸君之言，信皆有之，但吾一段自知处，诸君俱未道及耳。"

诸友请问。

先生曰："我在南都以前，尚有些子乡愿的意思在。我今信得这良知真是真非，信手行去，更不着些覆藏。我今才做得个狂者的胸次，使天下之人都说我行不掩言也罢。"

尚谦出曰："信得此过，方是圣人的真血脉。"

【50.49】先生锻炼人处，一言之下，感人最深。

一日，王汝止出游归，先生问曰："游何见？"

对曰："见满街人都是圣人。"

先生曰："你看满街人是圣人，满街人到看你是圣人在。"

又一日，董萝石[2]出游而归，见先生曰："今日见一异事。"

先生曰："何异？"

对曰："见满街人都是圣人。"

先生曰："此亦常事耳，何足为异？"

盖汝止圭角[3]未融，萝石恍见有悟，故问同答异，皆反其言而进之。

【50.50】洪与黄正之、张叔谦、汝中丙戌会试归，为先生道途中讲学，有信有不信。

先生曰："你们拿一个圣人去与人讲学，人见圣人来，都怕走了，如何讲得行。须做得个愚夫愚妇，方可与人讲学。"

洪又言："今日要见人品高下最易。"

先生曰："何以见之？"

对曰："先生譬如泰山在前，有不知仰者，须是无目人。"

1　王汝止：王艮，初名银，阳明先生替他改名为艮，字汝止，号心斋，泰州安丰场(今江苏东台)人，泰州学派创始人。黄宗羲《明儒学案·卷三十二·泰州学案一》载："阳明卒于师，先生迎丧至桐庐，经纪其家而后返。开门授徒，远近皆至。同门会讲者，必请先生主席。阳明而下，以辩才推龙溪，然有信有不信，惟先生于眉睫之间，省觉人最多。谓'百姓日用即道'，虽僮仆往来动作处，指其不假安排者以示之，闻者爽然。御史吴疏山悌上疏荐举，不报。嘉靖十九年十二月八日卒，年五十八。"

2　董萝石：董澐，字复宗，号萝石，晚号从吾道人，浙江省海盐人。

3　圭角：圭的锋芒有棱角，比喻人的言行锋芒毕露。

先生曰："泰山不如平地大，平地有何可见？"

先生一言，剪裁剖破终年为外好高之病，在座者莫不悚惧。

【50.51】癸未春，邹谦之来越问学，居数日，先生送别于浮峰。是夕与希渊诸友移舟宿延寿寺，秉烛夜坐，先生慨怅不已，曰："江涛烟柳，故人倏在百里外矣！"

一友问曰："先生何念谦之之深也？"

先生曰："曾子所谓'以能问于不能，以多问于寡；有若无，实若虚；犯而不校'，若谦之者良近之矣。"

【50.52】丁亥年九月，先生起复[1]，征思、田[2]。将命行时，德洪与汝中论学。

汝中举先生教言，曰："无善无恶是心之体，有善有恶是意之动，知善知恶是良知，为善去恶是格物。"

德洪曰："此意如何？"

汝中曰："此恐未是究竟话头。若说心体是无善无恶，意亦是无善无恶的意，知亦是无善无恶的知，物是无善无恶的物矣。若说意有善恶，毕竟心体还有善恶在。"

德洪曰："心体是天命之性，原是无善无恶的。但人有习心，意念上见有善恶在。格、致、诚、正、修，正是复那性体功夫。若原无善恶，功夫亦不消说矣。"

是夕侍坐天泉桥，各举请正。

先生曰："我今将行，正要你们来讲破此意。二君之见正好相资为用，不可各执一边。我这里接人原有此二种：利根之人，直从本源上悟入。人心本体原是明莹无滞的，原是个'未发之中[3]'，利根之人一悟本体，即是功夫，人己内外，一齐俱透了。其次，不免有习心在，本体受蔽，故且教在意念上实落为善去恶，功夫熟后，渣滓去得尽时，本体亦明尽了。汝中之见，是我这里接利根人的；德洪之见，是我这里为其次立法的。二君相取为用，则中人上下皆可引入于道。若各执一边，眼前便有失人，便于道体各有未尽。"

既而曰："已后与朋友讲学，切不可失了我的宗旨：无善无恶是心之体，有善有恶是意之动，知善知恶的是良知，为善去恶是格物。只依我这话头随人指点，自没病痛。此原是彻上彻下功夫。利根之人，

---

1 起复：重新任职。丁亥年（1527）阳明先生56岁，兼都察院左都御史，总督两广、江西、湖广军务。

2 思、田：地名，可参看本书1.《阳明先生年谱》"1527年"条注释。

3 未发之中：可参看【27.5】条"未发之中"注释。

世亦难遇，本体功夫，一悟尽透。此颜子、明道[1]所不敢承当，岂可轻易望人！人有习心，不教他在良知上实用为善去恶功夫，只去悬空想个本体，一切事为俱不着实，不过养成一个虚寂。此个病痛不是小小，不可不早说破。"

是日德洪、汝中俱有省。

1　颜子、明道：指颜渊、程颢。

51. 黄以方[1] 录

【51.1】黄以方问:"'博学于文',为随事学存此天理;然则谓'行有余力,则以学文'[2],其说似不相合。"

先生曰:"《诗》《书》六艺皆是天理之发见,文字都包在其中。考之《诗》《书》六艺,皆所以学存此天理也。不特发见于事为者方为文耳。'余力学文',亦只'博学于文'中事。"

【51.2】或问"学而不思"二句[3]。

曰:"此亦有为而言。其实'思'即'学'也,学有所疑,便须思之。思而不学者,盖有此等人只悬空去思,要想出一个道理,却不在身心上实用其力,以学存此天理。'思'与'学'作两事做,故有'罔'与'殆'之病。其实思只是思其所学,原非两事也。"

【51.3】先生曰:"先儒解'格物'为'格天下之物',天下之物如何格得?且谓'一草一木亦皆有理',今如何去格?纵格得草木来,如何反来诚得自家意?我解'格'作'正'字义,'物'作'事'字义。《大学》之所谓'身',即耳、目、口、鼻、四肢是也。欲'修身',便是要目非礼勿视,耳非礼勿听,口非礼勿言,四肢非礼勿动。要修这个身,身上如何用得功夫?心者,身之主宰,目虽视,而所视者心也;耳虽听,而所以听者心也;口与四肢虽言、动,而所以言、动者心也。故欲'修身'在于体当自家心体,常令廓然大公,无有些子不正处。主宰一正,则发窍于目,自无非礼之视;发窍于耳,自无非礼之听;发窍于口与四肢,自无非礼之言、动。

---

1 黄以方:即黄直,可参看 47.《黄直录》注释。

2 行有余力,则以学文:出自《论语·学而》:"弟子入则孝,出则弟,谨而信,泛爱众,而亲仁。行有余力,则以学文。"

3 "学而不思"二句:出自《论语·为政》:"学而不思则罔,思而不学则殆。"

此便是'修身在正其心'。

然'至善'者，心之本体也，心之本体那有不善？如今要正心，本体上何处用得功？必就心之发动处才可着力也。心之发动不能无不善，故须就此处着力，便是在'诚意'。如一念发在好善上，便实实落落去好善；一念发在恶恶上，便实实落落去恶恶。意之所发，既无不诚，则其本体如何有不正的？故欲正其心在'诚意'。功夫到'诚意'，始有着落处。

然'诚意'之本，又在于'致知'也。所谓'人虽不知而己所独知'者，此正是吾心良知处。然知得善，却不依这个良知便做去；知得不善，却不依这个良知便不去做，则这个良知便遮蔽了，是不能'致知'也。吾心良知既不得扩充到底，则善虽知好，不能着实好了；恶虽知恶，不能着实恶了，如何得'意诚'？故'致知'者，'意诚'之本也。

然亦不是悬空的'致知'，'致知'在实事上格。如意在于为善，便就这件事上去为；意在于去恶，便就这件事上去不为。去恶，固是'格不正以归于正'；为善，则不善正了，亦是'格不正以归于正'也。如此，则吾心良知无私欲蔽了，得以致其极，而意之所发，好善、去恶，无有不诚矣。'诚意'功夫实下手处在'格物'也。若如此'格物'，人人便做得。'人皆可以为尧、舜'，正在此也。"

【51.4】先生曰："众人只说'格物'要依晦翁，何曾把他的说去用？我着实曾用来。初年与钱友同论做圣贤，要格天下之物。如今安得这等大的力量？因指亭前竹子，令去格看。钱子早夜去穷格竹子的道理，竭其心思，至于三日，便致劳神成疾。当初说他这是精力不足，某因自去穷格。早夜不得其理，到七日，亦以劳思致疾。遂相与叹圣贤是做不得的，无他大力量去'格物'了。及在夷中三年，颇见得此意思，乃知天下之物本无可格者，其'格物'之功，只在身心上做。决然以圣人为人人可到，便自有担当了。这里意思，却要说与诸公知道。"

【51.5】门人有言邵端峰[1]论童子不能'格物'，只教以洒扫应对之说。

先生曰："洒扫应对就是一件物，童子良知只到此，便教去洒扫应对，就是致他这一点良知了。又如童子知畏先生长者，此亦是他良知处，故虽嬉戏中见了先生长者，便去作揖恭敬，是他能'格物'以致敬师长之良知了。童子自有童子的'格物致知'。"

又曰："我这里言'格物'，自童子以至圣人，皆是此等功夫。

1　邵端峰：邵锐，字思抑，号端峰，别号半溪，今杭州市人。明正德三年进士。

但圣人'格物'，便更熟得些子，不消费力。如此'格物'，虽卖柴人亦是做得，虽公卿大夫以至天子，皆是如此做。"

【51.6】或疑知行不合一，以"知之匪艰"[1]二句为问。

先生曰："良知自知，原是容易的。只是不能致那良知，便是'知之匪艰，行之惟艰'。"

门人问曰："知行如何得合一？且如《中庸》，言'博学之'，又说个'笃行之'，分明知行是两件。"

先生曰："'博学'只是事事学存此天理，'笃行'只是学之不已之意。"

又问："《易》'学以聚之'，又言'仁以行之'[2]，此是如何？"

先生曰："也是如此。事事去学存此天理，则此心更无放失时，故曰'学以聚之'。然常常学存此天理，更无私欲间断，此即是此心不息处，故曰'仁以行之'。"

又问："孔子言'知及之，仁不能守之'[3]，知行却是两个了？"

先生曰："说'及之'已是行了，但不能常常行，已为私欲间断，便是'仁不能守'。"

【51.7】又问："'心即理'之说，程子云'在物为理'。如何谓'心即理'？"

先生曰："在物为理，'在'字上当添一'心'字，此心在物则为理。如此心在事父则为孝，在事君则为忠之类。"

先生因谓之曰："诸君要识得我立言宗旨。我如今说个'心即理'是如何？只为世人分心与理为二故，便有许多病痛。如五伯攘夷狄、尊周室，都是一个私心，便不当理。人却说他做得当理，只心有未纯，往往悦慕其所为。要来外面做得好看，却与心全不相干。分心与理为二，其流至于伯道之伪而不自知。故我说个'心即理'，要使知心、理是一个，便来心上做功夫，不去袭义于外，便是王道之真。此我立言宗旨。"

【51.8】又问："圣贤言语许多，如何却要打做一个？"

曰："我不是要打做一个，如曰'夫道，一而已矣'[4]。"

1　知之匪艰：知道道理并不难。"匪"同"非"。出自《尚书·说命中》："知之匪艰，行之惟艰。"

2　学以聚之，仁以行之：以学的方式来积累，以仁的原则来行持。出自《周易·乾卦·文言》："君子学以聚之，问以辨之，宽以居之，仁以行之。"

3　知及之，仁不能守之：凭借聪明才智得到它，但没有仁德保持它。出自《论语·卫灵公》："子曰：'知及之，仁不能守之；虽得之，必失之。'"

4　夫道，一而已矣：出自《孟子·滕文公上》："孟子曰：'世子疑吾言乎？夫道，一而已矣。'"

又曰："'其为物不二，则其生物不测'[1]，天地圣人皆是一个，如何二得？"

【51.9】"心不是一块血肉，凡知觉处便是心，如耳目之知视听，手足之知痛痒，此知觉便是心也。"

【51.10】以方问曰："先生之说'格物'，凡《中庸》之'慎独'及'集义'[2]'博约'等说，皆为'格物'之事？"

先生曰："非也。'格物'即'慎独'，即'戒惧'。至于'集义''博约'功夫只一般，不是以那数件都做'格物'底事。"

【51.11】以方问"尊德性"[3]一条。

先生曰："'道问学'即所以'尊德性'也。晦翁言'子静'[4]以'尊德性'诲人，某教人岂不是'道问学'处多了些子，是分'尊德性''道问学'作两件。且如今讲习讨论，下许多功夫，无非只是存此心，不失其德性而已。岂有'尊德性'，只空空去尊，更不去问学？'问学'只是空空去'问学'，更与德性无关涉？如此，则不知今之所以讲习讨论者，更学何事！"

【51.12】问"致广大"[5]二句。

曰："'尽精微'即所以'致广大'也，'道中庸'即所以'极高明'也。盖心之本体自是广大底，人不能'尽精微'，则便为私欲所蔽，有不胜其小者矣。故能细微曲折无所不尽，则私意不足以蔽之，自无许多障碍遮隔处，如何广大不致？"

又问："精微还是念虑之精微，是事理之精微？"

曰："念虑之精微即事理之精微也。"

【51.13】先生曰："今之论'性'者纷纷异同，皆是'说'性，非'见'性也。见性者无异同之可言矣。"

【51.14】问："声、色、货、利，恐良知亦不能无？"

先生曰："固然。但初学用功，却须扫除荡涤，勿使留积，则适然来遇，始不为累，自然顺而应之。良知只在声、色、货、利上用功，能致得良知精精明明，毫发无蔽，则声、色、货、利之交，无非天则流行矣。"

1　其为物不二，则其生物不测：可参看【27.1】条注释。

2　集义：可参看【12.4】条注释。

3　尊德性：可参看【12.4】条"尊德性而道问学"注释。

4　子静：陆九渊，字子静。可参看 22.《象山文集序》"象山"注释。

5　致广大：出自《中庸》："故君子尊德性而道问学，致广大而尽精微，极高明而道中庸。"可参看附录 55.《中庸》【55.32】条。

【51.15】先生曰："吾与诸公讲'致知''格物'，日日是此，讲一二十年俱是如此。诸君听吾言，实去用功，见吾讲一番，自觉长进一番。否则，只作一场话说，虽听之亦何用？"

【51.16】先生曰："人之本体常常是'寂然不动'的，常常是'感而遂通'的。'未应不是先，已应不是后'[1]。"

【51.17】一友举"佛家以手指显出，问曰：'众曾见否？'众曰：'见之。'复以手指入袖，问曰：'众还见否？'众曰：'不见。'佛说还未见性。"此义未明。

先生曰："手指有见有不见，尔之见性常在。人之心神只在有睹有闻上驰骛，不在不睹不闻上着实用功。盖不睹不闻是良知本体。戒慎恐惧是致良知的功夫。学者时时刻刻常睹其所不睹，常闻其所不闻，功夫方有个实落处。久久成熟后，则不须着力，不待防检，而真性自不息矣。岂以在外者之闻见为累哉！"

【51.18】问："先儒谓'鸢飞鱼跃'，与'必有事焉'，同一活泼泼地？"[2]

先生曰："亦是。天地间活泼泼地，无非此理，便是吾良知的流行不息。'致良知'便是'必有事'的功夫。此理非惟不可离，实亦不得而离也。无往而非道，无往而非功夫。"

【51.19】先生曰："诸公在此，务要立个必为圣人之心，时时刻刻，须是'一棒一条痕，一掴一掌血'，方能听吾说话句句得力。若茫茫荡荡度日，譬如一块死肉，打也不知得痛痒，恐终不济事。回家只寻得旧时伎俩而已，岂不惜哉！"

【51.20】问："近来妄念也觉少，亦觉不曾着想定要如何用功，不知此是功夫否？"

先生曰："汝且去着实用功，便多这些着想也不妨，久久自会妥帖。若才下得些功，便说效验，何足为恃？"

【51.21】一友自叹："私意萌时，分明自心知得，只是不能使他即去。"

先生曰："你萌时这一知处，便是你的命根。当下即去消磨，便是立命功夫。"

1　未应不是先，已应不是后：可参看【44.7】条"冲漠无朕"句注释。

2　"先儒"句：出自《二程遗书·卷三·二先生语三》："'鸢飞戾天，鱼跃于渊'，言其上下察也。此一段子思吃紧为人处。与'必有事焉，而勿正心'之意同一活泼泼地。""鸢飞戾天，鱼跃于渊"出自《诗经·大雅·旱麓》，朱熹在《中庸章句集注》中说："子思引此诗以明化育流行，上下昭著，莫非此理之用。""必有事焉，而勿正心"出自《孟子·公孙丑上》："必有事焉而勿正，勿忘勿助。"

【51.22】"夫子说'性相近',即孟子说'性善',不可专在气质上说。若说气质,如刚与柔对,如何相近得?惟'性善'则同耳。人生初时,善原是同的,但刚的习于善则为刚善,习于恶则为刚恶;柔的习于善则为柔善,习于恶则为柔恶[1],便日相远了。"

【51.23】先生尝语学者曰:"心体上着不得一念留滞,就如眼着不得些子尘沙。些子能得几多?满眼便昏天黑地了。"

又曰:"这一念不但是私念,便好的念头,亦着不得些子。如眼中放些金玉屑,眼亦开不得了。"

【51.24】问:"人心与物同体。如吾身原是血气流通的,所以谓之同体。若于人便异体了,禽兽草木益远矣,而何谓之同体?"

先生曰:"你只在感应之几上看,岂但禽兽草木,虽天地也与我同体的,鬼神也与我同体的。"

请问。

先生曰:"你看这个天地中间,什么是天地的心?"

对曰:"尝闻人是天地的心。"

曰:"人又什么教做心?"

对曰:"只是一个灵明。"

"可知充天塞地中间,只有这个灵明,人只为形体自间隔了。我的灵明,便是天地鬼神的主宰。天没有我的灵明,谁去仰他高?地没有我的灵明,谁去俯他深?鬼神没有我的灵明,谁去辨他吉凶灾祥?天地鬼神万物离却我的灵明,便没有天地鬼神万物了。我的灵明离却天地鬼神万物,亦没有我的灵明。如此,便是一气流通的,如何与他间隔得!"

又问:"天地鬼神万物,千古见在,何没了我的灵明,便俱无了?"

曰:"今看死的人,他这些精灵游散了,他的天地万物尚在何处?"

【51.25】先生起行征思、田,德洪与汝中追送严滩。汝中举佛家"实相""幻相"之说。

先生曰:"有心俱是实,无心俱是幻;无心俱是实,有心俱是幻。"

汝中曰:"有心俱是实,无心俱是幻,是本体上说功夫。无心俱是实,有心俱是幻,是功夫上说本体。"

先生然其言。

洪于是时尚未了达,数年用功,始信本体功夫合一。但先生是时因问偶谈,若吾儒指点人处,不必借此立言耳!

1　刚善、刚恶,柔善、柔恶:系周敦颐在《通书》中对善恶的分类方法。

【51.26】尝见先生送二三耆宿出门，退坐于中轩，若有忧色。德洪趋进请问。

先生曰："顷与诸老论及此学，真圆凿方枘¹。此道坦如道路，世儒往往自加荒塞，终身陷荆棘之场而不悔，吾不知其何说也！"

德洪退，谓朋友曰："先生诲人，不择衰朽，仁人悯物之心也。"

【51.27】先生曰："人生大病，只是一'傲'字。为子而傲必不孝，为臣而傲必不忠，为父而傲必不慈，为友而傲必不信。故象与丹朱俱不肖，亦只一'傲'字，便结果了此生。诸君常要体此。人心本是天然之理，精精明明，无纤介染着，只是一无我而已，胸中切不可'有'，'有'即傲也。古先圣人许多好处，也只是无我而已，无我自能谦。谦者众善之基，傲者众恶之魁。"

【51.28】又曰："此道至简至易的，亦至精至微的。孔子曰：'其如示诸掌乎！'且人于掌，何日不见？及至问他掌中多少文理，却便不知。即如我'良知'二字，一讲便明，谁不知得？若欲的见良知，却谁能见得？"

问曰："此知恐是无方体的，最难捉摸。"

先生曰："良知即是'易'，'其为道也屡迁，变动不居，周流六虚，上下无常，刚柔相易，不可为典要，惟变所适'²。此知如何捉摸得？见得透时便是圣人。"

【51.29】问："孔子曰：'回也非助我者也³。'是圣人果以相助望门弟子否？"

先生曰："亦是实话。此道本无穷尽，问难愈多，则精微愈显。圣人之言，本自周遍，但有问难的人胸中窒碍，圣人被他一难，发挥得越加精神，若颜子闻一知十，胸中了然，如何得问难？故圣人亦寂然不动，无所发挥，故曰非助。"

【51.30】邹谦之尝与德洪曰："舒国裳曾持一张纸，请先生写'拱把之桐梓⁴'一章。先生悬笔为书，到'至于身，而不知所以养之者'，顾而笑曰：'国裳读书中过状元来，岂诚不知身之所以当养？还须诵此以求警？'一时在侍诸友皆惕然。"

1　圆凿方枘：可参看【32.16】条"枘凿"注释。

2　"其为道也屡迁"句：出自《易经·系辞下》。

3　回也非助我者也：出自《论语·先进》："子曰：'回也非助我者也，于吾言无所不说。'"

4　"拱把之桐梓"：见《孟子·告子上》第十三章："孟子曰：'拱把之桐梓，人苟欲生之，皆知所以养之者。至于身，而不知所以养之者，岂爱身不若桐梓哉？弗思甚也。'"

52. 语录拾遗

【52.1】薛尚谦、邹谦之、马子莘、王汝止侍坐，请问乡愿、狂者之辨。

曰："乡愿以忠信廉洁见取于君子，以同流合污无忤于小人，故非之无举，刺之无刺。然究其心，乃知忠信廉洁所以媚君子也，同流合污所以媚小人也。其心已破坏矣，故不可与入尧舜之道。狂者志存古人，一切纷嚣俗染不足以累其心，真有凤凰于千仞之意，一克念，即圣人矣。惟不克念，故洞略事情，而行常不掩。惟行不掩，故心尚未坏，而庶可与裁。"

曰："乡愿何以断其媚也？"

曰："自其讥狂狷知之。曰：'何为踽踽凉凉？生斯世也，为斯世也，善斯可矣。'[1] 故其所为，皆色取不疑[2]，所以谓之'似'。然三代以下，士之取盛名于时者，不过得乡愿之'似'而已。究其忠信廉洁，或未免致疑于妻子也。虽欲纯乎乡愿，亦未易得，而况圣人之道乎！"

曰："狂狷为孔子所思，然至乎传道，不及琴张辈，而传习曾子，岂曾子乃狂狷乎？"

曰："不然。琴张辈，狂者之禀也。虽有所得，终止于狂。曾子，中行之禀也，故能悟入圣人之道。"

1　"何为踽踽凉凉"句：杨伯峻先生在《论语译注》一书解释为：乡愿之人批评狂狷之人"为什么这样落落寡欢呢？（又说）生在这个世界上，为这个世界做事，只要过得去便行了"。《孟子·尽心下》："曰：'何以是嘐嘐也？言不顾行，行不顾言，则曰，古之人，古之人。行何为踽踽凉凉？生斯世也，为斯世也，善斯可矣。'阉然媚于世也者，是乡原也。"

2　色取不疑：外表主张仁德，实际行动却背道而驰。以仁者自居却不感到惭愧。出自《论语·颜渊》："色取仁而行违，居之不疑。"

【52.2】先生自南都以来，凡示学者，皆令存天理、去人欲以为本。有问所谓，则令自求之，未尝指天理为何如也。

黄冈郭善甫挈其徒良吉，走越受学，途中相与辩论未合。既至，质之先生。

先生方寓楼馆[1]，不答所问，第目摄良吉者再。指所馆盂，语曰："此盂中下乃能盛此馆，此案下乃能载此盂，此楼下乃能载此案，地又下乃能载此楼。惟下乃大也。"

【52.3】一日，市中哄而诟。

甲曰："尔无天理。"

乙曰："尔无天理。"

甲曰："尔欺心。"

乙曰："尔欺心。"

先生闻之，呼弟子，曰："听之，夫夫啍啍[2]讲学也。"

弟子曰："诟也，焉学？"

曰："汝不闻乎？曰'天理'，曰'心'，非讲学而何？"

曰："既学矣，焉诟？"

曰："夫夫也，惟知责诸人，不知反诸己故也。"

【52.4】先生尝曰："吾'良知'二字，自龙场以后，便已不出此意。只是点此二字不出，于学者言，费却多少辞说。今幸见出此意。一语之下，洞见全体，真是痛快，不觉手舞足蹈。学者闻之，亦省却多少寻讨功夫。学问头脑，至此已是说得十分下落。但恐学者不肯直下承当耳。"

又曰："某于'良知'之说，从百死千难中得来，非是容易见得到此。此本是学者究竟话头，可惜此理沦埋已久。学者苦于闻见障蔽，无入头处，不得已与人一口说尽。但恐学者得之容易，只把作一种光景玩弄，孤负此知耳。"

【52.5】语友人曰："近欲发挥此，只觉有一言发不出。津津然含诸口，莫能相度。"

久乃曰："近觉得此学更无有他，只是这些子，了此更无余矣。"旁有健羡不已者，则又曰："连这些子亦无放处。今经变后[3]，始有良知之说。"

1　馆：音 zhān ，稠粥、喝粥。

2　啍啍：喋喋不休，话多貌。啍，音 zhūn 。

3　今经变后：据钱德洪的《阳明文录序》云："良知之说，发于正德辛巳年。盖先生再罹宸濠之变、张许之难，而于学又一番证透。"

【52.6】一友侍，眉间有忧思。

先生顾谓他友曰："良知固彻天彻地，近彻一身。人一身不爽，不须许大事，第头上一发下垂，浑身即是为不快，此中那容得一物耶？"

【52.7】先生初登第时，上《边务八事》，世艳称之。晚年有以为问者。

先生曰："此吾少时事，有许多抗厉气。此气不除，欲以身任天下，其何能济？"

或又问平宁藩[1]。

先生曰："只合如此做，但觉来尚有挥霍意。使今日处之，更别也。"

【52.8】"千古圣人只有这些子。"又曰："人生一世，惟有这件事。"

【52.9】先生曰："良知犹主人翁，私欲犹豪奴悍婢。主人翁沉疴在床，奴婢便敢擅作威福，家不可以言齐矣。若主人翁服药治病，渐渐痊可，略知检束，奴婢亦自渐听指挥。及沉疴脱体，起来摆布，谁敢有不受约束者哉？良知昏迷，众欲乱行；良知精明，众欲消化，亦犹是也。"

【52.10】先生曰："舜不遇瞽瞍，则处瞽瞍之物无由格；不遇象，则处象之物无由格；周公不遇流言忧惧，则流言忧惧之物无由格。故凡'动心忍性，增益其所不能'[2]者，正吾圣门致知格物之学，正不宜轻易放过，失此好光阴也。知此则夷狄患难，将无入不自得矣。"

【52.11】问："据人心所知，多有误欲作理，认贼作子处。何处乃见良知？"

先生曰："尔以为何如？"

曰："心所安处，才是良知。"

曰："固是，但要省察，恐有非所安而安者。"

【52.12】直问："许鲁斋言学者以治生为首务，先生以为误人[3]，何也？岂士之贫，可坐守不经营耶？"

先生曰："但言学者治生上，仅有工夫则可。若以治生为首务，使学者汲汲营利，断不可也。且天下首务，孰有急于讲学耶？虽治生亦是讲学中事，但不可以之为首务，徒启营利之心。果能于此处

1　平宁藩：可参看年谱"1492 年 21 岁"条"宸濠之变"注释。

2　"动心忍性"句：出自《孟子·告子下》："孟子曰：'天将降大任于斯人也，必先苦其心志，劳其筋骨，饿其体肤，空乏其身，行拂乱其所为，所以动心忍性，增益其所不能。'"

3　先生以为误人：可参看【44.42】条"治生为先"注释。

调停得心体无累，虽终日做买卖，不害其为圣为贤，何妨于学？学何贰于治生？"

【52.13】先生曰："凡看书，培养自家心体。他说得不好处，我这里用得着，俱是益。只是此志真切。有昔郢人夜写书与燕国，误写'举烛'二字。燕人误解，烛者明也，是教我举贤明其理也，其国大治。故此志真切，因错致真，无非得益。今学者看书，只要归到自己身心上用。"

【52.14】从目所视，妍丑自别，不作一念，谓之明；从耳所听，清浊自别，不作一念，谓之聪；从心所思，是非自别，不作一念，谓之睿。

【52.15】尝闻先生曰："吾居龙场时，夷人言语不通，所可与言者中土亡命之流。与论知行之说，更无抵牾。久之，并夷人亦欣欣相向。及出与士夫言，反多纷纷同异，抵牾不入。学问最怕有意见的人，只患闻见不多。良知，闻见益多，覆蔽益重。反不曾读书的人，更容易与他说得。"

【52.16】先生曰："人但一念善，便实实是好；一念恶，便实实是恶，如此才是学。不然，便是作伪。"

尝问门人："圣人说'知之为知之'二句，是何意思？"二友不能答。

先生曰："要晓得圣人之学，只是一诚。"

【52.17】先生曰："朋友相处，常见自家不是，方能点化得人之不是。善者固吾师，不善者亦吾师。且如见人多言，吾便自省亦多言否？见人好高，吾自省亦好高否？此便是相观而善，处处得益。"

【52.18】先生曰："学者读书，只要归在自己身心上。若泥文着句，拘构解释，定要求个执定道理，恐多不通。盖古人之言，惟示人以所向往而已。若于所示之向往，尚有未明，只归在良知上体会方得。"

【52.19】先生曰："气质犹器也，性犹水也。均之水也，有得一缸者，得一桶者，有得一瓮者，局于器也。气质有清浊厚薄强弱之不同，然其为性则一也。能扩而充之，器不能拘矣。"

【52.20】先生曰："'虽小道必有可观。'如虚无、权谋、术数、技能之学，非不可超脱世情。若能于本体上得所悟入，俱可通入精妙。但其意有所着，欲以之治天下国家，便不能通，故君子不用。"

【52.21】门人有欲汲汲立言者。

先生闻之，叹曰："此弊溺人，其来非一日矣。不求自信，而急于人知，正所谓'以己昏昏，使人昭昭'也。耻其名之无闻于世，而不知知道者视之，反自贻笑耳。宋之儒者，其制行磊荦[1]，本足以取信于人，故其言虽未尽，人亦崇信之，非专以空言动人也。但一言之误，至于误人无穷，不可胜救，亦岂非汲汲于立言者之过耶？

【52.22】郡守南大吉以座主称门生，然性豪旷，不拘小节。先生与论学有悟，乃告先生曰："大吉临政多过，先生何无一言？"先生曰："何过？"大吉历数其事。先生曰："吾言之矣。"大吉曰："何？"曰："吾不言，何以知之？"曰："良知。"先生曰："良知非我常言而何？"大吉笑谢而去。

居数日，复自数过加密。且曰："与其过后悔改，曷若预言不犯为佳也？"先生曰："人言不如自悔之真。"大吉笑谢而去。

居数日，复自数过益密。且曰："身过可勉，心过奈何？"先生曰："昔镜未开，可得藏垢。今镜明矣，一尘之落，自难住脚。此正入圣之机也。勉之！"

1　制行磊荦：德行磊落。荦，音 luò。

附 录

53. 平濠反间遗事 钱德洪 著

【53.1】龙光[1]云：是年[2]六月十五日，公于丰城闻宸濠之变[3]。时参谋雷济、萧禹在侍，相与拜天，誓死起兵讨贼。欲趋还吉安，南风正急，舟不能动。又痛哭告天，顷之，得北风。宸濠追兵将及，潜入小渔船，与济等同载，得脱免。舟中计议，恐宸濠径袭南京，遂犯北京，两京仓卒无备。图欲沮挠，使迟留半月，远近闻知，自然有备无患。乃假写两广都御史火牌云："提督两广军务都御史杨为机密军务事：准兵部咨及都察院右副都御史颜咨俱为前事，本院带领狼达官兵四十八万，齐往江西公干。的于五月初三日在广州府起马前进，仰沿途军卫有司等衙门，即便照数预备粮草，伺候官兵到日支应。若临期缺乏误事，定行照依军法斩首"等因[4]。意示朝廷先差颜等勘事，已密于两广各处起调兵马，潜来袭取宸濠，使之恐惧迟疑，观望不敢轻进。使济等密遣乖觉人役，持火牌设法打入省城。宸濠见火牌，果生疑惧。

十八日，回至吉安。又令济等假写南雄、南安、赣州等府报帖，日逐飞报府城，打入省下，一以动摇省城人心，一以鼓励吉安效义之士。

1　龙光：系江西吉水县县臣，为阳明先生平定宸濠之乱立下汗马功劳。

2　是年：该年是明正德十四年（1519 年）。

3　宸濠之变：朱宸濠，明太祖朱元璋五世孙，即朱元璋第十七子宁王朱权的后裔。孝宗弘治十年（1497）袭封于南昌，弘治十二年（1499）袭封宁王。正德二年（1507），宸濠先后贿赂太监刘瑾及佞臣钱宁、伶人臧贤等，恢复已裁撤的护卫，蓄养亡命，随意杀逐幽禁地方文武官员和无罪百姓，强夺官民田产动以万计，并劫掠商贾，窝藏盗贼，密谋起兵。又企图以己子入嗣武宗，以取得皇位。正德十四年（1519）宁王朱宸濠借口武宗荒淫无道，是年六月十四日兴兵，杀巡抚孙燧、江西按察副使许逵，革正德年号。以李士实、刘养正为左、右丞相，以王纶为兵部尚书，集众号称十万，并发檄各地，指斥朝廷。意图谋取天下。

4　等因：旧时公文用语。常用于叙述上级官署的令文结束时。

　　又与济等谋，假写迎接京军文书云："提督军务都御史王为机密军务事，准兵部咨，该本部题奉圣旨：'许泰、郤永分领边军四万，从凤阳等处陆路径扑南昌；刘晖、桂勇分领京边官军四万，从徐州、淮安等处水陆并进，分袭南昌；王守仁领兵二万，杨旦等领兵八万，秦金等领兵六万，各从信地分道并进，刻期夹攻南昌。务要遵照方略，并心协谋，依期速进。毋得彼先此后，致误事机。钦此。'等因。咨到职，除钦遵外，照得本职先因奉敕前往福建公干，行至丰城地方，卒遇宁王之变，见已退住吉安府起兵。今准前因，遵奉敕旨，候两广兵齐，依期前进外，看得兵部咨到缘由，系奉朝廷机密敕旨，皆是掩其不备，先发制人之谋。其时必以宁王之兵尚未举动。今宁王之兵已出，约亦有二三十万，若北来官兵不知的实消息，未免有误事机。以本职计之，若宁王坚守南昌，拥兵不出，京边官军远来，天时、地利，两皆不便，一时恐亦难图。须是按兵徐行，或分兵先守南都，候宁王已离江西，然后或遮其前，或击其后，使之首尾不救，破之必矣。今宁王主谋李士实、刘养正等各有书密寄本职，其贼凌十一、闵廿四亦各密差心腹前来本职递状，皆要反戈立功报效。可见宁王已是众叛亲离之人，其败必不久矣。今闻两广共起兵四十八万，其先锋八万，系遵敕旨之数，今已到赣州地方。湖广起兵二十万，其先锋六万，系遵敕旨之数，今闻已到黄州府地方。本职起兵十万，遵照敕旨，先领兵二万，屯吉安府地方。各府知府等官各起兵快，约亦不下一万之数，共计亦有十一二万人马，尽已够用。但得宁王早离江西，其中必有内变，因而乘机夹攻，为力甚易。为此今用手本备开缘由前去，烦请查照裁处。并将一应进止机宜，计议停当，选差乖觉晓事人员，与同差去人役，星夜回报施行，须至手本者。"

　　既已写成手本，令济等选差惯能走递家人，重与盘费，以前事机阳作实情，备细密切说与，令渠潜踪隐迹，星夜前去南京及淮、扬等处迎接官兵。又令济等寻访素与宸濠交通之人，厚加结纳，令渠密去报知宁府。宸濠闻知，大加赏赐，差人四路跟捉。既见手本，愈加疑惧，将差人备细拷问详悉，当时杀死。因此宸濠又疑李士实、刘养正，不信其谋。

　　又与龙光计议假写回报李士实书，内云："承手教密示，足见老先生精忠报国之本心，始知近日之事迫于势不得已而然，身虽陷于罗网，乃心罔不在王室也。所喻密谋，非老先生断不能及此。今又得子吉同心协力，当万万无一失矣。然几事不密则害成，务须乘时待机而发乃可。不然恐无益于国，而徒为老先生与子吉之累，又区区心所不忍也。况今兵势四路已合，只待此公一出，便可下手，但恐未肯轻出耳。昨凌、闵诸将遣人密传消息，亦皆出于老先生与子吉开导激发而然。但恐此三四人者皆是粗汉，易有漏泄，须戒令慎密，又曲为之防可也。目毕即付丙丁[1]，知名不具。"与刘养正亦同。两书既就，遣雷济设法差递李士实，龙光设法差递刘养正。各差递人皆被宸濠杀死。宸濠由是愈疑刘、李，刘、李亦各自相疑惧，不肯出身任事。以故上下人心互生疑惧，兵势日衰。

又遣素与刘养正交厚指挥高睿致书刘养正，及遣雷济、萧禹引诱内官万锐等私写书信与内官陈贤、刘吉、喻木等，俱皆反间之谋。又多写告示及招降旗号，开谕逆顺祸福，及写木牌等项，动以千计，分遣雷济、萧禹、龙光、王佐等分役经行贼垒，潜地将告示黏贴，及旗号木牌四路标插。又先张疑兵于丰城，示以欲攻之势。又遣雷济、龙光将刘养正家属在吉安厚加看养，阴遣其家人密至刘养正处传递消息，亦皆反间之谋。

初时，宸濠谋定六月十七日出兵，自己于二十二日在江西起马，径趋南京，谒陵即位，遂直犯北京。因闻前项反间疑沮之谋，遂不敢轻出。故十七等日，先遣兵攻南康、九江，而自留省城。贼兵等候宸濠不出，亦各疑惧退沮，久驻江湖之上，师老气衰。又见四路所贴告示及插旗号木牌，人人解体，日渐散离，以故无心攻斗。其后宸濠探知四路无兵，前项事机已失，兵势已阻，人马已散，多有潜来投降者。我师一候宸濠出城，即统伍知府等官兵疾趋攻破省城。度宸濠顾念根本之地，势必归救，遂预发兵迎击于鄱阳湖。大战三日，罪人斯得。

【53.2】右反间始末尝闻诸吉水致仕县丞龙光。光谓德洪曰："昔夫子写杨公火牌将发时，雷济问曰：'宁王见此恐未必信。'曰：'不信，可疑否？'对曰：'疑则不免。'夫子笑曰：'得渠一疑，彼之大事去矣。'既而叹曰：'宸濠素行无道，残害百姓，今虽一时从逆者众，必非本心，徒以威劫利诱，苟一时之合耳。纵使奋兵前去，我以问罪之师徐蹑其后，顺逆之势既判，胜负预可知也。但贼兵早越一方，遂破残一方民命。虎兕出柙，收之遂难。为今之计，

1　即付丙丁：古人以天干配五行，丙丁都属火，故借以指火。即付丙丁：阅后即焚之意。

只是迟留宸濠一日不出，则天下实受一日之福。'"

光又言："夫子捷疏虑繁文太多，一切反间之计俱不言及。亦以设谋用诡，非君子得已之事，不欲明言示人。当时若使不行间计，迟留宁王，宁王必即时拥兵前进，正所谓迅雷不及掩耳，两京各路何恃为备？所以破败宁王，使之坐失事机，全是迟留宁王一着。所以迟留宁王，全是谋行反间一事。今人读奏册所报，皆是可书之功，而不知书不能尽者十倍于奏册。"

又言："宁藩事平之后，京边官军南来，失其奸计，由是痛恨夫子，百计搜寻罗织，无所泄毒，挤怒门人冀元亨与济、禹、光等，俱欲置之死地。冀元亨被执，光等四窜逃匿，家破人亡，妻子离散。直伺官军离却省城，方敢出身回家。当时光等粘贴告示，标插旗号木牌，皆是半夜昏黑，冲风冒雨，涉险破浪，出入贼垒，万死中得一生，所差行间人役，被宸濠要杀者，俱是亲信家人。今当事平之后，议者不究始原，并将在册功次亦尽削去。此光等走役微劳，虽皆臣子本分，不足深惜，但赏罚若此，继后天下倘或再有事变，人皆以光等为鉴戒矣。谁肯复效死力哉？"

又言："夫子应变之神真不可测。时官兵方破省城，忽传令造免死木牌数十万，莫知所用。及发兵迎击宸濠于湖上，取木牌顺流放下。时贼兵既闻省城已破，胁从之众俱欲逃窜无路，见水浮木牌，一时争取散去，不计其数。二十五日，贼势尚锐，值风不便，我兵少挫。夫子急令斩取先却者头。知府伍文定等立于锐炮之间，方奋督各兵，殊死抵战。贼兵忽见一大牌书：'宁王已擒，我军毋得纵杀！'一时惊扰，遂大溃。次日贼兵既穷促，宸濠思欲潜遁，见一渔船隐在芦苇之中。宸濠大声叫渡。渔人移棹请渡，竟送中军，诸将尚未知也。其神运每如此。"

又言："尝闻雷济云：夫子昔在丰城闻变，南风正急，拜受哭告曰：'天若悯恻百万民命，幸假我一帆风！'须臾风稍定，顷之，舟人欢噪回风。济、禹取香烟试之舟上，果然。久之，北风大作。宸濠追兵将及时，夫人、公子在舟。夫子呼一小渔船自缚，敕令济、禹持米二斗，脔鱼五寸，与夫人为别。将发，问济曰：'行备否？'济、禹对曰：'已备。'夫子笑曰：'还少一物。'济、禹思之不得。夫子指船头罗盖曰：'到地方无此，何以示信？'于是又取罗盖以行。明日至吉安城下，城门方戒严，舟不得泊岸。济、禹揭罗盖以示，城中遂欢庆曰：'王爷爷还矣。'乃开门罗拜迎入。于是济、禹心叹危迫之时，暇裕乃如此。"

【53.3】德洪昔在师门，或问："用兵有术否？"夫子曰："用兵何术？但学问纯笃，养得此心不动，乃术尔。凡人智能相去不甚远，胜负之决不待卜诸临阵，只在此心动与不动之间。昔与宁王逆战于湖上时，南风转急，面命某某为火攻之具。是时前军正挫却，某某对立矍视，三四申告，耳如弗闻。此辈皆有大名于时者，平时智术岂有不足，临事忙失若此，智术将安所施？"

又尝闻邹谦之曰："昔先生与宁王交战时，与二三同志坐中军讲学。谍者走报前军失利，坐中皆有怖色。先生出见谍者，退而就坐，复接绪言，神色自若。顷之，谍者走报贼兵大溃，坐中皆有喜色。先生出见谍者，退而就坐，复接绪言，神色亦自若。"

又尝闻陈惟濬曰："惟濬尝闻之尚谦矣。尚谦言，昔见有侍于先生者，自称可与行师。先生问之。对曰：'某能不动心。'曰：'不动心可易言耶？'对曰：'某得制动之方。'先生笑曰：'此心当对敌时且要制动，又谁与发谋出虑耶？'又问：'今人有不知学问者，尽能履险不惧，是亦可与行师否？'先生曰：'人之性气刚者亦能履险不惧，但其心必待强持而后能。即强持便是本体之蔽，便不能宰割庶事。孟施舍之所谓"守气"者也。若人真肯在良知上用功，时时精明，不蔽于欲，自能临事不动。不动真体，自能应变无言。此曾子之所谓"守约"[1]，"自反而缩，虽千万人吾往者也"。'"

又尝闻刘邦采曰："昔有问：'人能养得此心不动，即可与行师否？'先生曰：'也须学过。此是对刀杀人事，岂意想可得？必须身习其事，斯节制渐明，智慧渐周，方可信行。天下未有不履其事而能造其理者，此后世格物之学所以为谬也。孔子自谓军旅之事未之学，此亦不是谦言。但圣人得位行志，自有消变未形之道，不须用此。后世论治，根源上全不讲及，每事只在半中截做起，故犯手脚。若在根源上讲求，岂有必事杀人而后安得人之理。某自征赣以来，朝廷使我日以杀人为事，心岂割忍，但事势至此。譬之既病之人，且须治其外邪，方可扶回元气，病后施药，犹胜立视其死故耳。可惜平生精神，俱用此等没紧要事上去了。'"

【53.4】昔者德洪事先生八年，在侍同门每有问兵事者，皆默而不答，以故南、赣、宁藩始末俱不与闻。先生殁后，搜录遗书七年，

1　"守气，守约"句：孟施舍，古代勇士。守气，指培养无所畏惧的勇气；守约，同样养勇，但是以是非曲直为前提。出自《孟子·公孙丑上》："孟施舍之守气，又不如曾子之守约也。"

而奏疏文移始集。及查对月日，而后五征始末具见。独于用间一事，昔尝概闻，奏疏文移俱无所见。去年德洪主试广东，道经江西，访问龙光，始获间书、间牌诸稿，并所闻于诸同门者，归以附录云。

　　时嘉靖乙未八月，书于姑苏之郡学。

54. 大学

【54.1】大学之道在明明德，在亲民，在止于至善。知止而后有定，定而后能静，静而后能安，安而后能虑，虑而后能得。物有本末，事有终始，知所先后，则近道矣。

【54.2】古之欲明明德于天下者先治其国，欲治其国者先齐其家，欲齐其家者先修其身，欲修其身者先正其心，欲正其心者先诚其意，欲诚其意者先致其知，致知在格物。物格而后知至，知至而后意诚，意诚而后心正，心正而后身修，身修而后家齐，家齐而后国治，国治而后天下平。

【54.3】自天子以至于庶人，壹是皆以修身为本。其本乱而末治者，否矣。其所厚者薄，而其所薄者厚，未之有也。此谓知本，此谓知之至也。

【54.4】所谓诚其意者，毋自欺也，如恶恶臭，如好好色。此之谓自谦。故君子必慎其独也。小人闲居为不善，无所不至，见君子而后厌然揜其不善而著其善，人之视己如见其肺肝然，则何益矣。此谓诚于中，形于外，故君子必慎其独也。曾子曰："十目所视，十手所指，其严乎！"富润屋，德润身，心广体胖，故君子必诚其意。

【54.5】《诗》云："瞻彼淇澳，菉竹猗猗。有斐君子，如切如磋，如琢如磨。瑟兮僩兮，赫兮喧兮。有斐君子，终不可谖兮！"如切如磋者，道学也。如琢如磨者，自修也。瑟兮僩兮者，恂栗也。赫兮谖兮者，威仪也。有斐君子终不可谖兮者，道盛德至善，民之不能忘也。《诗》云："於戏前王不忘。"君子贤其贤而亲其亲，小人乐其乐而利其利，此以没世不忘也。《康诰》曰"克明德"，《大甲》曰"顾諟天之明命"，《帝典》曰"克明峻德"，皆自明也。汤之《盘

铭》曰："苟日新，日日新，又日新。"《康诰》曰："作新民。"《诗》曰："周虽旧邦，其命维新。"是故君子无所不用其极。《诗》云："邦畿千里，惟民所止。"《诗》云："缗蛮黄鸟，止于丘隅。"子曰："于止，知其所止，可以人而不如鸟乎？"《诗》云："穆穆文王，於缉熙敬止！"为人君止于仁，为人臣止于敬，为人子止于孝，为人父止于慈，与国人交止于信。子曰："听讼，吾犹人也，必也使无讼乎！"无情者不得尽其辞，大畏民志，此谓知本。

【54.6】所谓修身在正其心者，身有所忿懥则不得其正，有所恐惧则不得其正，有所好乐则不得其正，有所忧患则不得其正。心不在焉，视而不见，听而不闻，食而不知其味。此谓修身在正其心。

【54.7】所谓齐其家在修其身者，人之其所亲爱而辟焉，之其所贱恶而辟焉，之其所畏敬而辟焉，之其所哀矜而辟焉，之其所敖惰而辟焉，故好而知其恶、恶而知其美者，天下鲜矣。故谚有之曰："人莫知其子之恶，莫知其苗之硕。"此谓身不修不可以齐其家。

【54.8】所谓治国必先齐其家者，其家不可教而能教人者，无之。故君子不出家而成教于国。孝者所以事君也，弟者所以事长也，慈者所以使众也。《康诰》曰："如保赤子。"心诚求之，虽不中不远矣。未有学养子而后嫁者也。一家仁，一国兴仁；一家让，一国兴让；一人贪戾，一国作乱：其机如此。此谓一言偾事，一人定国。尧舜率天下以仁而民从之，桀纣率天下以暴而民从之，其所令反其所好而民不从。是故君子有诸己而后求诸人，无诸己而后非诸人，所藏乎身不恕而能喻诸人者，未之有也。故治国在齐其家。《诗》云："桃之夭夭，其叶蓁蓁。之子于归，宜其家人。"宜其家人而后可以教国人。《诗》云："宜兄宜弟。"宜兄宜弟而后可以教国人。《诗》云："其仪不忒，正是四国。"其为父子兄弟足法，而后民法之也。此谓治国在齐其家。

【54.9】所谓平天下在治其国者，上老老而民兴孝，上长长而民兴弟，上恤孤而民不倍，是以君子有絜矩之道也。所恶于上毋以使下，所恶于下毋以事上，所恶于前毋以先后，所恶于后毋以从前，所恶于右毋以交于左，所恶于左毋以交于右，此之谓絜矩之道。《诗》云："乐只君子，民之父母。"民之所好好之，民之所恶恶之，此之谓民之父母。《诗》云："节彼南山，维石岩岩。赫赫师尹，民具尔瞻。"有国者不可以不慎，辟则为天下僇矣。《诗》云："殷之未丧师，克配上帝。仪监于殷，峻命不易。"道得众则得国，失

众则失国。

【54.10】是故君子先慎乎德。有德此有人，有人此有土，有土此有财，有财此有用。德者本也，财者末也。外本内末，争民施夺。是故财聚则民散，财散则民聚。是故言悖而出者亦悖而入，货悖而入者亦悖而出。《康诰》曰："惟命不于常。"道善则得之，不善则失之矣。《楚书》曰："楚国无以为宝，惟善以为宝。"舅犯曰："亡人无以为宝，仁亲以为宝。"

【54.11】《秦誓》曰："若有一介臣，断断兮，无他技；其心休休焉，其如有容焉。人之有技，若己有之；人之彦圣，其心好之，不啻若自其口出，寔能容之。以能保我子孙黎民，尚亦有利哉！人之有技，媢嫉以恶之；人之彦圣，而违之，俾不通，寔不能容。以不能保我子孙黎民，亦曰殆哉！"唯仁人放流之，迸诸四夷，不与同中国。此谓唯仁人为能爱人，能恶人。见贤而不能举，举而不能先，命也。见不善而不能退，退而不能远，过也。好人之所恶，恶人之所好，是谓拂人之性，菑必逮夫身。是故君子有大道，必忠信以得之，骄泰以失之。

【54.12】生财有大道。生之者众，食之者寡，为之者疾，用之者舒，则财恒足矣。仁者以财发身，不仁者以身发财。未有上好仁而下不好义者也，未有好义其事不终者也，未有府库财非其财者也。孟献子曰："畜马乘不察于鸡豚，伐冰之家不畜牛羊，百乘之家不畜聚敛之臣，与其有聚敛之臣，宁有盗臣。"此谓国不以利为利，以义为利也。长国家而务财用者，必自小人矣。彼为善之，小人之使为国家，菑害并至，虽有善者亦无如之何矣。此谓国不以利为利，以义为利也。

55. 中庸

【55.1】天命之谓性，率性之谓道，修道之谓教。道也者，不可须臾离也，可离非道也。是故君子戒慎乎其所不睹，恐惧乎其所不闻。莫见乎隐，莫显乎微，故君子慎其独也。喜怒哀乐之未发谓之中，发而皆中节谓之和。中也者，天下之大本也；和也者，天下之达道也。致中和，天地位焉，万物育焉。

【55.2】仲尼曰："君子中庸，小人反中庸。君子之中庸也，君子而时中；小人之中庸也，小人而无忌惮也。"

【55.3】子曰："中庸其至矣乎！民鲜能久矣。"

【55.4】子曰："道之不行也，我知之矣：知者过之，愚者不及也。道之不明也，我知之矣：贤者过之，不肖者不及也。人莫不饮食也，鲜能知味也。"子曰："道其不行矣夫！"

【55.5】子曰："舜其大知也与！舜好问而好察迩言，隐恶而扬善，执其两端，用其中于民，其斯以为舜乎！"

【55.6】子曰："人皆曰予知，驱而纳诸罟擭陷阱之中，而莫之知辟也。人皆曰予知，择乎中庸而不能期月守也。"

【55.7】子曰："回之为人也，择乎中庸，得一善，则拳拳服膺而弗失之矣。"

【55.8】子曰："天下国家可均也，爵禄可辞也，白刃可蹈也，中庸不可能也。"

【55.9】子路问强。子曰："南方之强与？北方之强与？抑而强与？宽柔以教，不报无道，南方之强也，君子居之。衽金革，死而不厌，北方之强也，而强者居之。故君子和而不流，强哉矫；中立而不倚，强哉矫；国有道不变塞焉，强哉矫；国无道至死不变，

强哉矫。"

【55.10】子曰："素隐行怪，后世有述焉，吾弗为之矣。君子遵道而行，半途而废，吾弗能已矣。君子依乎中庸，遁世不见知而不悔，唯圣者能之。"

【55.11】君子之道费而隐，夫妇之愚可以与知焉；及其至也，虽圣人亦有所不知焉。夫妇之不肖，可以能行焉；及其至也，虽圣人亦有所不能焉。天地之大也，人犹有所憾。故君子语大，天下莫能载焉；语小，天下莫能破焉。《诗》云："鸢飞戾天，鱼跃于渊。"言其上下察也。君子之道，造端乎夫妇，及其至也，察乎天地。

【55.12】子曰："道不远人，人之为道而远人，不可以为道。《诗》云：'伐柯伐柯，其则不远。'执柯以伐柯，睨而视之，犹以为远。故君子以人治人，改而止。忠恕违道不远，施诸己而不愿，亦勿施于人。君子之道四，丘未能一焉。所求乎子，以事父未能也；所求乎臣，以事君未能也；所求乎弟，以事兄未能也；所求乎朋友，先施之未能也。庸德之行，庸言之谨，有所不足，不敢不勉，有馀，不敢尽，言顾行，行顾言，君子胡不慥慥尔。"

【55.13】君子素其位而行，不愿乎其外。素富贵行乎富贵，素贫贱行乎贫贱，素夷狄行乎夷狄，素患难行乎患难，君子无入而不自得焉。在上位，不陵下；在下位，不援上。正己而不求于人，则无怨。上不怨天，下不尤人。故君子居易以俟命，小人行险以徼幸。子曰："射有似乎君子，失诸正鹄，反求诸其身。"

【55.14】君子之道，辟如行远必自迩，辟如登高必自卑。《诗》曰："妻子好合，如鼓瑟琴。兄弟既翕，和乐且耽。宜尔室家，乐尔妻帑。"子曰："父母其顺矣乎！"

【55.15】子曰："鬼神之为德其盛矣乎！视之而弗见，听之而弗闻，体物而不可遗。使天下之人齐明盛服以承祭祀，洋洋乎如在其上，如在其左右。《诗》曰：'神之格思，不可度思，矧可射思。'夫微之显，诚之不可揜如此夫！"

【55.16】子曰："舜其大孝也与！德为圣人，尊为天子，富有四海之内，宗庙飨之，子孙保之。故大德必得其位，必得其禄，必得其名，必得其寿。故天之生物，必因其材而笃焉，故栽者培之，倾者覆之。《诗》曰：'嘉乐君子，宪宪令德。宜民宜人，受禄于天。保佑命之，自天申之。'故大德者必受命。"

【55.17】子曰："无忧者其惟文王乎！以王季为父，以武王为子，

父作之，子述之。武王缵大王、王季、文王之绪，壹戎衣而有天下，身不失天下之显名，尊为天子，富有四海之内，宗庙飨之，子孙保之。武王末受命，周公成文武之德，追王大王、王季，上祀先公以天子之礼。斯礼也，达乎诸侯、大夫及士、庶人。父为大夫，子为士，葬以大夫，祭以士；父为士，子为大夫，葬以士，祭以大夫。期之丧达乎大夫，三年之丧达乎天子，父母之丧无贵贱，一也。"

【55.18】子曰："武王、周公其达孝矣乎！夫孝者，善继人之志，善述人之事者也。春秋修其祖庙，陈其宗器，设其裳衣，荐其时食。宗庙之礼，所以序昭穆也。序爵，所以辨贵贱也。序事，所以辨贤也。旅酬下为上，所以逮贱也。燕毛，所以序齿也。践其位，行其礼，奏其乐，敬其所尊，爱其所亲，事死如事生，事亡如事存，孝之至也。郊社之礼，所以事上帝也。宗庙之礼，所以祀乎其先也。明乎郊社之礼，禘尝之义，治国其如示诸掌乎！"

【55.19】哀公问政。子曰："文武之政，布在方策，其人存则其政举，其人亡则其政息。人道敏政，地道敏树。夫政也者，蒲卢也。故为政在人，取人以身，修身以道，修道以仁。仁者，人也，亲亲为大；义者，宜也，尊贤为大。亲亲之杀，尊贤之等，礼所生也。在下位不获乎上，民不可得而治矣。故君子不可以不修身，思修身不可以不事亲，思事亲不可以不知人，思知人不可以不知天。天下之达道五，所以行之者三。曰君臣也，父子也，夫妇也，昆弟也，朋友之交也，五者天下之达道也。知、仁、勇三者，天下之达德也，所以行之者一也。或生而知之，或学而知之，或困而知之，及其知之，一也。或安而行之，或利而行之，或勉强而行之，及其成功，一也。"

【55.20】子曰："好学近乎知，力行近乎仁，知耻近乎勇。知斯三者，则知所以修身；知所以修身，则知所以治人；知所以治人，则知所以治天下国家矣。凡为天下国家有九经：曰修身也，尊贤也，亲亲也，敬大臣也，体群臣也，子庶民也，来百工也，柔远人也，怀诸侯也。修身则道立，尊贤则不惑。亲亲则诸父昆弟不怨，敬大臣则不眩，体群臣则士之报礼重，子庶民则百姓劝，来百工则财用足，柔远人则四方归之，怀诸侯则天下畏之。"

【55.21】齐明盛服，非礼不动，所以修身也。去谗远色，贱货而贵德，所以劝贤也。尊其位，重其禄，同其好恶，所以劝亲亲也。官盛任使，所以劝大臣也。忠信重禄，所以劝士也。时使薄敛，所以劝百姓也。日省月试，既禀称事，所以劝百工也。送往迎来，嘉

善而矜不能，所以柔远人。继绝世，举废国，治乱持危，朝聘以时，厚往而薄来，所以怀诸侯也。

【55.22】凡为天下国家有九经，所以行之者一也。凡事豫则立，不豫则废。言前定则不跆，事前定则不困，行前定则不疚，道前定则不穷。

【55.23】在下位不获乎上，民不可得而治矣。获乎上有道，不信乎朋友，不获乎上矣。信乎朋友有道，不顺乎亲，不信乎朋友矣。顺乎亲有道，反诸身不诚，不顺乎亲矣。诚身有道，不明乎善，不诚乎身矣。

【55.24】诚者，天之道也。诚之者，人之道也。诚者，不勉而中，不思而得，从容中道，圣人也。诚之者，择善而固执之者也。博学之，审问之，慎思之，明辨之，笃行之。有弗学，学之弗能弗措也。有弗问，问之弗知弗措也。有弗思，思之弗得弗措也。有弗辨，辨之弗明弗措也。有弗行，行之弗笃弗措也。人一能之，己百之；人十能之，己千之。果能此道矣，虽愚必明，虽柔必强。

【55.25】自诚明，谓之性；自明诚，谓之教。诚则明矣，明则诚矣。

【55.26】唯天下至诚为能尽其性，能尽其性则能尽人之性，能尽人之性则能尽物之性，能尽物之性则可以赞天地之化育，可以赞天地之化育则可以与天地参矣。

【55.27】其次致曲。曲能有诚，诚则形，形则著，著则明，明则动，动则变，变则化，唯天下至诚为能化。

【55.28】至诚之道，可以前知。国家将兴，必有祯祥；国家将亡，必有妖孽。见乎蓍龟，动乎四体。祸福将至，善必先知之，不善必先知之。故至诚如神。

【55.29】诚者自成也，而道自道也。诚者物之终始，不诚无物，是故君子诚之为贵。诚者非自成己而已也，所以成物也。成己，仁也；成物，知也。性之德也，合外内之道也，故时措之宜也。

【55.30】故至诚无息。不息则久，久则征，征则悠远，悠远则博厚，博厚则高明。博厚所以载物也，高明所以覆物也，悠久所以成物也。博厚配地，高明配天，悠久无疆。如此者，不见而章，不动而变，无为而成。

【55.31】天地之道可壹言而尽也。其为物不贰，则其生物不测。天地之道，博也，厚也，高也，明也，悠也，久也。今夫天，斯昭昭之多，及其无穷也，日月星辰系焉，万物覆焉。今夫地，一撮土

之多，及其广厚，载华岳而不重，振河海而不泄，万物载焉。今夫山，一卷石之多，及其广大，草木生之，禽兽居之，宝藏兴焉。今夫水，一勺之多，及其不测，鼋鼍蛟龙鱼鳖生焉，货财殖焉。《诗》曰："惟天之命，於穆不已。"盖曰天之所以为天也。"於乎不显，文王之德之纯。"盖曰文王之所以为文也，纯亦不已。

【55.32】大哉圣人之道，洋洋乎发育万物，峻极于天。优优大哉！礼仪三百，威仪三千，待其人而后行，故曰"苟不至德，至道不凝焉"。故君子尊德性而道问学，致广大而尽精微，极高明而道中庸，温故而知新，敦厚以崇礼。是故，居上不骄，为下不倍，国有道其言足以兴，国无道其默足以容。《诗》曰"既明且哲，以保其身"，其此之谓与！

【55.33】子曰："愚而好自用，贱而好自专，生乎今之世，反古之道，如此者，栽及其身者也。"非天子不议礼，不制度，不考文。今天下车同轨，书同文，行同伦。虽有其位，苟无其德，不敢作礼乐焉。虽有其德，苟无其位，亦不敢作礼乐焉。

【55.34】子曰："吾说夏礼，杞不足征也。吾学殷礼，有宋存焉。吾学周礼，今用之，吾从周。"

【55.35】王天下有三重焉，其寡过矣乎！上焉者虽善无征，无征不信，不信民弗从；下焉者虽善不尊，不尊不信，不信民弗从。故君子之道，本诸身，征诸庶民，考诸三王而不缪，建诸天地而不悖，质诸鬼神而无疑，百世以俟圣人而不惑。质诸鬼神而无疑，知天也。百世以俟圣人而不惑，知人也。是故君子动而世为天下道，行而世为天下法，言而世为天下则，远之则有望，近之则不厌。《诗》曰："在彼无恶，在此无射。庶几夙夜，以永终誉。"君子未有不如此而蚤有誉于天下者也。

【55.36】仲尼祖述尧舜，宪章文武，上律天时，下袭水土。辟如天地之无不持载，无不覆帱；辟如四时之错行，如日月之代明。万物并育而不相害，道并行而不相悖。小德川流，大德敦化。此天地之所以为大也。

【55.37】唯天下至圣，为能聪明睿知足以有临也，宽裕温柔足以有容也，发强刚毅足以有执也，齐庄中正足以有敬也，文理密察足以有别也。溥博渊泉而时出之，溥博如天，渊泉如渊。见而民莫不敬，言而民莫不信，行而民莫不说。是以声名洋溢乎中国，施及蛮貊，舟车所至，人力所通，天之所覆，地之所载，日月所照，霜

露所队，凡有血气者，莫不尊亲，故曰配天。

【55.38】唯天下至诚为能经纶天下之大经，立天下之大本，知天地之化育。夫焉有所倚？肫肫其仁，渊渊其渊，浩浩其天。苟不固聪明圣知达天德者，其孰能知之？

【55.39】《诗》曰："衣锦尚𬘡。"恶其文之著也。故君子之道闇然而日章，小人之道的然而日亡。君子之道，淡而不厌，简而文，温而理，知远之近，知风之自，知微之显，可与入德矣。《诗》云："潜虽伏矣，亦孔之昭。"故君子内省不疚，无恶于志。君子之所不可及者，其唯人之所不见乎！《诗》云："相在尔室，尚不愧于屋漏。"故君子不动而敬，不言而信。《诗》曰："奏假无言，时靡有争。"是故君子不赏而民劝，不怒而民威于铁钺。《诗》曰："不显惟德，百辟其刑之。"是故君子笃恭而天下平。《诗》云："予怀明德，不大声以色。"子曰："声色之于以化民，末也。"《诗》曰"德𬨎如毛"，毛犹有伦；"上天之载，无声无臭"，至矣。

参考文献

1.《王文成公全书》四部丛刊本，上海书店1989年影印出版。

2.《万有文库·王文成公全书》，商务印书馆民国二十二年（1933年）出版。

3.《王阳明全集》，吴光、钱明、董平、姚延福编校，浙江古籍出版社2010年出版。

4.《阳明先生集要》，[明]王守仁原著，[明]施邦曜辑评，王晓昕、赵平略点校，中华书局2008年出版。

5.《王阳明传习录详注集评》，陈荣捷著，台湾学生书局2006年印行。

6.《传习录》，[明]王阳明撰，于自力、孔薇、杨骅骁注译，中州古籍出版社2008年出版。

7.《传习录校释》，[明]王守仁撰，萧无陂校释，岳麓书社2012年出版。

8.《明儒学案》，[清]黄宗羲著，沈芝盈点校，中华书局2008年出版。

9.《二程遗书》，[宋]程颢、程颐撰，潘富恩导读，上海古籍出版社2000年出版。

10.《四书章句集注》，[宋]朱熹撰，中华书局2011年出版。

11.《论语译注》，杨伯峻译注，中华书局1980年出版。

12.《孟子译注》，杨伯峻译注，中华书局2012年出版。

13.《大学中庸译注》，王文锦译注，中华书局2013年出版。

14.《诗经译注》，周振甫译注，中华书局2010年出版。

15.《周易译注》，黄寿祺、张善文译注，上海古籍出版社2012年出版。

16.《明史》，[清]张廷玉等著，台湾商务印书馆1986年出版。